上海政法学院学术文库

犯罪被害人责任研究

骆　群◎著

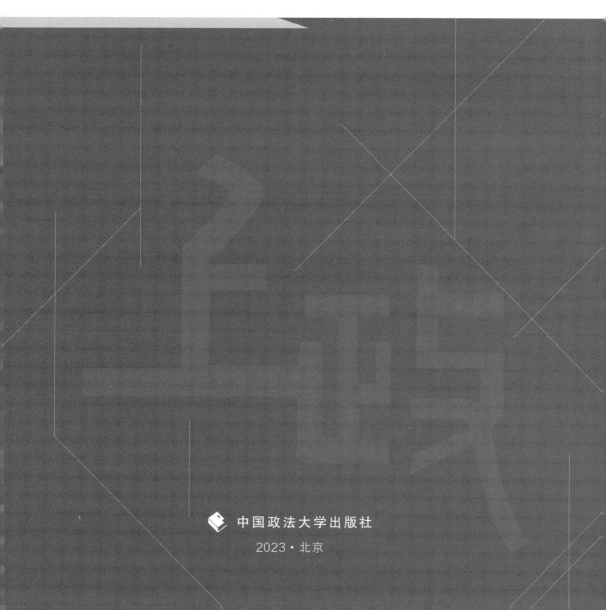

中国政法大学出版社

2023·北京

图书在版编目（ＣＩＰ）数据

犯罪被害人责任研究/骆群著. —北京：中国政法大学出版社，2023.10
ISBN 978-7-5764-1163-8

Ⅰ.①犯…　Ⅱ.①骆…　Ⅲ.①被害人－研究　Ⅳ.①D915.12

中国国家版本馆 CIP 数据核字(2023)第 213458 号

出　版　者　中国政法大学出版社

地　　　址　北京市海淀区西土城路 25 号

邮寄地址　北京 100088 信箱 8034 分箱　　邮编 100088

网　　　址　http://www.cuplpress.com (网络实名：中国政法大学出版社)

电　　　话　010-58908285(总编室) 58908433 （编辑部） 58908334(邮购部)

承　　　印　固安华明印业有限公司

开　　　本　720mm×960 mm　1/16

印　　　张　13.5

字　　　数　201 千字

版　　　次　2023 年 10 月第 1 版

印　　　次　2023 年 10 月第 1 次印刷

定　　　价　65.00 元

上海政法学院学术著作编审委员会

序 / PREFACE

　　大学者，大学问也。唯有博大学问之追求，才不负大学之谓；唯有学问之厚实精深，方不负大师之名。学术研究作为大学与生俱来的功能，也是衡量大学办学成效的重要标准之一。上海政法学院自建校以来，以培养人才、服务社会为己任，坚持教学与科研并重，专业与学科并举，不断推进学术创新和学科发展，逐渐形成了自身的办学特色。

　　学科为学术之基。我校学科门类经历了一个从单一性向多科性发展的过程。法学作为我校优势学科，上海市一流学科、高原学科，积数十年之功，枝繁叶茂，先后建立了法学理论、行政法学、刑法学、监狱学、民商法学、国际法学、经济法学、环境与资源保护法学、诉讼法学等一批二级学科。2016 年获批法学一级学科硕士点，为法学学科建设的又一标志性成果，法学学科群日渐完备，学科特色日益彰显。以法学学科发端，历经数轮布局调整，又生政治学、社会学、经济学、管理学、文学、哲学，再生教育学、艺术学等诸学科，目前已形成以法学为主干，多学科协调发展的学科体系，学科布局日臻完善，学科交叉日趋活跃。正是学科的不断拓展与提升，为学术科研提供了重要的基础和支撑，促进了学术研究的兴旺与繁荣。

　　学术为学科之核。学校支持和鼓励教师特别是青年教师钻研学术，从事研究。如建立科研激励机制，资助学术著作出版，设立青年教师科研基金，创建创新性学科团队，等等。再者，学校积极服务国家战略和地方建设，先后获批建立了中国-上海合作组织国际司法交流合作培训基地、最高人民法院民四庭"一带一路"司法研究基地、司法部中国-上海合作组织法律服务委员会合作交流基地、上海市"一带一路"安全合作与中国海外利益保护协同创新中心、上海教育立法咨询与服务研究基地等，为学术研究提供了一系列重要平台。以这些平台为依托，以问题为导向，以学术资源优化整合为举措，涌现了一批学术骨干，取得了一批研究成果，亦促进了学科的不断发展与深化。在巩固传统学科优势的基础上，在国家安全、国际政治、国际司法、国际贸易、海洋法、人工智能法、教育法、体育法等领域开疆辟土，崭露头角，获得了一定的学术影响力和知名度。

学校坚持改革创新、开放包容、追求卓越之上政精神，形成了百舸争流、百花齐放之学术氛围，产生了一批又一批科研成果和学术精品，为人才培养、社会服务和文化传承与创新提供了有力的支撑。上者，高也。学术之高，在于挺立学术前沿，引领学术方向。"论天下之精微，理万物之是非"。潜心学术，孜孜以求，探索不止，才能产出精品力作，流传于世，惠及于民。政者，正也。学术之正，在于有正气，守正道。从事学术研究，需坚守大学使命，锤炼学术品格，胸怀天下，崇真向美，耐得住寂寞，守得住清贫，久久为功，方能有所成就。

好花还须绿叶扶。为了更好地推动学术创新和学术繁荣，展示上政学者的学术风采，促进上政学者的学术成长，我们特设立上海政法学院学术文库，旨在资助有学术价值、学术创新和学术积淀的学术著作公开出版，以褒作者，以飨读者。我们期望借助上海政法学院学术文库这一学术平台，引领上政学者在人类灿烂的知识宝库里探索奥秘、追求真理和实现梦想。

3000年前有哲人说：头脑不是被填充的容器，而是需要被点燃的火把。那么，就让上海政法学院学术文库成为点燃上政人学术智慧的火种，让上政学术传统薪火相传，让上政精神通过一代一代学人从佘山脚下启程，走向中国，走向世界！

愿上海政法学院学术文库的光辉照亮上政人的学术之路！

上海政法学院校长　刘晓红

目 录 CONTENTS

犯罪被害人责任概述

第一节 犯罪被害人责任的问题源起与含义

一、被害人责任问题的源起

犯罪自古以来都是一个重大的社会问题。因为犯罪不仅侵扰着人们的社会生活和经济秩序，而且严重侵犯人们的身体安全和财产安全，甚至威胁到整个社会秩序的稳定。故而对犯罪现象的关注一直也伴随着人类社会的发展进程。而且，犯罪这种社会现象，历来都受到人们最强烈的谴责，也使犯罪人承受着国家最严厉的惩罚。同时，人们往往会对因犯罪而遭致损害的被害人投以同情的目光并予以道德的援助。然而，"真实生活中因冲突而产生的案件并非一贯地是非分明，不能简单地按照善良与邪恶、无辜与有罪的二分法来对待。被害人无论是际遇悲惨，还是命运嘲弄，或者只是运气不好，并不全部都是被狡诈的'恶狼'所噬的柔弱、无防卫能力、清白无辜的'羔羊'。"[1]也即，被害人在一些犯罪中并非清白无辜的，而是对犯罪的发生及进展具有触引、促进的作用。从而实践中就会出现赫尔曼·曼海姆（Hermann Mannheim）所说的情形："罪犯与被害人之间的区别通常被认为是泾渭分明的。然而，在个别情况下这种区别会变得模糊并难以辨别。在我们所观察的行为中，人们陷入的时间越长，程度越深，则越是难以确定悲剧性的结果归

---

[1] ［美］安德鲁·卡曼：《犯罪被害人学导论》，李伟等译，北京大学出版社2010年版，第5页。

咎于何者。"也如汉斯·范·亨蒂（Hans Von Hentig）所说的："在某种意义上说，被害人决定并塑造了罪犯。尽管最终的结果可能是单方面的，但是，被害人与犯罪人之间具有深刻的相互作用，直至该戏剧性事件的最后一刻，而被害人可能在该事件中起到决定性的作用。"[1]于是，人们开始将集中于犯罪现象和犯罪人的目光也有意识地投向被害现象和被害人。

1940 年，德国犯罪学家汉斯·范·亨蒂在《论罪犯和被害人的相互关系》这篇论文中提出，犯罪包涵"被害人"和"罪犯"两个因素，犯罪被害人在预防犯罪与犯罪的过程中，不再只是一个被动的客体，还是一个积极的主体。在罪犯与被害人之间确实存在着一种互动关系，他们是"相辅相成的伙伴"，被害人"影响并塑造了"他的罪犯。自汉斯·范·亨蒂这篇开创性论文之后，1956 年，本杰明·门德尔松（Beniamin Mendelsohn）在布加勒斯特（Bucharest）发表了引起争议的、题为"新兴的生理学、心理学和社会学研究领域：被害人学"的演讲，开始了被害人学研究。1948 年，汉斯·范·亨蒂发表了《罪犯及其被害人》一书，极大地推动了被害人学的发展。亨利·埃伦贝格于 1954 年、汉斯·塞浩泽于 1956 年，都致力于罪犯与被害人之间的关系的研究。1968 年，斯蒂芬·谢弗（Stephen Schafer）发展了他曾提出的"能动责任"概念，即潜在的被害人对于预防自己的被害即预防犯罪，也负有一定的责任。在一定意义上，被害人有责任不去诱引他人实施犯罪。至 1977 年，其也表示赞成汉斯·约阿希姆·施奈德（Hans Joachim Schneider）提出的"无被害人即无犯罪"的观点。[2]至此，我们可以看出，在被害人与犯罪人互动的犯罪中，被害人有时并非无辜的，而是对犯罪的发生及发展具有积极的引发和促成作用。这种看法逐步被学者们接受进而对此进行更深入的研究。

人类社会是一个有机的整体，各组成部分有机地结合并形成各种自然关系和社会关系，且处于不断变动的状态之中。作为社会肌体中的人的行为不仅能够形成不同的社会关系，而且也进行着其行为产生的"能量"流动。于是，"既然任何个人在自己生命延续的过程中，总是同其他人存在着千丝万缕

---

[1] Hans Von Hentig, *The Criminal and His Victim*: *Studies in Sociobiology of Crime*, p. 384. 转引自郭建安主编：《犯罪被害人学》，北京大学出版社 1997 年版，第 154 页。

[2] 参见［德］汉斯·约阿希姆·施奈德：《国际范围内的被害人》，许章润等译，中国人民公安大学出版社 1992 年版，第 1-5 页。

的联系，而人又具有积极的能动性，所以运用自己的智力和体力，借用自然力量和社会力量，借用人类创造的成果，作用于一定的对象，使之发生某种变化，那么任何个人发挥自己的能动性的行为，就决不单纯是个人的事情，它必然地要对他人，对社会发生一定的影响，或者创造财富，有益于人类生活，促进人类社会的发展，或者毁灭财富，危及他人，威胁人类的生存条件。"[1]也就是说，人的行为并不是孤立的，必定对其周围产生影响，这就相当于自然关系中能量的释放或转化过程。作为人的行为之一的犯罪行为亦如是。那么，我们在对作为社会肌体中的犯罪现象进行研究的时候，"必须将犯罪人置于包括被害人在内的自己的社会关系之中，将被害人置于意味着包括犯罪人在内的自己的社会互动过程之中，以便他们通过各自建立的主客体关系及其相互关系而联结起来，从而更好地揭示和描述犯罪人与被害人的人格，以及双方在加害—被害、被害—加害过程中的真实角色。"[2]正因为此，在对犯罪现象进行研究时若缺乏对被害人的研究，犹如"当犯罪学只研究男性的犯罪行为而事实上忽略女性的犯罪行为时，它是不完整的"[3]一样。于是，传统以犯罪人为中心的犯罪学研究得以松动，从而使被害人学得以生根发芽，进而也就产生了被害人责任[4]问题。正如有学者所说的："被害人学与犯罪学的研究方向恰恰相反。犯罪学所关心的一个基本问题是犯罪人与守法公民的区别，即犯罪人与非犯罪人有何不同；而被害人学考虑的问题是被害人与非被害人有何区别，被害人与非被害人在思维和行动方面有无区别，这些问

---

〔1〕　张智辉：《刑事责任通论》，警官教育出版社1995年版，第64页。

〔2〕　许章润主编：《犯罪学》，法律出版社2007年版，第149页。

〔3〕　［德］汉斯·约阿希姆·施奈德主编：《国际范围内的被害人》，许章润等译，中国人民公安大学出版社1992年版，"序"第1页。

〔4〕　为了突出研究的对象是刑事领域的被害人责任，故使用"犯罪被害人责任"的概念。但是，由于现实中也有使用"刑事被害人责任"或只使用"被害人责任"的情形，所以在文中将这些概念在同等意义上予以使用。并且，本书主要在章和节的标题中使用"犯罪被害人责任"概念，而在其他标题和文中为了与学界现有的表述习惯一致以及表述简便起见，依然使用"被害人责任"概念。"犯罪被害人过错"的使用情形也如是。而且在尊重他人或规范性文件中使用"被害人过错"甚至"被害人过错责任"的表述习惯和现状的基础上，书中也将此作为与"被害人责任"同等意义予以对待。另外，出现由于被害人责任的原因而不构成犯罪的情况时，此时理应也就不存在所谓的"被害人"，但出于研究的需要以及学界的称呼习惯，仍然将此种情形中表面的"受害"一方称为被害人。除此之外，还需要特别说明的是，我们这里所说的"责任"并非大陆法系犯罪构成体系中作为犯罪构成要件的责任，即犯罪是符合构成要件违法且有责之中的非难可能性。

题一旦提出，就产生了被害人责任的问题。"[1]所谓被害人责任问题，在刑法学中，简而言之，就是被害人的行为对犯罪行为人刑事责任的影响问题。

传统的刑法学都是以犯罪（人）为中心而建构的体系大厦，刑事责任贯穿于其中且处于无法撼动的地位。因此，当我们"谈到'刑事责任'，人们习惯从犯罪人或者追究者的立场来探讨这个概念，将刑事责任专属于犯罪人，以犯罪人具有自由意志为前提，体现法律对犯罪人的否定评价和责难。面对刑事案件，人们对犯罪人满怀愤慨之心，期待庄严的审判和严厉的刑罚执行，对被害人则多表现为基于其所承受的被害后果而对其倾注怜悯之情。"[2]但随着被害人学的发展，其影响力不再局限于事实科学，也对作为规范法学的刑法学产生了实质性的影响，由于被害人的责任从而对犯罪行为人的刑事责任（主要体现在对犯罪行为人的定罪与量刑上）产生影响就是其集中体现。不过，"将被害人责任引入刑法领域，并不是要让被害人在已然的自身被害事实之外再承担任何其他的实体性不利后果，而是期待通过引进新的研究范式达到对犯罪以及刑事责任更全面和准确的认识，从而更好地实现刑法规范的引导作用和社会控制目标。"[3]也就是说，被害人责任在刑法学中是通过犯罪行为人刑事责任的变化来体现的，进而实现刑法的目的。

不过，需要提及的是，对被害人责任的关注，即"把被害人视为犯罪生成的能动因素，并致力于开展被害人参与或促成犯罪过程的研究，其目的无疑不在于袒护犯罪者和苛求被害者。与此相反，把受害者作为罪前情境中的一个基本因素加以探讨，正是为了更客观地阐明犯罪发生和发展的过程，并以此为依据提出和发展旨在减少社会中的被害现象发生的对策和措施，从而使犯罪预防的组织和实施能够建立在更加广泛和坚定的基础之上。"[4]同时，也是刑事司法追求公平、公正之价值需求。

二、被害人责任的含义

对于被害人责任含义的理解，学界一直以来都存在着不同的看法，至今

---

〔1〕 郭建安主编：《犯罪被害人学》，北京大学出版社1997年版，第152-153页。

〔2〕 王瑞君：《论被害人责任的刑法意义》，载《东岳论丛》2009年第12期。

〔3〕 王佳明：《互动之中的犯罪与被害——刑法领域中的被害人责任研究》，北京大学出版社2007年版，第5页。

〔4〕 张远煌：《犯罪学原理》，法律出版社2008年版，第400-401页。

也没有达成较为统一的认识。比如，有学者认为："被害人过错，是指被害人对被害事实的发生自身应负责任的出自故意的错误或无意过失的行为。"[1]有学者认为："被害人自身的不良行为，也影响对犯罪嫌疑人的处罚轻重。其中的不良行为就是被害人的过错，被害人据此而要承担的责任就是被害人过错责任。"[2]有学者认为："刑法中的被害人过错，是指直接遭受犯罪侵害的自然人实施的、诱发他人犯罪意识的、与加害行为相互作用的道德上或者法律上应受谴责的行为。"[3]有学者认为："被害者过错是指，基于社会行为互动论的观察方法，就被害者对刑事事件形成所具有的原因性作用所作的伦理性评价。"[4]有学者认为："被害人过错是指被害人故意或者过失实施的，对犯罪人实施犯罪行为具有一定的推动作用，并最终导致自我被害的应受刑法'否定性评价'的行为。"[5]有学者认为："被害人过错的概念是指由于被害人的违反法律或者道德规范的行为，对犯罪的发生和发展存在着直接的催化或促进作用，从而应当承担的不利后果。"[6]还有学者认为，用"被害人过错行为"比"被害人过错"更为准确，"被害人的过错行为是指被害人出于主观上的故意或过失，违反法律法规或者道德规范等，诱发他人的犯罪意识、激化行为人的犯罪程度或者促成犯罪行为发生的行为。"[7]通过学者们对被害人责任含义的界定可以看出，存在的分歧主要表现为这样几个方面：第一，被害人除了自然人之外是否可以是单位（或法人）；第二，被害人主观上是否必须限定为故意或过失；第三，刑法意义上的被害人的行为是否需要限定为违反法律或道德的行为；第四，被害人的行为对犯罪行为的促进阶段是否有所限制；第五，对被害人责任的否定评价属于刑法评价还是伦理评价。不过，从犯罪学意义上和刑法学意义上对被害人责任的界定是有所区别的。毕竟犯

[1]　汤啸天等编著：《犯罪被害人学》，甘肃人民出版社1998年版，第116页。
[2]　周晓杨、陈洁：《刑事被害人过错责任问题研究》，载《法学杂志》2003年第6期。
[3]　杨丹：《被害人过错的刑法含义》，载冯军主编：《比较刑法研究》，中国人民大学出版社2007年版，第171页。
[4]　高维俭：《刑事三元结构论——刑事哲学方法论初探》，北京大学出版社2006年版，第113页。
[5]　张智勇、初红漫：《被害人过错与罪刑关系研究》，中国政法大学出版社2013年版，第72页。
[6]　刘军：《刑法学中的被害人研究》，山东人民出版社2010年版，第153页。
[7]　张少林：《被害人行为刑法意义之研究——以司法实例为研究样本》，法律出版社2015年版，第168页。

罪学作为事实科学，其所关注的重点是行为的社会意义，也即被害人责任对犯罪的作用及如何控制和预防犯罪。而刑法学作为规范科学，其所关注的重点是行为的规范意义，在此也就主要是刑法学上的意义，也即被害人责任与犯罪行为人的刑事责任之间的内在联系。下面仅对刑法学意义上的被害人责任概念进行论述。

第一，单位不仅可以是犯罪主体，其权益也可以受到犯罪行为的侵害，使其成为被害人。甚至刑法中还有只将单位的权益作为侵害对象的罪名，比如《中华人民共和国刑法》（以下简称《刑法》）第 193 条规定的贷款诈骗罪，其侵害的对象为"银行或者其他金融机构的贷款"，也就是说"银行或者其他金融机构"是贷款诈骗罪的被害人。当然，有些犯罪的被害人既可以是自然人也可以是单位，如盗窃罪。第二，被害人主观上必须限定为故意或过失。虽然被害人责任并非让被害人承担具体的责任，而只是对犯罪行为人的刑事责任产生影响，是通过犯罪行为人的刑事责任的有无或大小来体现的。也就是说，从该角度来看无需对被害人主观上予以限制。也如有学者所说的："刑法领域中的被害人责任系通过对犯罪人意志的影响起作用，其责任并非来自于直接的法益侵害，而是一种通过犯罪人犯罪行为而引起的间接的侵害，因而其成立并不要求被害人主观上的故意或过失，只要其行为或状态事实上引发了犯罪人的犯罪行为即可认定，从而酌情减轻犯罪人的刑事责任，体现法律对被害人不当行为或状态的否定评价。"[1]或者说，被害人责任相对于犯罪行为人而言只是一种外部的客观事实，故被害人主观上的因素并不会成为否定犯罪行为人得到宽宥的理由。即使是在表面上看被害人主观表现不同对犯罪行为人宽宥的大小有差别，本质上还是因为被害人呈现于外部的对犯罪行为人的刺激、冲击或诱惑的差异。但是，这些都是从犯罪行为人角度而言的，若从被害人角度来看，要对被害人予以否定评价，如果被害人主观上并无故意或过失，就失去了对其谴责的基础。否则对被害人责任的探讨就失去了警示的作用，达不到预防犯罪（被害）的效果。第三，具有刑法学意义的被害人责任中的被害人行为至少应当是违背公序良俗的悖德行为。虽然被害人行为不需要限定为违反法律或道德的行为，与上述被害人主观上不受限制

---

[1] 王佳明：《互动之中的犯罪与被害——刑法领域中的被害人责任研究》，北京大学出版社 2007 年版，第 57 页。

相同，即被害人责任并非让被害人承担具体的责任，而只是对犯罪行为人的刑事责任产生影响，其相对于犯罪行为人而言只是属于一种外部的客观事实。所以，对于犯罪行为人来说，主要是看这种行为对其产生刺激、冲击或诱惑的情形。但是，若被害人既没有悖德更没有违法，而只是不符合一般生活意义上的规范（犯罪学意义上的被害人责任，比如穿着暴露、丢三落四等）而引起行为人犯罪的情形也能够产生对被害人谴责的刑法意义上的后果，显然是刑法对人们自由的过度干涉，进而可能使人们的生活规范荡然无存。第四，对被害人的行为促进犯罪行为的阶段不应进行限制，即可以发生在犯罪行为结束前的任何阶段。这是由于被害人责任在犯罪行为的任何阶段都可能对犯罪行为人产生影响，无论是在犯罪的起因上还是在犯罪发生的过程中。第五，对被害人责任的否定评价应当属于刑法评价。因为对被害人责任的评价只有转化为影响到犯罪行为人的刑事责任时才具有现实的法律意义，否则仅停留于伦理评价，当不能产生法律效果时，那就成为纯伦理道德行为，也不适宜在刑事法中予以探讨。当然，需要注意的是，这里是从应然的角度而言的，因为从实然的角度，作为酌定量刑情节的被害人责任完全可能没有被法官采纳，从而没有进入刑法的否定评价。

综上，笔者将刑法学意义上的被害人责任界定为，自然人或单位故意或过失实施了至少违反公序良俗的悖德行为，而引发、促进、强化了犯罪行为，使自己成为被害人且得到刑法否定评价的情形。于是，下文在不作出特别说明的情况下都是指刑法学意义上的被害人责任。

第二节　犯罪 "被害人责任" 用语的证成

"语言是法律表达的媒介，语言的不确定性产生解释的要求。"[1]一直以来，在被害人对加害人刑事责任的有无及大小的影响研究，即对犯罪被害人责任的研究中，首先遇到的是用语表述上的不统一问题。有学者使用 "被害人责任" 概念，还有学者使用 "被害人过错" 概念，甚至还有少数学者使用 "被害人过错责任" 概念，从而使学术界的交流以及实践增加了一些不必要的

---

〔1〕 王荣国：《论澳门法律文本双语差异的解释——以 "重复提名案" 为例》，载陈金钊、谢晖主编：《法律方法》（第 29 卷），研究出版社 2020 年版，第 127 页。

误解。同样，在现有的相关规范性文件中，被害人的"责任"与"过错"的使用也是如此，比如，1999 年 10 月 27 日最高人民法院在《全国法院维护农村稳定刑事审判工作座谈会纪要》中规定："对于被害人一方有明显过错或对矛盾激化负有直接责任……一般不应判处死刑立即执行"。2000 年 11 月 21 日起实施的《最高人民法院关于审理交通肇事刑事案件具体应用法律若干问题的解释》第 2 条中对构成交通肇事罪的情形有规定："……（一）死亡一人或者重伤三人以上，负事故全部或主要责任的；（二）死亡三人以上，负事故同等责任的；……"（这里体现的是加害人与被害人之间的责任分配）。2010 年 10 月 1 日起试行的《最高人民法院量刑指导意见》中对可以减少基准刑的 20%以下情形的规定中有："因被害人的过错引发犯罪或对矛盾激化引发犯罪负有责任的"。正因为无论是在学术探讨中还是在现有的规范性文件中，有关犯罪被害人责任的表述并没有一个普遍认可或统一的概念，所以，在对"责任"概念和"过错"概念内涵进行分析的基础上，有必要运用解释学方法对被害人"责任"或"过错"予以厘清，这不仅能够完善概念背后的理论支撑，也为司法的适用提供一个共同的平台。

一、"责任" 概念的含义

"责任"这个词不仅在社会运行中有重要的作用，而且也被广泛地使用，诚如前苏联学者Л·С·雅维茨所说的："责任反映个人同其他人和社会的联系。没有责任，自由就会成为无政府状态，而人的权利就会成为无限制的任性。"[1]因此，可以说"责任"是社会网络中的重要节点，是社会调整和社会控制中不可或缺的因素，"是组织社会生活，维系良好社会秩序的一项重要制度"，[2]故而众多学科对其都极其关注。不过，对其含义的理解不仅一直以来存在着差异，而且涉的范围还非常广泛。对于"责任"的这些现象，犹如当代英国哲学家鲁卡斯所言："'责任'一词现在被广泛用于伦理学、政治学、灵学和日常词语中，且意义有很大不同，但只要我们考察该词的最初意义，

---

〔1〕 ［苏］Л·С·雅维茨：《法的一般理论——哲学和社会问题》，朱景文译，辽宁人民出版社 1986 年版，第 197 页。

〔2〕 张文等：《刑事责任要义》，北京大学出版社 1997 年版，第 55 页。

就能发现'责任'二字在这些不同意义中却有着一些共同性。"〔1〕据此也可知,虽然"责任"之意义广泛,但毕竟有体现其内核的共性。在此,我们的目的就是为了寻求"责任"中的这种共同性。

在古代汉语中,"责"和"任"一般不会连在一起用,单字"责"同"责任",且是一个语义丰富的概念。有学者归纳出古代汉语中"责"的含义有:(1)求,索取;(2)要求,督促;(3)谴责,诘问;(4)处罚,责罚;(5)责任,负责;(6)所欠的钱财,同"债"。〔2〕还有学者归纳为:(1)求,索取;(2)诘斥,非难;(3)义务;(4)处理,处罚;(5)要求,督促;(6)债。〔3〕或者:(1)求,索取;(2)诘斥,非难;(3)义务;(4)处理,处罚;(5)债。〔4〕至于解释为"债"时,即作为"责"的通假字。对于以上各种解释,我们发现除了作为通假字"债"的意义不再使用之外,其他的含义都仍然在使用。

在现代汉语中,"责任"的含义也存在着多种解释。比如,《语言大典》对"责任"的解释为:(1)应用于期待一个人去完成的任务,其理由是这个人的地位、关系或职业的固有性质决定了他的职责或义备(应该是义务——笔者注);(2)一人对另一人所负的义务或责任;即不得采取有损于对方的行为,或应做出有利于对方的行为或事情,如有违反,法律将给对方以补偿;可借民法或刑法制裁而强行命令另一人履行所负的义务或责任;(3)份内应做的事;(4)要付出劳动或麻烦的责任、义务或负担;(5)应尽的职责,可以广泛地应用于人或事物;(6)一项有强制性的因素或手段;能束缚人顺从某项行动方针的事物;这类因素或手段内在的束缚力量;(7)实际生活中所担任的工作或所起的作用。〔5〕《现代汉语辞海》和《现代汉语词典》等工具书的解释为:(1)分内应做的事;(2)没有做好分内的事因而应当承担的过失。〔6〕

---

〔1〕 J. R. Lucas, *Responsibility*, Oxford University Press Inc., 1993, p. 5. 转引自郭金鸿:《道德责任论》,人民出版社 2008 年版,第 39 页。

〔2〕 参见张文显:《法哲学范畴研究》(修订版),中国政法大学出版社 2001 年版,第 118 页。

〔3〕 参见张梓太:《环境法律责任研究》,商务印书馆 2004 年版,第 6 页。

〔4〕 参见冯军:《刑事责任论》(修订版),社会科学文献出版社 2017 年版,第 10 页。

〔5〕 参见王同亿主编:《语言大典》,三环出版社 1990 年版,第 4310 页。

〔6〕 参见倪文杰等主编:《现代汉语辞海》,人民中国出版社 1994 年版,第 1485 页;中国社会科学院语言研究所词典编辑室编:《现代汉语词典》(2002 年增补本),外语教学与研究出版社 2002 年版,第 1574 页。

对于以上工具书的解释，有两点需引起注意：一是存在循环解释之嫌，即用"责任"解释"责任"；二是存在重复解释之嫌，如"地位、关系或职业的固有性质决定了他的职责或义务"与"份内""应尽的职责"等，在本质上所表达的意义雷同。另外，有学者认为："'应当承担的过失'是一种口语化的表述，在实际应用中没有问题，但是不符合词典的严谨性要求。'过失'或者'错误'是产生责任的原因和前提，并不是责任的表现方式，或者责任的结果。"[1]但是，笔者认为"应当承担的过失"的解释的商榷之处并非在于其是口语化的表述，而在于"过失"是一个主观概念还是客观概念这一分歧。对此后文将予以提及。

中外学者对"责任"的理解也同样是观点纷呈、内容广泛。比如，张文显教授认为，现代汉语中的"责任"一词有三个相互联系的基本语义：(1) 分内应做的事，如岗位责任。这种责任是一种角色义务。我们每个人在社会中都扮演一定的角色，即有一定的地位或职务，相应地，也就必须而且应当承担与其角色相适应的义务。(2) 特定的人对特定的事项的发生、发展、变化及其成果负有积极的助长义务，如举证责任。(3) 因没有做好分内之事或没有履行助长义务而应承担的不利后果或强制性义务，如违约责任。前两种为积极责任，后一种为消极责任。[2]张文等学者认为，"责任"包含三个有机联系的组成部分："(1) 各种社会规范要求社会成员所应为的行为；(2) 社会规范为社会成员所确定的行为标准及其对社会成员的行为及后果的评价；(3) 社会对其行为不符合行为规范要求的社会成员所给予的处置，或者社会成员所应受到的处置。"[3]我国台湾地区学者洪福增认为："一般所谓'责任'，在广义上乃指人之行为作为某种评价之对象时，基于一定的事实之价值，而使为一定的负担之一种概念。例如……在道义的活动方面，发生对于自我以及良心的责任（即道德的责任），如违反道德的规范而为恶行时，则应受良心之苛责；在法律的活动方面，发生对于法律所规定之责任（法律的责任），如违反法律而为行为时，则应受一定的法律制裁者是。"[4]郭金鸿教

---

[1] 戈含锋：《法律责任的立法研究——基于中国立法文本的分析》，经济日报出版社 2015 年版，第 19 页注释。

[2] 参见张文显：《法哲学范畴研究》（修订版），中国政法大学出版社 2001 年版，第 118 页。

[3] 张文等：《刑事责任要义》，北京大学出版社 1997 年版，第 54 页。

[4] 洪福增：《刑事责任之理论》，台湾刑事法杂志社 1988 年版，第 3 页。

授对"责任"给出的定义为："所谓责任，就是指由一个人或一个团体的资格（包括作为人的资格和作为某种特定角色的资格）所赋予、并从事与此相适应的某些活动、完成某些任务以及承担相应后果的要求，也就是对他人、社会、团体组织的应答，以及作出或没有作出合理回应所应得的赞赏或责罚。"[1]

H·C·A·哈特对"责任"的含义曾作过全面的论述，把有关"责任"的各种用法分解为四种类别（四种含义）：（1）地位责任，即只要某人在某一社会组织中具有一种特殊的地位或职位，而为了给他人谋福利或为以某种特殊的方式促成该组织的目标或目的，该地位或职位被赋予某些特殊的职责，那么，他有责任履行这些职责，或有责任做为履行这些职责所必需的事情。（2）原因责任，即一般意义上的因果联系，可以用"对……负责"这一术语代替"引起的"或"产生的"或其他意指后果。（3）义务责任，即因某种行为或损害而承担受谴责或惩罚的法律义务、对特定行为的义务、道德义务。（4）能力责任，即以一个人的理解能力、推理能力与对行为的控制能力为标准予以受谴责或惩罚的义务。[2]其进一步认为，"回答"这个概念可以解释"责任"一词之多种适用法的某种统一的特征。不过"回答"一词的原意并不是回答问题的意思，而是对指控或控告予以答辩或反驳之意，而这种控告一经确定，便包含着惩罚、谴责或其他不同处理之义务。因此，这种意义上的回答概念与义务责任之间有着一种非常直接的联系，哈特将其作为责任的基本含义：未能驳倒一项指控的人应对其所为的行为承担受惩罚或谴责的义务，而应承担受惩罚或谴责之义务的人则曾设法反驳一项指控但未能驳倒该指控。[3]H·A·斯特鲁奇科夫将责任划分为心理、道德、法律三个方面，认为，责任乃是一种对自己行为负责、辨认自己的行为、认识自己行为的意义、把它看作是自己的义务的能力。从这个意义上讲，承担责任并不意味着受到制裁。责任乃是对自己行为负责、接受这种或那种影响措施的义务。从这个意义上讲，责任符合"纪律"概念。纪律包括党的纪律、工会纪律、共青团的纪律、合作社的纪律，以及国家纪律。И·С·萨莫先科的看法稍有不同，

---

〔1〕　郭金鸿：《道德责任论》，人民出版社 2008 年版，第 41 页。

〔2〕　参见［美］H·C·A·哈特：《惩罚与责任》，王勇等译，华夏出版社 1989 年版，第 201-219 页。

〔3〕　参见［美］H·C·A·哈特：《惩罚与责任》，王勇等译，华夏出版社 1989 年版，第 263-264 页。

但也是从心理和法律的角度来解释责任，其认为，责任是一个非常复杂的社会范畴。首先必须指出这种现象的两个基本方面：对过去的责任（回顾过去）和对将来的责任（展望未来），即对人们未来的行为、对社会前途负责，等等。这两个方面彼此紧密联系在一起，但却又不能混为一谈。第一个方面归根结底指的是刑罚；第二个方面则是对人们行为的内部调整，这种调整同义务、职责等非常紧密地联系在一起。[1]

不过，在"责任"的众多含义中，无论是理解的侧重点还是使用的频率，都存在着差异。在理解的侧重点上，如哈特将义务责任（积极意义的责任）作为"责任"的基本含义，我国有学者认为消极意义的责任是"责任"的基本含义。[2]在使用的频率上，冯军教授曾以《法制日报》为研究材料，从1993年4月1日至30日的报纸中收集到76个有关"责任"的用语例，对其分析的结果表明，"责任"一词是在三种意义上被使用，即"义务""过错·谴责""处罚·后果"，且都可以把"责任"替换为上面的词语。并且认为现代汉语中的"责任"一词不再具有古代汉语中"责"字含义中的"要求、索取"和作为通假字的"债"的意义。[3]当然，冯军教授是以"责任"为分析对象的，而古代汉语中的"责"所涵括的内容要广于"责任"，故体现不出"责"中"要求、索取"之含义，但这并不代表现代汉语中"责"不再具有此含义，比如现代汉语中的"责令、责成"等。不过，虽然在不同的领域或情形下，"责任"一词承载的意义会存在一定的区别，但对作为信息传播工具的媒体进行分析，对了解该词不同含义的使用频率还是具有一定的现实意义，且所筛选出来的含义也与中外学者们对"责任"的解释相契合。

通过以上中国古代汉语中对"责任"来源的"责"的含义使用情况，以及工具书和中外学者们对"责任"含义的多维度解释，可以发现"责任"确实是一个相当复杂而多层次的词语。不过，对"责任"的解释，学者们从总体来看主要是从两个层面进行的，即积极意义的责任和消极意义的责任。积极意义的责任，如职责、义务、分内应做的事、应答等，也即在社会关系中社会规范所赋予的（社会角色）应为之事，比如 H·C·A·哈特所说的地位

---

〔1〕 参见 [苏] Л·B·巴格里-沙赫马托夫：《刑事责任与刑罚》，韦政强等译，法律出版社1984年版，第2-3页。

〔2〕 参见王晨：《刑事责任的一般理论》，武汉大学出版社1998年版，第37页。

〔3〕 参见冯军：《刑事责任论》（修订版），社会科学文献出版社2017年版，第12-15页。

责任，И·С·萨莫先科所说的将来的责任。消极意义的责任，就是不做或没有做好社会规范所赋予的应为之事而受到的评价或承担的后果，也如哈特所说的原因责任、义务责任、能力责任，И·С·萨莫先科所说的过去的责任。而积极意义的责任和消极意义的责任之间的本质区别，主要体现为不同学者对社会规范的形成、类型以及后果等具有不同的阐释，比如在 H·A·斯特鲁奇科夫的解释中是指"纪律"，包括党的纪律、工会纪律、共青团的纪律、合作社的纪律，以及国家纪律，再如在我国台湾地区学者洪福增的解释中是指道德、法律。除此之外，现代汉语中的"责任"只存在于社会关系之中，或者说只能是人才能承载，在各学者的解释中也被隐喻其中。换言之，就是排除了过去生产力水平低下的社会中的而现在属于意外事件的非人类（如神、动物、植物等）的"责任"情形。比如，古代对于动物侵害的认定是该动物需承担责任，而现今要么认定是意外事件，要么由动物背后的人（管理者）承担责任。总的来看，现有对"责任"常用含义的解释是符合其本义的，只是对于积极意义的责任与消极意义的责任之间的关系，中外学者并未提及，或者只是将它们作为整体内部的不同部分分而述之。对此，笔者认为，积极意义的责任与消极意义的责任在"责任"的含义中是一体两面的关系，它们本质上是处于一个整体之中。因为"社会规范所赋予的（社会角色）应为之事"（积极面）与"不做或没有做好社会规范所赋予的应为之事而受到的评价或承担的后果"（消极面）是相互存在而不可分离的，不能认为"责任"的含义中只存在积极面或消极面，虽然使用时可能只体现一面。也就是说，我们在使用"责任"这个词时，表面上呈现的是一面，但另一面也隐形地存在着。毕竟没有消极面的存在，积极面的存在也就失去了意义。这也是"责任"具有与其他表示"社会规范所赋予的（社会角色）应为之事"的词（如事务）不同的本质区别。而没有积极面的存在，消极面也就无从谈起。因为积极面是消极面存在的前提或原因，消极面是不可能单独存在的。另外，从逻辑上来看，消极面是积极面的必然结果，故而其与积极面相同，都属于社会规范所赋予（社会角色）的应为，只是该"应为"是通过积极面而传达呈现。正如黑格尔所说的："有限的东西的内在必然性，是作为外在的必然性，即作为个别事物的相互关系而达到定在的……后果是行为特有的内在形态，是行为本性的表现，而且就是行为本身，所以行为既不能否认也不能轻视其后果。"〔1〕简而言之，社会规范赋予应为之事的同时，也就赋予了没有做好该事的后果。最后需要提及的是，作为"责任"源泉的"社会规范"是非常广泛的，其不仅仅局限于法律、道德，而是包括习惯、委托等一切社会关系中形成的具有约束力的行为规范。同样，"责任"消极面中的后果承担形式也是多样的，如谴责、赔偿、刑罚等，这些并非属于"责任"含义中的内容，只是其消极面的表现形式。总之，"责任"的通常含义具有积极意义和消极意义的一体两面性，即具有"社会规范所赋予的（社会角色）应为之事"的积极面与"不做或没有做好社会规范所赋予的应为之事而受到的评价或承担的后果"的消极面。

二、"过错"概念的内涵

"过错"不仅是一个社会生活中的语词，也是一个法律概念，但使用时内涵并非完全相同。作为一个生活语词使用时，《现代汉语辞海》将"过错"解释为"过失，错误"，并又将"过失"解释为"因疏忽而犯的错误"。〔2〕

根据《现代汉语词典》的解释，"错误"的意思又有两种：一为不正确、与客观实际不符合；二为不正确的事物、行为等。〔3〕不过，这里第一种解释中的"不正确、与客观实际不符合"是指主观上的认识不正确、与客观实际不符合，还是客观上的状态、现象或行为相对于应有的状态、现象或行为来说不正确或不符合，并没有明确表达。但是，第二种解释中的"不正确的事物、行为"，明确地表达出"错误"是客观的状态、现象或行为。由于《现代汉语词典》对"错误"的解释是"两种"，而非一种意思中的"两个表述"。于是，既然第二种解释是客观上的状态、现象或行为，那么，可以认为第一种解释是指主观上的认识不正确、与客观实际不符合，否则第二种解释纯属多余。所以，我们据此可以认为，"错误"所表达的既可以是一种主观心态，也可以是一种客观状态、现象或行为，只是产生这些客观状态、现象或行为的主观心态，根据现有的解释来看并无限制。易言之，"错误"既是一个

---

〔1〕 ［德］黑格尔：《法哲学原理》，范扬、张企泰译，商务印书馆 1961 年版，第 120 页。

〔2〕 参见倪文杰等主编：《现代汉语辞海》，人民中国出版社 1994 年版，第 340-341 页。

〔3〕 参见中国社会科学院语言研究所词典编辑室编：《现代汉语词典》（2002 年增补本），外语教学与研究出版社 2002 年版，第 221 页。

表达主观的概念，也是一个表达客观的概念。

现在再回到《现代汉语辞海》对"过错"的解释，即"过失"和"错误"，并且是将二者作为一种意思的两种表述，其中过失又是"因疏忽而犯的错误"。通过这样的解释，可以看出，过错就是"错误"。由于"错误"如上所述既是一个表达主观的概念，又是一个表达客观的概念，于是我们也分开予以分析。首先，将"错误"当作主观的心理状态（此时"过错"也是一个主观概念），也即作为一个表达主观的概念来理解。此时"错误"是指主观上的认识不正确、与客观实际不符合。由于"过失"是因疏忽而犯的错误，也即"过失"是指因疏忽而使主观上的认识不正确、与客观实际不符合。而又因"过失"和"错误"是解释"过错"时的一种意思的两种表述，所以，这里的"错误"也应指因疏忽而使主观上的认识不正确、与客观实际不符合，而排除因非疏忽而使主观上的认识不正确、与客观实际不符合的情形。于是，过错就是因疏忽而使主观上的认识不正确、与客观实际不符合。其次，将"错误"当作客观的状态、现象或行为（此时"过错"也是一个客观概念），也即作为一个表达客观的概念来理解。由于错误既可以因疏忽而犯，又可以因非疏忽而犯，也即上述所说的产生错误的心态并无限制。所以，若将"过失"理解为一种"错误"，即"因疏忽而犯"的错误，其实是被包含于"错误"概念之中的（当然，此时"过失"也是一个表达客观的概念）。于是，逻辑地推导出《现代汉语辞海》对"过错"解释中的"错误"是仅指主观上疏忽而致的错误（否则，将"过错"解释为"过失"就毫无意义，因为"过失"已包含在"错误"之中），而不包含主观上非疏忽而致的错误，也即"过失"和"错误"二者在主观上相一致，这样才能与将"过错"解释为"过失"相协调（因为"过失"和"错误"在"过错"的解释中是一种意思的两种表述）。那么，简而言之，过错就是因疏忽而导致的不正确的事物、行为。

概而言之，"过错"作为一个生活语词使用时，既可以是一个表达主观的概念，也可以是一个表达客观的概念，只是其内涵无论是主观上的认识不正确、与客观实际不符合，还是客观上的不正确的事物、行为，都是因主观上的疏忽而致，而不包含主观上非疏忽的情形。

"过错"作为一个法律概念，主要是在民事法律中使用，且又主要是在作为侵权法领域最为重要和核心问题的归责原则中探讨。目前，对于侵权法中归责原则的学说可以说是观点纷呈，但具有影响力的学说主要就是一元论、二元论和三元论，而构成这些学说的理论核心的具体原则又是过错责任原则、过错推定责任原则、无过错责任原则和公平责任原则等四个。不同的学说实际就是在对这四个具体原则进行不同的取舍与排列组合的基础上形成的。[1]但无论是一元论还是二元论，抑或三元论，都将过错责任原则作为首要原则。因此，"过错"在此是一个最基本的核心概念。

至于对作为法律概念的过错的理解，学说上主要有三种主张：第一种主张认为过错是主观概念，因为过错就是违法行为人对自己的行为及其后果所具有的主观心理状态；第二种主张认为过错是客观概念，即过错是偏离善良公民行为的行为或是对事先存在的义务违反；第三种主张认为过错是综合概念，即过错既是一种心理状态，又是一种行为活动，是一种舆论和道德谴责。[2]在我国，主流的观点认为过错是主观概念，如老一辈民法学家佟柔教授主编的经典民法教科书中认为："过错是指行为人在实施加害行为时的某种主观意志状态。"[3]甚至还有学者明确指出，过错是"指行为人具有的一种应受非难的心理状态，过错并不包括行为人的外部行为。"[4]而且，一般将过错分为故意和过失两大类。"所谓故意，是指行为人明知自己的行为可能产生某种违法后果，而仍然进行此种行为并有意促成该违法后果的发生。所谓过失，是指行为人对自己行为可能产生的违法后果应当预见、能够预见到而竟未预见到，或者虽然预见到了却轻信其不会发生，以致造成违法后果。"[5]当然，在此故意和过失也都是一个表达主观心理状态的主观概念。

不过，对主流看法持不同意见的学者认为，过错若是主观性的，侵权法就是对人们内心世界的调整，其目的是要惩罚有过错的意志状态，这样控制、规范人们的思想世界，其后果将是十分可怕的。比如，出于善良动机而做错事致他人损害的行为人，无须赔偿，而主观上非常邪恶、不道德但未付诸行

---

〔1〕 参见胡雪梅：《"过错"的死亡——中英侵权法宏观比较研究及思考》，中国政法大学出版社2009年版，第53页。

〔2〕 参见杨立新：《侵权法论》，人民法院出版社2011年版，第203页。

〔3〕 佟柔主编：《中国民法》，法律出版社1990年版，第568页。

〔4〕 王利明、杨立新编著：《侵权行为法》，法律出版社1996年版，第68页。

〔5〕 王家福主编：《中国民法学·民法债权》，法律出版社1991年版，第236页。

动的行为人，也要受到惩罚。另外，主观的心理状态也不可能得到千真万确的查明，故而行为人的过错也只是法官事后所认为的过错。最后再结合我国的日常生活、立法规定和司法实践来看，"过错"不可能是指称心理状态，只能是指客观的外在行为，即"不当行为"。[1]对此，笔者认为，过错是主观概念并不代表侵权法调整的就是人们的内心世界，惩罚的就是意志状态。虽然法律是对社会关系的调整，且只能对外化的客观行为予以调整，但是并不否定对这些外化的客观行为的主观心态的评价。因为"人依其本质属性，有能力在给定的各种可能性的范围内，自主地和负责地决定他的存在和关系，为自己设定目标并对自己的行为加以限制。"[2]也即外化的客观行为往往也是其内在主观心态的表现。所以，法律的评价首先要对是非予以区分。"分清是非，就是以法律和道德为标准，对当事人的行为及行为的内在意志状态进行分析考察，作出肯定的或否定的评价。"[3]当然，这种评价最终是通过对外化的客观行为的肯定与否定而呈现。于是，主观上的过错只是进行法律评价的因素之一，而非唯一，且只有将其予以外化为客观行为时才进入法律的评价。所以，承认过错是主观性的，不能得出侵权法就是对人们内心世界的调整，其目的是要惩罚有过错的意志状态。同样，假如按照该学者反对过错是主观概念的逻辑，将过错作为客观概念，即行为，所得出的结论也会如其反对过错是主观概念时同样不合理。比如，"假设一个司机 D，驶近一个在其行驶方向上亮着绿灯的十字路口。一个盲人 B，在 D 准备通过该十字路口时，从一个停在人行横道路沿石旁的救护车后面踏上人行横道，而 D 视野中的 B 被这个救护车挡住，D 的车撞伤了 B。这个救护车为了一个急救电话而停在人行横道旁禁止停车的区域是合法的。D 驾驶时尽到了全部应尽注意并没有任何理由相信一个盲人可能就在附近。B 穿越十字路口的决定是合理的：B 有通过马路的合理理由，附近并没有任何他可以求助的人。B 按下了人行横道杆上的按钮以改变信号灯为红色，听到了由控制盒发出、指示灯由绿色变为红色之通常的电子声音，也没有任何理由怀疑实际上所发生的控制系统出现故障并

---

　〔1〕　参见胡雪梅：《"过错"的死亡——中英侵权法宏观比较研究及思考》，中国政法大学出版社 2009 年版，第 202-205、208-211、226-231 页.

　〔2〕　〔德〕卡尔·拉伦茨：《德国民法通论》（上册），王晓晔等译，法律出版社 2003 年版，第 45-46 页。

　〔3〕　王卫国：《过错责任原则：第三次勃兴》，中国法制出版社 2000 年版，第 160 页。

在未变灯时发出了变灯的噪音。城市、制造商或其他任何人也没有任何方法可以预见或阻止这一控制装置故障。"[1]对于此种情形，司机 D 造成了盲人 B 的损害，就存在过错，应受惩罚。这就与反对过错是主观概念时所说的，主观上非常邪恶、不道德但未付诸行动的行为人也要受到惩罚的不合理性的逻辑如出一辙。[2]因此，我们不能孤立地看待主观和客观在法律中的意义，无论是主观的心理状态还是客观的外在行为，独自看待都不具有法律上的价值。至于以主观的心态不能够被千真万确地查明而否定过错是一个主观的概念，其理由也是不成立的。要说到千真万确地查明，不仅人的主观心态，就是人类的任何活动都由于人类认识的局限性而无法做到，也即对于人类社会的活动我们都不可能像数学那样进行精确的计算。在司法活动中，对既往事实的证明也同样带着人类认识局限性的遗憾。故而所谓的查明都是相对而言的，只是程度不同而已，并且，对于任何人类社会的活动以及心理状态的查明或认定都需要一定的标准。据此，我们不应当混淆过错内涵的本身属性与过错认定的标准。然而，目前的一些争议中普遍存在着这种混淆现象。过错是主观的概念，并不排除认定过错的标准是客观的。正如张新宝教授所言："过错就其本质而言应当是一种主观现象或者说主要是一种主观现象，而认定过错的标准应当主要是客观的，这才符合马克思主义的认识论。"[3]所以，必须强调，不能以过错认定标准的客观性来否定"过错"是主观性的概念。

　　总之，通过以上分析，我们发现，"过错"作为生活语词使用时，表面上看其既可以是一个表达主观的概念，也可以是一个表达客观的概念，只是无论是表达主观还是表达客观，其根源都是主观上的疏忽，即过失，而不包含主观上非疏忽的情形。"过错"作为法律概念使用时，并不能否定其可以是一个主观性的概念。然而，概念只是一个符号，且"对一个概念下定义的任何

---

〔1〕 ［美］戴维·G. 欧文主编：《侵权法的哲学基础》，张金海等译，北京大学出版社 2016 年版，第 225 页。

〔2〕 司机 D 受到惩罚的不合理性，正如有学者对类似案例分析时所说的："一方面司机将陷入无所适从的窘境，对于他来说，不再存在确定的驾驶规则，同样的谨慎，造成他人损害就是过错，否则就不是过错，机动车道与人行道的区分至此失去意义；另一方面，行人的安全处境也并不一定就得到改善，因为他将要面对的是没有驾驶守则可循的，始终抱着侥幸心理的司机，对于某些行人而言，还会出现通过制造人为的小伤害以换取司机方面赔偿的道德风险。"参见刘文杰：《过错概念的内涵》，载《中外法学》2009 年第 5 期。

〔3〕 张新宝：《中国侵权行为法》，中国社会科学出版社 1998 年版，第 136 页。

企图，必须要将表示该概念的这个词的通常用法当作它的出发点。"[1]由于在法学的通常用法中，故意和过失都是表示主观心态的符号，这是已成定论的事实。于是，包括故意和过失的"过错"理应也是表示主观的概念。也即，作为法律概念的"过错"，其内涵就是行为人对自己的行为以及后果所具有的主观心理状态。同样的道理，前述《现代汉语辞海》对"过错"的解释中，因"错误"可以是一个客观概念，由此就认为通常作为主观心态的"过失"也可以作为客观概念的理解，是不恰当的。进而我们可以认为，"错误"虽然可以是一个客观概念，但在"过错"的解释中应当只是一个主观概念。于是，作为生活语词的"过错"被解释为"过失"和"错误"时，它们都是主观概念，只是表述不同。所以，作为生活语词的"过错"只包含过失，而不包括故意这种情形，其内涵就是因疏忽而致的主观上的认识不正确、与客观实际不符合。一言以蔽之，"过错"无论是作为生活语词使用还是作为法律概念使用，只能是一个表达主观的概念，只是作为法律概念使用时包括故意和过失两种情形，而作为生活语词使用时只是过失而已。

最后，笔者认为，若是为了表达主观上不同情形所致的客观行为的需要，也即表达客观的需要，完全可以使用"过错行为"，其包括"故意行为"和"过失行为"，来予以解决。这样可以避免对于表述类似主观的概念又要去重新寻找或构造，以及人为地制造对概念这种符号发挥功能的障碍和理解上的负担。

三、"被害人责任" 表述的提倡

在对"责任"的含义和"过错"的内涵予以梳理解析之后，现在再来看在被害人对加害人刑事责任的有无及大小的影响研究中，是使用"被害人责任"的表述较为合理，还是使用"被害人过错"的表述较为恰当。

从实质上看，使用"被害人责任"的表述，表达了加害与被害的法律关系中处于被害一方的主体，在社会关系中被社会规范赋予了一定的应为之事（包括能做也应该做的和能做而不应该做的），以及其不做或没有做好社会规范所赋予的应为之事而受到的评价或承担的后果。若将作为与不作为的情形

---

[1] [奥] 凯尔森:《法与国家的一般理论》，沈宗灵译，中国大百科全书出版社1996年版，第4页。

都予以表达的话，就是被害人作为社会关系中的成员之一，应当受到社会规范的约束，当其脱离该约束时就要为此承担一定的不利后果。由于"责任"含义具有积极面和消极面的一体两面性，故"被害人责任"也能体现出上述的一体两面性，不仅内含了被害人的责任来源及内容，也包含了被害人的责任后果。而"被害人过错"的表述，只是表达了被害一方主体在主观上具有过错，既包括故意也包括过失。至于被害人要为其过错行为承担不利后果的含义，并不内含在"被害人过错"的概念之中。退一步而言，即使如某些学者一样将"过错"作为一个客观概念，即主观上存在故意或过失的行为，也不能涵括被害人对不利后果的承担内容。而要将被害人对不利后果的承担内容得以体现，必须通过其他的概念或外在因素予以说明或规制。对此，若在民法侵权中可通过比例过错原则来实现，但在刑法中目前并无相应的原则，只有在个别罪名的认定时有所体现，如交通肇事罪，或者在个别的规范性文件对犯罪人的量刑中有所提及，如最高人民法院在 1999 年 10 月 27 日印发的《全国法院维护农村稳定刑事审判工作座谈会纪要》中的规定："对于被害人一方有明显过错或对矛盾激化负有直接责任……一般不应判处死刑立即执行"。故而确切地说，"被害人过错"只是表达了被害人对所发生之事在主观上具有故意或过失，而"被害人责任"的概念中也能够涵括被害人主观上的过错。因为社会规范赋予被害人应为之事是以其能力为前提的，也即社会规范不可能将社会主体不能为之事赋予其，否则就是强人所难，不利于社会关系的和谐与稳定。当被害人对能为之事而不为，显然是在其意志支配下的结果，既可能是故意也可能是过失。所以，"被害人责任"的表述所涵括的内容更广，其包含了"被害人过错"的内容。所以，使用内涵更为广泛的"被害人责任"表述来开展被害人对加害人刑事责任的有无及大小的影响的研究，比使用"被害人过错"的表述更为合理。

现以浙江温州第一桥"火锅先生"案件来分析。该案件的案情为：林女士在用餐中要求服务员加汤时，因正在为旁边用餐客人进行服务的服务员过于怠慢而不悦，故与服务员争吵了几句，还在微博上进行了投诉。该服务员随后与林女士交涉，欲使其删除微博内容。林女士不但不愿删除微博内容，而且还出言不逊，从而激起服务员的极大气愤。于是，一时失去了理智的服务员到开水间用塑料盆接了九十九摄氏度的开水，冲到林女士身边，从头上淋下去，导致林女士全身 42% 的皮肤重度烫伤。[1]该案中，在服务员构成故意伤害罪前提下，林女士就是本案的被害人。若用"被害人责任"来表述林女士对服务员刑事责任影响的话，就是社会规范要求林女士不应该在交涉中出言不逊而激怒服务员，若其不遵守社会规范（隐含了林女士主观上存在故意）对此的约束，就会因此而承担相应的不利后果（实现方式是对服务员刑事责任的减轻）。而用"被害人过错"来表述时，就是林女士在交涉中出言不逊而激怒服务员的行为在主观上存在故意。即使将"过错"作为客观概念的话，也只是表述林女士在交涉中出言不逊而激怒服务员是故意行为。至于林女士需要承担相应的后果并未被包涵其中，对此只能通过外界赋予。但"被害人责任"的表述将林女士从责任的来源、主观上的心理状态到不利后果的承担都包涵在内。

从性质上看，刑法是规定犯罪及其法律后果的公法，而不是规定平等主体之间人身关系和财产关系的私法。根据《布莱克法律辞典》对"公法"与"私法"的解释，"公法"是指"调整个人与政府之间关系的法律，或者调整政府自身之结构或运行的法律，如宪法、刑法、行政法等。"而"私法"是指"调整市民及其与财产关系的法律。公法的对立词。"[2]因此，刑法的目的主要是通过保护社会生活的基本价值来维护法的和平与安全，故其具有强烈的惩罚性和报应性。而民法这样的私法的目的主要是通过保护个人一般生活关系的基本价值来维护法的和平与安全，故其将恢复性作为根本目的。[3]在刑法领域探讨被害人对加害人刑事责任的影响，是"由于被害人的违反法律或者道德规范的行为，对犯罪的发生和发展存在着直接的催化或促进作用，从而应当承担的不利后果"，[4]并不是为了恢复被害人的损害，而是对被害人行为的一种否定评价，这种否定评价通过减免加害人刑事责任的方式予以实现，也相当于对被害人的一种"惩罚"。然而"立法的基础目标是以定义明确的方式清晰表达法律文义，为做到这一点，就应该尽量避免使用模糊性语词，清

---

〔1〕 参见《垃圾人出没，管好自己的嘴，浙江一美女因出言不慎，付出惨重代价》，载 https://zhuanlan.zhihu.com/p/75928289，最后访问日期：2019 年 8 月 10 日。

〔2〕 *Black's Law Dictionary*, 8th ed., West Publishing Company, 2004, p. 1234. 转引自于改之：《刑民分界论》，中国人民公安大学出版社 2007 年版，第 7 页。

〔3〕 关于刑法和民法的目的，参见于改之：《刑民分界论》，中国人民公安大学出版社 2007 年版，第 11-12 页。

〔4〕 刘军：《刑法学中的被害人研究》，山东人民出版社 2010 年版，第 153 页。

晰的法律才有可能促成法治。"[1]由于"责任"概念本身就包含"惩罚"等不利后果的含义,其不仅与作为公法的刑法的性质相契合,也较为清晰明确。而作为主观性的"过错"概念只表达出主观上是故意还是过失,其中并不包含"惩罚"等不利后果的内容,故其与刑法的惩罚性和报应性性质不相契合,也就不具有如"责任"那样的清晰明确的"优越性"。所以,在刑法中探讨被害人对加害人刑事责任的有无及大小的影响,使用"被害人责任"的表述比使用"被害人过错"的表述更为契合公法的性质。

从形式上看,"过错"主要是在民事法律中使用的概念,正如前文所述,"过错"作为一个法律概念使用时,在通常用法的基础上,对其应当进行只是一个主观概念的解释,包括故意和过失。而"责任"是法律领域中通用的概念,如不同部门法中分别使用的行政责任、民事责任、刑事责任。在刑事法领域研究被害人对加害人刑事责任的有无及大小的影响,若使用"被害人过错"的表述,形式上更像是民事法中的表述,导致与其相对方的加害人所需承担的刑事责任在用语上的不一致(因为加害人即犯罪人承担的都称为刑事责任),也即一对法律关系中相对的双方在承担责任的表述上不一致,从而由此可能会造成刑事法与民事法的常用概念在此时出现理解上的思维切换或纠缠。而使用"被害人责任"的表述就可以避免此种情形,且能够直观地反映被害人与加害人之间责任的分配意蕴(虽然承担责任的形式不同)。同时,使用"被害人责任"概念与"被害人过错"概念相比,也能够回避民事法中对"过错"内涵理解上的争议。何况,在我们能够作出选择的情况下,选取一个"麻烦"较小的概念予以运用,也是一种人类的理性思维。所以,在被害人对加害人刑事责任的有无及大小的影响研究中,使用"被害人责任"的表述比使用"被害人过错"的表述更为恰当。

---

[1] 陈金钊:《忘却体系的悲剧及其矫正》,载《上海政法学院学报(法治论丛)》2019年第5期。

第三节　犯罪被害人责任的构成要件与类型

一、被害人责任的构成要件

被害人责任的构成要件，也可以说是被害人责任的认定标准，一直以来都是众说纷纭。这既是由于对被害人责任研究的不深入，也是由被害人责任问题的特殊性所致。在学术界既有学者认为被害人责任的构成要件包括主体专属性、时间确定性、行为过错性、作用因果性、程度明显性五个条件。[1]也有学者认为被害人责任的构成要件应当包含三个方面的内容：即犯罪被害人过错的性质、程度以及犯罪被害人过错与犯罪行为的内在作用机制。[2]还有人认为被害人过错的成立，应当具备如下几个要件：第一，过错行为的产生主体是刑事被害人，行为本身必然由刑事被害人自己实施，他人无法替代；第二，被害人自身行为的不良性；第三，过错行为与犯罪人的犯罪行为或结果有密切的关联；第四，被害人的过错行为必须达到足以导致犯罪人实施犯罪行为的标准；第五，被害人过错必须是单向的。[3]其实根据笔者前文对被害人责任含义的叙述，构成刑法学意义上的被害人责任所需具备的条件也已经有所涉及，只是还不是太具体，故在此再作完整的呈现，且对某些要件再作进一步的阐释。笔者认为被害人责任的构成要件可以从以下五个方面进行设定：

第一，被害人行为的主体要件。被害人行为的主体要件也就是在被害人责任的情形中对被害人的要求，前文已经说到，被害人既可以是自然人也可以是单位。然而，除此之外，作为自然人的被害人是否需要与犯罪行为人那样具备相应的责任能力（包括精神智力状况和责任年龄）？以及被害人是否可以是权益直接受到犯罪行为侵害之人的近亲属？这些也是需要厘清的问题。首先，被害人无需与犯罪行为人那样具备相应的责任能力。犯罪行为人需要

---

〔1〕　参见罗灿：《刑法三元结构模式下被害人过错的认定与适用——以侵犯人身权利命案为视角》，载《中国刑事法杂志》2011 年第 2 期。

〔2〕　参见雍自元：《犯罪被害人过错立法与司法规制》，载《安徽师范大学学报（人文社会科学版）》2012 年第 2 期。

〔3〕　参见周晓杨：《刑事被害人过错责任之实证考查》，载《国家检察官学院学报》2006 年第 6 期。

具备相应的责任能力，是刑法责任主义原则的要求，即"没有责任就没有刑罚"。因为"要成立犯罪，除了必须具备构成要件符合性、违法性以外，还要求犯罪行为人具有责任。所谓责任，是指就符合构成要件的违法行为对行为人的非难。简单地说，是指非难可能性。"[1]但是，被害人不存在具体承担相应不利后果的现实的权益损耗或付出。换而言之，我们说被害人责任只是通过其对犯罪行为人刑事责任的影响来表现，被害人现实的权益并没有得到增减。另外，正如前文所述，被害人责任相对于犯罪行为人来说只是属于外在的客观事实，不能因此而否定对犯罪行为人宽恕的理由，毕竟犯罪行为人的行为是事出有因。所以，被害人的责任能力不应成为被害人行为的主体要件，否则也是对犯罪行为人的不公正。比如，对精神病人实施的侵害行为防卫过当之情形，对犯罪行为人理应予以一定的宽宥。其次，被害人也不应是权益直接受到犯罪行为侵害之人的近亲属。这是由主体专属性所决定的，即"过错行为的实施主体专属于被害人和过错行为的针对主体一般专属于被告人。"[2]不过，需要注意的是，当权益直接受到犯罪行为侵害之人与其近亲属在犯罪行为人实施行为时处于同一时空、且都对犯罪行为人的行为具有紧密联系时，即可以认为他们对犯罪行为人的行为具有整体评价性，当然他们都属于被害人。因为此时的情形在性质上类似于犯罪行为人的共同犯罪之机理。

第二，被害人行为的性质要件。被害人行为的性质要件在此主要是指被害人的行为性质是犯罪行为、一般违法行为还是违背道德的行为，甚至是否可以是违反一般生活意义上的规范的行为。由于这些行为对社会的危害性存在轻重差异，故从某种角度而言被害人行为的性质要件就是对被害人行为在社会危害程度上的要求。对此前文已有阐述，故在此不再赘述。不过，有一点在此需要补充说明，就是被害人违背日常遵循的习惯可否构成刑法学意义上的被害人责任。为此，首先需要了解习惯是如何形成的。"在日常生活中，有人为处理某一事件、某一问题而采取某种行动，或某种做法。从历史的角度来看，他最初所采取的行动或做法可以说是一种偶然。这种行动或做法也许是经过他的深思熟虑，也许只是在他略一思索后的决策，也有可能完全未

---

〔1〕 张明楷：《外国刑法纲要》，法律出版社 2020 年版，第 162 页。
〔2〕 罗灿：《刑法三元结构模式下被害人过错的认定与适用——以侵犯人身权利命案为视角》，载《中国刑事法杂志》2011 年第 2 期。

经他的理性思考而只是他在当时一时冲动下的行为。但，一旦他采取了某种行动或做法，对于其他人来说就是一个存在过的事实，就会被其他人作为一种记忆资料而储存在大脑中。当其他人在遇到类似的事件、类似的问题时，在搜索自己的大脑记忆库寻求处理事件的行动方法、解决问题的应对方案时，就会将已存储的资料——第一个人对此类事务、问题所采取的行动、做法——调出，直接用来指导自己的行动。这就形成对第一个人的行动、做法的模仿。'模仿'是一种很经济、便利的处理事务、解决问题的方法。因为，模仿减少了思考对策所需的时间、精力成本。而且，模仿一种既有的行动或做法，就避免了因采取新行动、新做法所可能面临的不利或失败的风险。如果模仿一种行动或做法在空间上被普遍化、在时间上被持续化，这种行动或做法就成为一种习惯，或习惯性规则。"[1]这种逐步被社会公众遵循的习惯也就具有了调整社会关系的功能，进而融入道德规范之中，成为道德规范的组成部分，甚至有些上升至法律规范。正因为此，地方上的习惯有时甚至会与法律具有同样的纠纷解决效力。有学者对地方上的调解进行研究时发现，"当事人对纠纷解决机构和方式的选择，无疑与其对法律及习惯等规范的选择密切相关。除了法律规定由法院专属管辖的解除同居关系等案件之外，当事人对于习惯或地方公共道德、情理比较认同的，调解的效果和作用就越大。"[2]所以，习惯至少是归属于道德的范畴，当然被害人对其违背可以构成刑法学意义上的被害人责任。

第三，被害人行为的时间要件。至于被害人行为的时间要件，正如前文所述，被害人的行为可以发生在犯罪行为结束前的任何阶段，这里既包括犯罪行为发生之前，也包括犯罪行为正在进行时。另外，需要注意的是，若被害人的行为是发生在犯罪行为之前，那么，被害人的行为及其所造成的状态的持续应当与犯罪发生之间的时间间隔较短，也即需要有时间的关联性。"之所以强调时间关联性，其中很重要的判断因素是秩序的稳定性。社会秩序、人与人之间交往的秩序是社会稳定的前提。在现有秩序被被害人打破、尚未完全恢复时，犯罪人实施犯罪行为就与被害人先前行为有关联；在被被害人破坏的秩序得到修补或恢复后，犯罪人再对被害人实施犯罪就会对社会秩序

---

[1] 张恒山：《法理要论》，北京大学出版社2009年版，第126-127页。
[2] 范愉：《纠纷解决的理论与实践》，清华大学出版社2007年版，第531页。

形成新的破坏，那么被害人过错行为与犯罪行为就没有关联。"〔1〕即使被被害人破坏的秩序没有得到修补或恢复，若时间间隔较长就说明社会秩序已经在趋于稳定，犯罪行为与之前被害人的行为之间的关联性也在逐渐稀薄乃至于断裂。同时，这也是被害人责任纳入规范评价所需要的，其机理犹如刑法中的时效制度。

第四，被害人行为的主观要件。对此前文已有叙述，即被害人必须是出于故意或过失，只是犯罪学意义上的被害人责任无需对被害人主观上予以限制而已。故不再赘述，仅在此对一点作进一步的补充。虽然在被害人责任的情形下，被害人无需承担具体的责任形式，只是通过对犯罪行为人刑事责任的影响来得以体现的一种否定评价，但是其毕竟进入了法律的评价，也就有了类似于对犯罪行为人归责的内在要求，即"一个行为，如果没有在法律上应受责备的意图，就不能使一个人成为法律意义上的罪犯。"〔2〕这里的意图就是指行为人的主观心态，即故意和过失。

第五，被害人行为的因果要件。"因果观念乃是人类先哲在对大自然的长期观察和思考中最早的发现之一，因果关系的思想在古希腊哲学的初期也已经形成了，它的研究主题——探究万物的本源，实质上也是追索自然事物的根本原因。"〔3〕同样，对刑事法律事实的探究也离不开行为与后果之间的因果关系，且也是行为主体需要承担责任（得到否定评价）必不可少的要件。只是这里的因果关系是法律上的因果关系。那么，在被害人责任的情形中，就是要求被害人的行为是犯罪行为的发生、发展的原因，且被害后果不但是该犯罪行为的结果，而且被害人是引起或促使该犯罪行为之人。简而言之，就是犯罪行为所产生的后果与犯罪起因之间具有可归责的法律上的因果关系。这类似于犯罪人归责时所需的法律因果关系，也即仅仅具有事实因果关系（自然因果关系）未必能够归责于行为人，对此还需要附加必要的条件。正如 Jerome Hall 在《刑法基本原则》一书中对因果关系与归罪所作的区分，前者包含必要条件概念以及他称之为"自然因果关系"的东西，即一个原因必须用一个循环的自然顺序来具体例证说明。然而，仅是这些因素还不足以成为

---

〔1〕 王新清、袁小刚：《论刑事案件中的被害人过错》，载《中国刑事法杂志》2008 年第 2 期。

〔2〕 ［英］鲁珀特·克罗斯、菲利普·A·琼斯：《英国刑法导论》，赵秉志等译，中国人民大学出版社 1991 年版，第 24 页。

〔3〕 维之：《因果关系研究》，长征出版社 2002 年版，第 16 页。

法律要求追究刑事责任必需的所禁止的危害和人的作为或者不作为之间应有的联系（可归罪性）。要达到这一标准，还必须增加另外两个因素：（1）行为人必须相信他的行为将会造成这种禁止的危害；这被称为"感知手段—目的关系"；和（2）没有任何社会规则排除责任并且如此"影响'原因'在司法中的意义"。[1]其实这里与主体的专属性也是相契合的。比如，A 对 B 实施殴打辱骂行为（并未达到构成犯罪的程度），由于 B 对 A 具有畏惧心理，故 B 对无辜的 C 实施殴打辱骂（达到构成犯罪的程度）以解心头之气。在这里，B 实施的犯罪行为虽然是 A 的行为引起，但 A 并非 B 的犯罪行为的被害人，而 B 的犯罪行为的被害人是 C。也就是说，B 实施的犯罪行为所产生的后果与起因之间并没有可归责的法律上的因果关系，但事实上存在因果关系，也即 B 对 C 实施的犯罪行为是由于 A 对其实施的殴打辱骂引起的。于是，被害人责任构成要件中的因果关系，不仅是指被害人行为与犯罪行为之间的因果关系，而且，还包括犯罪行为产生的后果与被害人行为之间存在可归责的法律上的因果关系。

二、被害人责任的类型

关于被害人责任的类型，目前学界根据不同的标准具有多种分类。比如，有学者根据过错行为指向的对象，分为对社会的过错、对犯罪行为人的过错及对犯罪行为人近亲属的过错；根据过错的性质，分为法律上的过错、道德上的过错及习惯上的过错；根据过错程度，分为严重过错和一般过错。[2]也有学者根据过错的性质，分为不道德的过错和违法的过错；根据过错发生的时间，分为犯罪发生前的被害人过错、犯罪实行中的被害人过错和犯罪完成后的被害人过错；根据过错与刑事责任的关系，分为不影响刑事责任的被害人过错、影响定罪的被害人过错和影响量刑的被害人过错。[3]还有学者在分为影响定罪的被害人过错和影响量刑的被害人过错基础上，进一步将影响定

---

〔1〕　参见［英］H. L. A. 哈特、托尼·奥诺尔：《法律中的因果关系》，张绍谦、孙战国译，中国政法大学出版社 2005 年版，第 351 页。

〔2〕　参见王新清、袁小刚：《论刑事案件中的被害人过错》，载《中国刑事法杂志》2008 年第 2 期。

〔3〕　参见杨丹：《被害人过错的刑法含义》，载冯军主编：《比较刑法研究》，中国人民大学出版社 2007 年版，第 171 页。

罪的被害人过错分为阻却违法的被害人过错和阻却责任的被害人过错,[1]等等。下面仅选取我国学者中具有代表性的两种分类进行阐述,进而提出自己的分类。

我国有学者根据被害人责任的强度水平将被害人责任分为六级:诱发,即进入了一种明知没有必要进入的危险情境;促进,即被害人没有采取有效的措施防止犯罪的发生;挑衅和促成,前者是指被害人向守法者进行攻击而使之受到刺激,后者是指被害人首先攻击一个具有犯罪动机的人;加害,即被害人首先对另一方实施犯罪行为;合作,即被害人对犯罪持同意态度;鼓励,即被害人对犯罪持积极的鼓励态度。这六级水平中的每一级对犯罪人和被害人的待遇都有相应的影响。[2]这种分类的好处是不仅体现了被害人责任的程度大小,而且也体现了被害人责任的行为方式,对于犯罪预防(或被害预防)来说较为直观。但是,这样分类对于犯罪人减少承担的责任的指导作用比较抽象,从而降低了事实科学对规范科学的基础性效果,也即对刑事司法的指示作用不明显。还有学者将被害人过错划分为被害人可责性小于犯罪人的被害人过错、被害人可责性等同于犯罪人的被害人过错、被害人可责性大于犯罪人的被害人过错以及完全归责于被害人的被害人过错四种类型。[3]还有学者有类似的看法,即从有罪性上看,被害者与加害者之间的道德——司法上的关系可以概括为五种:(1)完全无罪的被害者。这是所谓理想的被害者或者称为不自觉的被害者。这类被害者,在犯罪过程中对加害者的行为没有任何积极的影响。(2)有罪性小的被害者。这是所谓无知的被害者。这类被害者在犯罪过程中是消极地出现的。(3)与加害者的有罪程度相同的被害者。这是所谓自发的被害者。这类被害者是自发地参加犯罪过程的。(4)比加害者更有罪的被害者。这种被害者主要是指诱发性的被害者。在犯罪发生之前,被害者所实施的行为,是诱发加害者的加害行为的主要原因。(5)最有罪的被害者。这类被害者是实质上的加害者,包括攻击性的被害者、欺瞒的被害者和假想的被害者三种情形。[4]这种分类的优点显然是对被害人责任相对于

---

〔1〕 参见张智勇、初红漫:《被害人过错与罪刑关系研究》,中国政法大学出版社 2013 年版,第100 页。

〔2〕 参见郭建安主编:《犯罪被害人学》,北京大学出版社 1997 年版,第 157—166 页。

〔3〕 参见宋浩波:《犯罪学原理》,中国人民公安大学出版社 2001 年版,第 222 页。

〔4〕 参见张智辉、徐名涓编译:《犯罪被害者学》,群众出版社 1989 年版,第 36—38 页。

犯罪人的责任来说有着显现的直观比例，对刑事司法有较好的指示作用。但是，这种分类只是宏观地区分被害人与犯罪人之间责任的大小，对于被害人责任的形成的内在机理缺乏明示，故在犯罪预防（或被害预防）中的指导性较弱。

基于上述的分析，笔者从规范违反的角度将被害人责任分为四类：第一类，违背一般生活意义规范的被害人责任。比如丢三落四、穿着暴露、炫耀财富等。当然，该类被害人责任是从犯罪学意义上所做的区分，而非刑法学意义上的区分。因为这类被害人责任不会影响行为人的刑事责任，也即不会纳入刑法的评价。第二类，违背道德规范的被害人责任。比如淫荡放纵、不守信用、蛮横无理等。第三类，违反一般法律规范的被害人责任。违约欠薪、轻微侵害、卖淫嫖娼等。第四类，违反刑事法律规范的被害人责任。比如抢劫杀人、严重侵害、诈骗盗窃等。从刑事司法角度来看，虽然我国被害人责任影响定罪只是对极个别的情况有所规定，对量刑的影响也只是作为酌定量刑情节（后文将详细阐述），但显然并非所有的被害人责任情形都会影响到定罪量刑，也即并非所有的被害人责任都会进入法官的视野，而能够影响定罪量刑的被害人责任往往都是对规范违反较为严重的情形（属于刑法学意义上的被害人责任）。所以，这样分类对于刑事司法具有显在的指示作用。另外，从犯罪预防的角度来看，由于即使被害人较轻地违反规范都可能诱发或促进犯罪的发生发展，无论被害人规范违反程度的轻重，都有可能使自己成为犯罪的被害人，所以，这样分类对于犯罪预防（或被害预防）也具有一定的现实意义。

犯罪被害人责任的理论分析

第一节 犯罪被害人责任的法经济学理论分析

一、对被害人责任进行法经济学理论分析的假设前提

由于"经济学就是研究在经济活动中如何利用有限的资源，以尽可能满足人们欲望的一种学问。因此，尽可能有效地利用资源，以最小的代价去获取最大的收益回报，就是经济生活中最基本的特征，是经济学基本的思维方式和最高的价值追求。"[1]由于法学和经济学都是以人类行为为研究对象，因此"将经济学有关人类行为的基本假设引入到法学研究中，就是法经济学理论研究的必然出发点。"[2]故而学界将应用经济学的理论和方法对法律现象所进行分析就称为法经济学。

在经济学中，人类行为的基本假设就是"理性人"的假设，又称"合乎理性的人"假设、"经济人"假设，这是进行经济分析的理论前提。至于"理性"如何理解，西方学者认为："'理性'的概念在于理性的行为人能够根据某种标准对自己所希望获得东西进行排序。在实践中，一个人的选择是有限的，消费者的预算约束限定了其选择。一个理性的消费者应该在约束下做出其最优选择。'理性'的另一层含义则是消费者将做出适合其目标的、

---

〔1〕 魏宏：《法律的社会学分析》，山东人民出版社 2003 年版，第 175 页。
〔2〕 汤自军：《法经济学基础理论研究》，西南交通大学出版社 2017 年版，第 26 页。

'好'的选择。"[1]于是,"理性人"的假设,就是"对在经济社会中从事经济活动的所有人的基本特性的一个一般性的抽象。"这个被抽象出来的"理性人"的基本特征就是:"每一个从事经济活动的人都是利己的。也可以说,每一个从事经济活动的人所采取的经济行为都是力图以自己的最小经济代价去获得自己的最大经济利益。"[2]一言以蔽之,"人的行为目标,使他的生活享受总量最大化"。[3]这就是"理性人"的行为选择,否则,就是非理性的。

那么,将经济学中"理性人"假设运用于法学领域,也就是进行法经济学的研究。而法经济学研究中"理性人"行为假设的核心内涵是:"假定人们对法律是熟知的,对自己在一种法律关系中享有的权利和应承担的义务是清楚的,会通盘考虑适用法律行为所引致的法律后果,并做出恰当的有利于实现自己利益的行为选择。"[4]也即在法律行为中,法律关系的参与者是"理性人"。对法律关系中"理性人"的选择具有制约作用的主要是法律制裁。具体而言就是,"经济学提供了一个科学的理论,这个理论可以预测法律制裁对相关行为的影响。对于经济学家来说,制裁就像是价格,并假设人们对于制裁的反映与对价格的反映相同。人们通过减少消费对较高价格作出回应。因此可以假设人们对于较为严厉的法律制裁的反应是从事更少的会被制裁的行为。"[5]于是,在通过制裁(也可以说是一种责任承担方式)这种"价格"来追求自身利益最大化时,成本和收益成为法律关系中"理性人"行为的核心考量因素。

据此,我们在对犯罪被害人责任进行法经济学分析时,将犯罪被害人假设为为了自身利益最大化的"理性人",同时,也将法律关系的参加者都假设为"理性人"。并且假设理性的犯罪被害人所支出的成本主要是实施预防措施(为了避免承担责任)的成本,犯罪被害人的收益主要是其不受犯罪行为侵害

〔1〕 [美]罗伯特·考特、托马斯·尤伦:《法和经济学》,史晋川等译,格致出版社、上海三联书店、上海人民出版社2010年版,第14页。

〔2〕 李珂、叶竹梅编著:《法经济学基础理论研究》,中国政法大学出版社2013年版,第49页。

〔3〕 [德]赫尔曼·海因里希·戈森:《人类交换规律与人类行为准则的发展》,陈秀山译,商务印书馆1997年版,第7页。

〔4〕 李珂、叶竹梅编著:《法经济学基础理论研究》,中国政法大学出版社2013年版,第49页。

〔5〕 [美]罗伯特·考特、托马斯·尤伦:《法和经济学》,史晋川等译,格致出版社、上海三联书店、上海人民出版社2010年版,第3页。

的利益。[1]

二、对被害人责任进行法经济学理论分析的路径选择

经济学中"理性人"的行为是追求自身利益最大化，那么，其如何实现利益最大化呢？首先，我们看看作为法经济学分析领域著名的公式之一的汉德公式。汉德公式的提出来源于美国汉德（Hand）法官对 United States v. Carroll Towing Co. 一案[2]所作的判决，其提供了一个用以确定加害人是否构成过失的客观标准，从而成为加害人最基本的赔偿原则。具体而言，汉德公式用三个变量之间的函数关系来确定过失的标准，B 为避免事故的成本，L 为

---

[1]　这里不受犯罪行为侵害的利益虽然可以是被害人的整体利益，但是从分析问题的角度来说，主要是相对于本次犯罪行为可能受到侵害的利益而言的。因为在某一个行为中不可能受到侵害的利益（或忽略不计的利益）没必要运用于利益得失的考量，如用刀刺穿着衣服的被害人心脏的杀人行为中主要考量的是被害人的生命、健康等人身利益，而对于被害人的财产利益（或被害人穿在身上的衣服这个忽略不计的财产利益）就没必要予以考量。当然，与不受犯罪行为侵害的利益相反的就是，被害人因没有采取适当预防措施而遭受犯罪行为侵害的利益，即被害的损失额。

[2]　在 United States v. Carroll Towing Co. 一案中，被告是负责将驳船运进和运出纽约港口的公司，其中也包括 Connors 公司所拥有的驳船 Annac。在被告拖运 Connors 公司的驳船过程中，Annac 脱离所拖运的驳船，被风吹到其他地方而撞向附近的一艘油船，导致该驳船开始漏水，法院面临的问题之一是驳船主的共同过失问题：船主是否应当留下一名船夫在驳船上？如果留下船夫在驳船上，则他能够早些发现驳船船身的损害而避免此种损害的发生。汉德法官指出：法律并没有规定一般的原则以决定船主在什么时候应对其驳船上欠缺船夫或其他人员而造成其他船只损害的行为承担侵权责任，如果该船只离开了其停泊所的话。然而，在任何他应当对别人的损害承担侵权责任的案件中，他必须按比例减少其损害赔偿数额，如果此种损害是对他自己的驳船造成的话。当我们考虑此种侵权责任的根据时，人们可以很容易地知道为什么没有这样的一般原则。因为存在这样的场合，即每一船只会脱离其停泊所；而当它真的脱离此停泊所时，它就会对其周围的其他船只造成损害。船主所承担的预防此种损害结果的义务，正如在其他类似的情形中一样，实际上是由三个变量共同决定的：（1）它脱离停泊所的可能性；（2）如果它造成损害的话，其所导致的损害后果的严重性；（3）适当的预防措施的成本。……如果将可能性称作 P，将损害称作 L，而将成本称作 B，侵权法律责任取决于 B 是否小于 L×P。将此种原则适用到本案中，驳船离开其停泊所并且造成损害的可能性因为地点和时间的不同而不同；例如，如果要下暴风雨，则此种危险会更大；同样，如果该驳船泊在一个被固定的、驳船不停地四处移动的繁忙港口，其危险亦是如此。另一方面，驳船并非船夫的牢房，即便他住在船上，亦是如此。他必须经常上岸……在本案中，船夫在下午 5 点钟离开驳船，而船只在第二天的下午 2 点钟漂离停泊所，中间相差 21 小时。船夫在此期间一直不在船上，我们认为他所讲的理由实际上是这样的一种积极证据即他没有离开驳船的正当理由。……显然，人们可以合理认为……船夫的工作没有尽到合理的注意。在此种情况下，我们认为，Connors 公司应当在白天的工作时间内在其船上留下船夫（除非船夫有不在船上的正当理由），这是一个公平的要求。参见张民安：《过错侵权责任制度研究》，中国政法大学出版社 2002 年版，第 276-277 页。

事故损失额，P 为事故发生的概率。汉德公式表明，只有当 B<P×L 时，即当加害人为避免事故需要支付的成本低于事故的预期损失（事故损失额与事故发生概率的乘积）的时候，加害人有过错，并因此承担赔偿责任。[1]换而言之，作为理性的人在能够以一定的成本投入避免相应损害发生时，却没有达到该成本投入，故其主观上存在过失，对该损害承担责任。一言以蔽之，理性人对能为而不为的利益最大化行为承担过失责任。汉德公式重在解决两个问题：一是"向后看"，解决本次事故的损失由谁担责的问题；二是"向前看"，杀鸡儆猴，避免以后再发生类似的事故。"向后看"属于"零和"游戏，一旦损失已经发生，不管哪一方承担责任，社会总收益都不会增加。但"向后看"时对责任的分配将直接影响人们在未来面临类似风险时选择积极预防还是放任不管，从而与未来社会的事故发生频率息息相关。也就是说，"向后看"决定了"向前看"，处理当下就是塑造未来。[2]

　　那么，根据汉德公式分析犯罪被害人责任，也就是分析理性的犯罪被害人在采取预防措施时的行为选择并对其没有选择的结果所承担的责任。当然，我们说犯罪被害人承担责任，并不是让被害人承担刑事责任，而是通过减免犯罪人的刑事责任的方式得以体现。对此，可以从两个维度予以分析。首先，从犯罪行为人维度而言，B 为避免犯罪行为的成本，L 为犯罪行为所导致的社会危害（包括对被害人产生的损害），即犯罪行为的损失额，P 为犯罪行为发生的概率。根据汉德公式，当 B<P×L 时，对于理性的行为人而言其所实施的行为具有过失，其需要承担过失的刑事责任。[3]相对而言，犯罪被害人就无需承担责任。从而促使犯罪人以及其他人以后对于类似的行为进行选择时有所警戒，同时，也是对犯罪被害人无论是积极还是消极行为的认可。其次，从犯罪被害人维度来看，现有的犯罪被害人学研究已经证明，犯罪被害人采取预防措施能够带来收益，即减少被害损失，甚至阻止被害（或犯罪）发生。但犯罪被害人采取预防措施需要一定的成本投入，比如购置防护设施、加强相关知识的学习，等等。而作为理性的犯罪被害人，也会在实施预防措施的

〔1〕　参见桑本谦：《私人之间的监控与惩罚——一个经济学的进路》，山东人民出版社 2005 年版，第 189 页。
〔2〕　参见兰荣杰：《正当防卫证明问题的法律经济学分析》，载《法制与社会发展》2018 年第 1 期。
〔3〕　汉德公式运用于刑事法领域时，相当于对过失犯罪中行为人的主观是否存在过失的客观判断。

成本（相当于上述的 B）、被害（或犯罪）发生的概率（相当于上述的 P）与受到犯罪行为侵害的利益，即被害的损失额（相当于上述的 L）之间进行核算。根据汉德公式，当 B<P×L 时，犯罪被害人具有过失，应当承担责任（犯罪被害人自我承担受到犯罪行为侵害的利益损失），也即我们这里所说的犯罪被害人责任。如此，也就是对犯罪被害人行为（即不恰当、不充分的作为或不作为）的否定，从而唤醒犯罪被害人或社会一般公众的被害（或犯罪）预防意识，摒弃"打击犯罪只是国家的事情""犯罪被害人都是无辜的"等思想，从而增强打击犯罪的力量和完善预防犯罪的体系。

另外，经济学家还认为，人类是通过边际考虑来实现最大化的。所谓边际，就是指一个微小的增量带来的变化。在法经济学理论中，常常使用边际收益和边际成本的概念来说明。所谓边际收益，是指稍微增加某种经济活动所带来的增加的利益；所谓边际成本，是指稍微增加某种经济活动所带来的增加的成本或减少的利益。于是，"理性人"在追求自身利益最大化时总会遵循这样的边际原则：当行为的边际收益大于边际成本时，行为人会扩大这种行为；当行为的边际收益小于边际成本时，行为人会减少这种行为，直到边际收益等于边际成本。此时行为人的自身利益实现最大化。[1]

根据经济学家的边际理论分析犯罪被害人责任，可假设犯罪被害人预防措施用某个单位表示，那么，犯罪被害人预防措施的增加，其成本也会增加，当然边际成本也即每增加一个单位的预防措施所增加的成本也会逐渐增大。不过，虽然犯罪被害人预防措施增加时，其收益也会增大，但增加到一定单位时其边际收益即每增加一个单位的预防措施所得收益会递减。正如一个饥饿的人吃包子，吃前面几个包子的满足感最强，当吃到一定数量时，虽然每吃一个包子仍然能够充饥，但满足感会逐步降低。对于犯罪被害人预防措施也如此，在同一门上用几把锁，后每增加一把锁其体现的安全功能在逐步递减。由此，可将一定单位之后的边际收益和边际成本与犯罪被害人预防措施之间的关系表示为下图：

---

[1] 参见汤自军：《法经济学基础理论研究》，西南交通大学出版社 2017 年版，第 26 页。

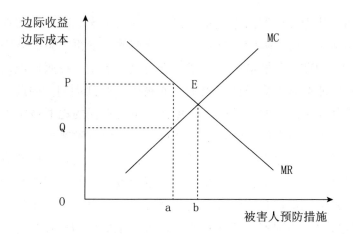

上图中，横轴代表犯罪被害人预防措施，纵轴代表边际收益和边际成本。向下倾斜的 MR 表示随着犯罪被害人预防措施的增加，所带来的边际收益递减，而向上倾斜的 MC 则表示随着犯罪被害人预防措施的增加，所产生的边际成本递增。假设某犯罪被害人一开始选择了 a-1 个单位的预防措施，在选择是否增加预防措施时，他发现在 a 点，即增加一个单位的预防措施可使边际收益增加到 OP，而边际成本增加到 OQ，OP 大于 OQ，也就是边际收益大于边际成本。于是，作为理性的犯罪被害人会继续增加预防措施，并且这一选择一直会持续到 b 点。在 b 点，边际收益曲线与边际成本曲线相交于 E 点，此时，边际收益恰好等于边际成本。由于过了 E 点之后，边际收益就会小于边际成本，因此，在 E 点犯罪被害人所得净收益达到最大值，也就是说，在 b 点是犯罪被害人预防措施的最优选择。当然，在 b 点之后，理性的犯罪被害人就不会再增加预防措施，否则将是非理性的。既然 b 点之前理性的犯罪被害人都会实施预防措施，也即其应该（或者说有义务）实施预防措施，那么，犯罪被害人在 b 点之前不实施预防措施或者实施预防措施不充分时，将会承担相应的责任，并且离 b 点越远不实施预防措施或者实施预防措施越不充分，承担的责任越大。之所以如此，是因为刑法中应遵循比较责任原则。

至于比较责任原则，是在对传统刑法完全指向犯罪人而忽视犯罪被害人的批判基础上发展来的。阿隆·哈雷尔（Alon Harel）根据成本与效率理论认为，传统刑法将犯罪被害人视为一个与刑事司法不相关的存在因素，不能提供给犯罪被害人一种通过采取措施以防止犯罪的最佳动力，故而是无效率的。

同时,哈雷尔认为传统刑法也是不公平的,因为考虑到粗心、潜在的犯罪被害人更有可能转变为实际的犯罪被害人,预期的保护粗心犯罪被害人的成本相比预期的保护谨慎犯罪被害人的成本会更高,于是,按照传统刑法保护粗心、潜在的犯罪被害人会导致谨慎的犯罪被害人受到剥削。因此,刑法应当引入比较责任原则。一方面是通过减免针对负有责任的犯罪被害人实施犯罪行为的犯罪人的刑事责任,能够给犯罪被害人提供一种额外的动力促使其采取措施防止被害,从而提高预防犯罪的效率;另一方面是督促有责的犯罪被害人增加预防犯罪的成本,能够在有责的犯罪被害人与无责的犯罪被害人之间实现平等的分配保护和预防成本的公平分配。[1]其实,为了提高效率和体现公平,比较责任原则不仅反映在犯罪被害人采取措施增加了犯罪成本,提高了效率,以及对有责犯罪被害人与无责犯罪被害人进行平等保护,体现了公平,而且还反映在犯罪被害人采取措施节省了国家追诉犯罪的成本,提高了社会的总效率,以及对犯罪被害人与犯罪人都进行了客观评价,从而体现了社会的整体公平。据此,比较责任原则是通过成本和效率两个杠杆将犯罪被害人的预防措施纳入强制性要求。所以,如上图中作为理性的犯罪被害人在 b 点之前实施预防措施,不再是其愿不愿意的问题,而是将这种能够实施、也是作为一个理性人应当实施的预防措施转化为法定的义务,也即犯罪被害人必须实施,若不实施或不充分实施将要承担相应的不利后果,即犯罪被害人责任。当然,在 b 点之后,犯罪被害人实施预防措施是受到鼓励的,但对于犯罪被害人来说是不理性的,故而法律不能强人所难,不能将此转化为法定义务,也就不存在犯罪被害人责任问题。

三、对被害人责任进行法经济学理论分析的功能评析

既然法经济学分析就是应用经济学的理论和方法对法律现象所进行的分析,那么,其功能也就体现为经济学的分析功能。至于经济学的分析功能,西方有学者认为:"经济分析是一种统一的方法,适用于解释全部人类行为",

---

[1] 参见张智勇、初红漫:《被害人过错与罪刑关系研究》,中国政法大学出版社 2013 年版,第 109 页。

也可以说，"经济分析适应于说明全部人类行为"。[1]显然，这种过于绝对的看法是不切实际的，尤其是在法学中的刑法领域。

首先，经济学分析中"理性人"的假设本身就是过于理想化的前提。正因为此，西方有学者对"理性人"的假设提出质疑，如社会协作系统学派的创始人切斯特·I. 巴纳德（Chester I. Barnard）以及美国管理学家和社会科学家、决策理论学派的重要代表人物赫伯特·A. 西蒙（Harbert A. Simon），他们认为人并非完全理性，而是具有有限的决策能力和选择能力，故而提出有限理性的假设。[2]有限理性的假设相较于完全理性的假设来说，其解释力较强是不言而喻的，可它们毕竟都是建立在人是理性的基础之上，只是理性的成分大小不同而已。同样，在法经济学领域的"理性人"假设前提中，人们既不可能都熟知法律，也不可能对自己在法律关系中所享有的权利和承担的义务都清楚。即使不排除社会中存在我们假设的理性人，但现实中的人都是有情感、有责任感、有信仰的社会人，不仅个体之间的理性程度存在差异，而且个体完全可能做出不计后果的非理性行为，比如激情犯罪中的犯罪人、斯德哥尔摩模式[3]中的犯罪被害人。因此，追求个人经济利益最大化的"理性人"假设在现实情况下表现出一定的局限性，即经济分析并不能"适用于解释全部人类行为"。

其次，经济学分析中的成本和收益难以量化。像我们这里分析所需的犯罪被害人实施预防措施的成本和犯罪被害人的收益就无法用精确的数字予以表述。因为预防措施成本中既有可以量化的成本，如购置防护设备，也有无

---

〔1〕 参见［美］加里·S. 贝克尔：《人类行为的经济分析》，王业宇、陈琪译，格致出版社、上海三联书店、上海人民出版社 2008 年版，第 11 页。

〔2〕 参见李珂、叶竹梅编著：《法经济学基础理论研究》，中国政法大学出版社 2013 年版，第 49-50 页。

〔3〕 斯德哥尔摩模式，又称为斯德哥尔摩综合症、斯德哥尔摩效应、斯德哥尔摩症俱群或者人质情节、认知综合症，是指在被害人与犯罪人的互动中，被害人逐渐对犯罪人产生情感，甚至支持、帮助犯罪人的现象。其源于 1973 年瑞典斯德哥尔摩的一起银行抢劫案，在该案件中，两名劫匪抢劫斯德哥尔摩市一家银行失败后，扶持了四名银行职员。在警方与歹徒僵持了 130 个小时之后，因歹徒放弃而结束。然而这起事件发生后的几个月内，这四名遭受挟持的银行职员，仍然对绑架他们的人显露出怜悯的情感，他们拒绝去法院指控这些绑匪，甚至还为他们筹措法律辩护的资金，他们都表明并不痛恨歹徒，并表达对歹徒非但没有伤害他们却对他们照顾的感激，对警察采取敌对态度。更甚者，人质中一名职员竟然还爱上劫匪之一，并在他服刑期间与其订婚。参见李伟主编：《犯罪被害人学教程》，北京大学出版社 2014 年版，第 72 页。

法量化的成本，如时间、精力的投入。同样，犯罪被害人的收益在犯罪被害人进行行为选择时只是一个没有发生的、未来的可能利益，其中，有些可能对其能够进行一定的预测，如所保护财产的价值，有些根本无法预测，如所保护的健康权价值、生理需求、情感满足等。于是，如前图所示的犯罪被害人净收益最大化的 E 点是无法准确获得的。至于汉德公式，正如 Posner 先生所说的："虽然 Hand 公式是一种数字公式，但是，此种公式在实践中并不会产生像数字般的精确结果；这种精确的结果要求对 B、P 和 L 予以全部量化，就我所知，此种现象还从没有在实际的诉讼中存在过。"[1]因此，我们对犯罪被害人责任的法经济学分析实质上只能是一种理想模型，而难以具有司法实践上的可操作性。

虽然法经济学分析的功能具有上述局限性，但是，由于"作为法律的价值标准的公正与作为经济的价值标准的效率间具有密不可分的关系，仅以公正作为法律规范的唯一价值评估标准难以揭示法律的真谛，只有建立在效率基础之上的公正，才真正昭示了法律之精神。"[2]因此，法经济学分析也被法律运行的价值追求所认可。另外，法经济学作为一种分析工具，为我们认识社会现象提供了一种视角和方法，按照美国学者理查德·A·波斯纳（Richard Allen Posner）的看法，法经济学分析并不是为了追求准确性而是为了追求实用性。[3]法经济学分析的实用性主要的体现就是，"通过一些使问题简单化的假定，舍去其他因素，单单考虑一两个因素，使问题变得足够简单，以便更好地理解它的某一方面，而并不一定使这些方面变得不重要。"[4]也即将纷繁复杂的社会现象予以抽象和类型化，使之纳入我们认识可感知的视域范围，从而凝练出社会运动中某一类型的规律。比如经济学中的帕累托最优，是指资源分配的一种理想状态，即假定固有的一群人和可分配的资源，从一种分配状态到另一种状态的变化中，在没有使任何人境况变坏的前提下，使得至

---

〔1〕 Us Fidelity, Guaranty Co. v. Jadranska Slobodna Plovidba, 683, F. 2d 1022, 1026（1982）. 转引自张民安：《过错侵权责任制度研究》，中国政法大学出版社 2002 年版，第 283 页。

〔2〕 杨蓉：《法学研究的新视野：对法律的经济学分析》，载《国家检察官学院学报》2001 年第 4 期。

〔3〕 参见［美］理查德·A·波斯纳：《法律的经济分析》（下），蒋兆康译，中国大百科全书出版社 1997 年版，第 905 页。

〔4〕 李珂、叶竹梅编著：《法经济学基础理论研究》，中国政法大学出版社 2013 年版，第 47～48 页。

少一个人变得更好，这就是帕累托改进。当不存在有更多的帕累托改进的余地时，就是帕累托最优。这就是被凝练的一种规律。同样，我们对犯罪被害人责任进行法经济学分析，并非为司法实践提供规范依据（如法律规定），故无需可以量化的准确性（也即前图中的 E 点无需明确），而是需要根据分析结论所凝练的规律为规范依据（法律、政策等）的制定提供政策支持的实用性。所以，"法律经济学使我们获益匪浅的或许是它研究问题的角度，尤其是其研究问题的方法抑或经济分析的工具。"[1]从而为我们的相关立法和司法提供了一种智识上的支持。

第二节　犯罪被害人责任的法社会学理论分析

一、社会互动理论

无论是在自然界中还是在社会中，各种要素都是相互联系、互为依存的，而非彼此孤立地存在。那么，对于社会而言，其就是各要素或角色之间关系的社会，这种关系即社会关系。正如有学者所说的："社会关系是客观决定的，它建立在每个人在社会系统中所占据的一定地位的基础上。它的本质不是在具体个人的相互作用之中，而是表现在社会角色的相互作用之中。社会角色是社会对个人职能的划分，它指出了个人在社会中的地位和在社会关系中的位置，是社会客观赋予而不是自己认定的，因此而带有社会评价的痕迹。"[2]正因为此，社会中被评价的各客观要素或角色不仅是相互联系、互为依存的，也是处于互动的关系之中。所谓互动或相互作用，是社会成员之间通过交往而导致彼此在行为上促进或促退的社会心理现象。互动强调成员之间直接交往的相互性和反应的主动性，既离不开人际关系，也并不限于信息的交换过程，是通过交往使双方在心理上相互影响、相互促动。[3]而"当人们把眼光放到加害人与被害人之间的关系中进行考察时，发现两者之间存在

---

〔1〕　郭义贵：《法律经济学对当代中国法学研究的影响——一种个案的分析与评价》，载《华东政法大学学报》2008 年第 3 期。

〔2〕　郭建安主编：《犯罪被害人学》，北京大学出版社 1997 年版，第 132 页。

〔3〕　参见朱智贤主编：《心理学大词典》，北京师范大学出版社 1989 年版，第 741 页。

着真实的互动关系。"[1]

　既然社会中的互动关系在具体的犯罪中表现为犯罪人与被害人之间的互动关系。那么，我们在对某种犯罪现象进行认识和判断时，"必须将犯罪人置于包括被害人在内的自己的社会关系之中，将被害人置于意味着包括犯罪人在内的自己的社会互动过程之中，以便他们通过各自建立的主客体关系及其相互关系而联结起来，从而更好地揭示和描述犯罪人与被害人的人格，以及双方在加害—被害、被害—加害过程中的真实角色。"[2]于是，被害人与犯罪人在刑事法律关系中也是相互对应且互动地存在着。正如汉斯·范·亨蒂所指出的，犯罪是一种"反社会因素的自我宣泄过程"。"积极的"犯罪人与"消极的"被害人之间的关系是"相辅相成的伙伴"关系，正是被害人"影响并塑造了"他的犯罪人："犯罪人与被害人之间的勾结是犯罪学的一个基本事实。当然，这不意味着犯罪人和被害人之间达成了某种协议或故意犯罪和被害，但彼此确实存在着互动关系，互为诱因。"汉斯·戈比格等人的研究成果也表明，不能简单地将犯罪与被害看作是一个绝对静止的概念，相反，应当将犯罪（即正在成为罪犯）与被害（即正在成为被害人）置于社会互动过程中加以研究。在犯罪的发生及其控制的社会过程中，犯罪被害人和违法者都是作为主体而活动着。斯蒂芬·谢弗也表示赞成，认为无被害人即无犯罪，某人或某物注定要受到侵犯、危害或破坏，罪犯也有招致自己被害的可能性。[3]其实，认可犯罪人与被害人之间的互动关系，就是认可了被害人在犯罪的发生发展过程中的可能作用，进一步而言，也就是认可了犯罪过程中的被害人责任的可能性。正如德国学者霍勒（Tatjana Hörnle）所说的："一些犯罪行为发生之前犯罪人与被害人的相互作用排除了将不法行为完全归咎于犯罪人。在那些案件中，犯罪行为部分应归责于被害人。"[4]当然，犯罪中的这种互动关系中未必都会产生刑法学意义上的被害人责任。为此，有必要区分犯罪人与被害人之间

〔1〕申柳华：《德国刑法被害人信条学研究》，中国人民公安大学出版社 2011 年版，第 63 页。
〔2〕许章润主编：《犯罪学》，法律出版社 2007 年版，第 149 页。
〔3〕参见［德］汉斯·约阿希姆·施奈德：《国际范围内的被害人》，许章润等译，中国人民公安大学出版社 1992 年版，第 4-5 页。
〔4〕Tatjana Hörnle, " Distribution of Punishment：The Role of a Victim's Perspective ", *Buffalo Criminal Law Review*, Vol. 3, No. 1, 1999, pp. 175-209. 转引自陈旭文：《西方国家被害人过错的刑法意义》，载《江南大学学报（人文社会科学版）》2004 年第 1 期。

关系的类型或模式。

西方有学者将犯罪人与被害人之间的互动关系区分为三种模式：第一种是传统的"被害人-推动"模式，在这种模式中，被害人事实上诱使罪犯实施了犯罪行为，即他通过故意实施一个或更多的推动行为来实现其引诱——这些推动行为恰好能够诱使他人用犯罪行为作为还击。第二种是"犯罪原因的冲突"模式，在这一模式中，罪犯与被害人有着相当长时期的社会互动关系，其互动的突出方面就是发生了一系列的犯罪行为，其中一方为罪犯，另一方为被害人。不过，在真正的冲突模式中，罪犯与被害人之间常常互换角色，被害人有时扮演了罪犯的角色，反之亦然。第三种是"可利用的被害人"模式，这种模式描述的是一种被害人与罪犯或许有、或许没有过相当长时期的互动的模式。但是，在这一互动中，被害并不是一个重要问题。从某种程度上说，被害人是在自己毫无察觉的情况下，实施了某些罪犯感到系属诱惑的行为。[1]若从刑法学意义上的被害人责任来看，在第一种互动模式中，被害人的行为是典型的具有被害人责任之情形。在第二种互动模式中，被害人行为是否一定产生被害人责任，对其认定是存在一定困难的，还要根据现实情况具体分析。在第三种互动模式中，被害人行为只能产生犯罪学意义上的被害人责任，而对犯罪行为人的刑事责任不会产生影响。

至于犯罪人与被害人之间的互动关系，我国也有学者将其具体化为以下几种关系：第一，对应共存关系，即被害人与犯罪人互相对应、互为依存、缺一不可的关系。第二，二元原因关系，即被害人与犯罪人在引发"犯罪-被害"这一互动过程的原因方面，存在着被害原因与加害原因同时共存、互相结合、缺一不可的关系。第三，彼此作用关系，即被害人与犯罪人各自以其被害原因或加害原因为作用力，彼此互动、相互影响，共同对推进互动过程发挥其作用的关系。第四，刺激反应关系，即被害人与犯罪人在互动的内在心理方面，存在着一种彼此互为刺激、互作反应的关系。第五，被害转化关系，即被害人与犯罪人在互动结果的趋向方面，存在着"角色易位"或"角色竞合"这种被害转化趋向的关系。第六，互塑共塑的关系，即被害人与犯罪人在互动的结果方面相互塑造、共同塑造出双方角色的关系。第七，归责

---

〔1〕　参见［德］汉斯·约阿希姆·施奈德：《国际范围内的被害人》，许章润等译，中国人民公安大学出版社 1992 年版，第 99-100 页。

可能关系，即被害人与犯罪人在推进互动进程的责任方面，往往存在着可以因情划归出各自不同责任程度的关系。第八，刑事对立关系，即被害人与犯罪人在其互动关系的本质属性方面，存在着刑法和刑事诉讼法意义上的相互冲突、相互对立的刑事法律关系。研究认为，这八个方面的关系基本上概括了被害人与犯罪人之间层层递进的互动关系的全貌，认识这些关系对于被害预防实践具有重要意义。[1]同样，这些关系对于互动关系中的犯罪被害人责任的认识与判断也具有重要的现实意义。

二、生活方式和日常活动理论

生活方式理论（lifestyle theory）和日常活动理论（routine - activities theory）都是在 20 世纪 70 年代的后期发展起来的。尽管在某种程度上它们强调的重点不同，但是，它们都假设"潜在犯罪受害者的习惯、生活方式和行为模式提高了他们与犯罪者的接触，因此提高了犯罪发生的几率"。[2]也就是"从第三个方面展开，即分析被害人所处的社会环境、处境。根据处境定位的观点，在不同的时间、不同的情景、不同的地点以及与不同的人群接触（包括有犯罪倾向的和无犯罪倾向的人）"[3]来解释被害化的风险概率。并且，它们都属于环境犯罪学的理论。

生活方式理论是由麦克尔·欣德朗（Michael J. Hindelang）、麦克尔·格特弗雷德森（Michael R. Gottfredson）和詹姆斯·加罗法洛（James Garofalo）在 1978 年三人合著的《人身犯罪的被害人：一种人身被害理论的经验基础》一书中首先提出，指的是人们在日常生活中，往往同时扮演多个角色，处于不同的生活方式之中。比如一位母亲可能需要同时处理好工作和家务的关系，并且还要顾及子女的时间安排。[4]于是，他们认为，犯罪被害风险的差异与不同的生活方式具有联系，他们将这种生活方式表述为"常规的日常活动，

---

〔1〕 参见张建荣：《被害人与犯罪人互动关系与被害预防》，载肖剑鸣、皮艺军主编：《罪之鉴：世纪之交中国犯罪学基础理论研究》（下），群众出版社 2000 年版，第 1038 页。

〔2〕 ［美］斯蒂芬·E. 巴坎：《犯罪学：社会学的理解》，秦晨等译，上海人民出版社 2010 年版，第 121 页。

〔3〕 申柳华：《德国刑法被害人信条学研究》，中国人民公安大学出版社 2011 年版，第 65 页。

〔4〕 参见王佳明：《互动之中的犯罪与被害——刑法领域中的被害人责任研究》，北京大学出版社 2007 年版，第 37-38 页。

既包括职业活动（上班、上学、家务，等等）也包括娱乐活动"。大体上，他们认为年幼者、男性、未婚者、穷人、美国黑人比较年长者、女性、已婚者、富人、美国白人具有更高的被害风险，因为前述群体的人们有较强的离家活动倾向，尤其是在晚上的时候，出门参加公共活动的倾向较强，与可能成为罪犯的人接触的倾向较强。这些习惯使得他们的财产和人身受到犯罪侵害的风险增大。[1]由此在犯罪中他们这些生活方式产生被害人责任的可能性也会增大。

　　生活方式理论强调一些生活方式提高了人们成为犯罪被害人的风险，而日常活动理论认为人们平时的活动提高了被害风险。该理论认为，受害的发生，必须符合三个条件：（1）一个有吸引力的目标（财产或人）的出现，（2）存在可能的犯罪者，（3）监护人（即可能看到并制止犯罪发生的人）的缺乏。因此，随着时间的推移，当更多具有吸引力的目标出现时（比如，假期旅游的增加提高了住家的空置数目，或增多的单身住户），受害者的情况就会增加。从这个角度看，日常活动理论有助于解释犯罪的季节性分布。随着更多活跃的犯罪者出现（也许是因为上升的失业率），受害者数量也应该上升。人们成为对犯罪者来说具有吸引力的目标源于很多原因：他们看起来像是携带了现金或者珠宝；他们可能身体虚弱，瘦小，或者仅仅看起来胆小，或者在带有偏见的犯罪者看来，这些人可能是同性恋或者属于特殊的种族或族群。总之，生活方式和日常活动理论把犯罪解释为"并非是由活跃的犯罪者的行动和数目所导致的，而是潜在受害者的活动和生活方式所决定的"，进而言之，生活方式和日常活动理论显示出在某种程度上，受害者对于自身的受害具有一定的责任。马文·沃尔夫冈（Manin E. Wolfgang）在 1958 年提出了受害者促发杀人的观点，在这种杀人犯罪中最终的受害者往往是最先使用武力的人，包括使用武器的人。他（通常是男性）攻击的人就会反击，也许会使用武器，然后会杀害他。简而言之，受害者促发了自己的死亡。如果受害者没有挑起暴力冲突，他也许不会被杀害。尽管并非故意为杀人犯罪开脱，受害者促发杀人的概念的确指向了受害者的责任。沃尔夫冈的学生梅纳赫姆·阿米尔（Menachem Amir）把这一概念又运用到强奸上面。阿米尔把受害

---

　　〔1〕　参见［美］乔治·B·沃尔德等：《理论犯罪学》，方鹏译，中国政法大学出版社 2005 年版，第 259 页。

者促发的强奸定义为那种女性参与了性行为，然后以各种方式改变了意愿或行为从而产生的结果，包括喝酒这样可以被看作愿意发生性行为的暗示。通过这一定义，阿米尔总结说他在宾夕法尼亚州的费城所研究的强奸案中，大约有五分之一都是受害者促发的。[1]

当然，根据生活方式和日常活动理论的解释，针对某些暴力性的犯罪中被害人责任可能会进入刑事司法系统的评价，即具有刑法学意义上的被害人责任，但更多的情形还是犯罪学意义上的被害人责任，也就更侧重于犯罪预防。由于这两个理论毕竟属于环境犯罪学，而环境犯罪学的基本理论之一就是通过环境设计的犯罪预防论。对此，也有人提出了批判。比如有批判者认为，这个理论群体主要是依据工学性质的环境设计手法，只能解决表面的问题。还必须包括对于作为真正原因的社会性不正义、贫穷与差别、构造性暴力与榨取等的批判，但在这里实际上是掩盖了这些问题。还有批判者认为，一旦推进以犯罪防止为目的的环境设计，就显示出都市的非人性，即每个住宅区都相互独立、人们的行动经常被监视的社会，也丧失了人们的自由和活跃的经济活动。[2]

三、社会相当性理论

"人作为自为的存在，是一定社会关系的总和，人本质上是社会关系中的存在物。"[3]虽然社会是由个人组成的，但个人始终拥有相对社会的独立性，也就是个人的自由性。而个人的自由又不是孤立的个人所能争取到的，而是社会成员在相互合作中取得的，并随着社会的发展而发展。[4]也就是说，在社会中的个人虽说是自由的，但从另一角度来看也是受到社会一定的制约的，如此才能形成社会发展所需的秩序，而秩序又是人类社会发展的前提。犹如美国学者埃德加·博登海默（Edgar Bodenheimer）所说的："如同在自然界中一样，秩序在人类生活中也起着极为重要的作用。大多数人在安排他们各自的生活时都遵循某些习惯，并按一定的方式组织他们的活动和空闲时间。在

---

〔1〕 参见 ［美］斯蒂芬·E. 巴坎：《犯罪学：社会学的理解》，秦晨等译，上海人民出版社2010 年版，第 121–124 页。

〔2〕 参见 ［日］上田宽：《犯罪学》，戴波、李世阳译，商务印书馆 2016 年版，第 242 页。

〔3〕 田秀云、白臣：《当代社会责任伦理》，人民出版社 2008 年版，第 39 页。

〔4〕 参见胡平仁等：《法律社会学》，湖南人民出版社 2006 年版，第 155 页。

家庭生活中，家庭群体的成员通常也都会遵循某些特定的模式或习惯性方式：他们在一定的时间用餐；家庭杂务总是分配给某些家庭成员去干；总要留出某个时间来进行全家活动，等等。"[1]这些大多数人的习惯也就成为当时历史条件下社会成员普遍认可的行为规范，社会成员都依此行事，从而使社会处于一种秩序的状态下。于是，对于社会运行的这种内在机理，德国学者韦尔兹尔（Welzel）提出了社会相当性理论，根据该理论，"一个在历史发展中形成的社会生活的一般原则范围内从事的行为，是社会相当的行为。"[2]也即社会成员实施的属于社会相当性的行为，就是符合社会秩序的行为，也是个人被社会秩序所允许的自由行为。否则，就是要受到社会否定性评价的行为。

社会相当性理论在刑法学中起先是为了说明犯罪的实质违法性问题，但将其借鉴到被害人责任认定上也同样具有理论价值。因为"毕竟不是被害人所有不谨慎行为都能够认定为过错，过错的认定除了满足被害人行为与结果之间的因果关系之外，还需要接受社会相当性的检视和过滤，只不过需要构建适用被害人过错认定的社会相当性理论。这种理论是依托长期社会伦理秩序沉淀所形成的一般人的道德观和价值观来对被害人的行为给予评价以确定被害人有无过错，社会相当性理论不是限制或束缚社会个体的行为自由，而是通过划定行为人（包括犯罪人和被害人）自由行为的范围以确保有序社会生活发挥生机勃勃的机能，只有行为人的行为损害一定法益超过必要和不得已的限度时，才被评价为一种违法行为或否定性价值行为。"[3]比如，体育运动等具有在维持、增进健康等社会有用性的同时，在性质上必然伴随着某种程度的法益侵害危险，如果全面禁止这种危险，社会生活就会停滞不前。[4]故体育运动中在社会相当性的范围内造成的损害不承担责任。不过，需要注意的是，被害人不具有社会相当性的行为未必都能够影响犯罪行为人的刑事责任，也即并不是都能够成为刑法学意义上的被害人责任。其原因就是在第一章中所阐述的观点，即"若被害人既没有悖德更没有违法而只是不符合一

---

〔1〕　[美] E·博登海默：《法理学：法律哲学与法律方法》，邓正来译，中国政法大学出版社1998 年版，第 223 页。

〔2〕　李海东：《刑法原理入门（犯罪论基础）》，法律出版社 1998 年版，第 39 页。

〔3〕　潘庸鲁：《被害人过错认定问题研究》，载《法学论坛》2011 年第 5 期。

〔4〕　参见江溯：《日本刑法上的被害人危险接受理论及其借鉴》，载《甘肃政法学院学报》2012 年第 6 期。

般生活意义的规范（犯罪学意义上的被害人责任，比如穿着暴露、丢三落四等）而引起行为人犯罪的情形也能够产生对被害人谴责的刑法意义上的后果，显然是刑法对人们自由的过度干涉"。也即刑法学意义上的被害人责任还需考虑被害人行为偏离社会相当性的程度。被害人行为偏离社会相当性的程度越大，被害人责任就越大，相对而言对犯罪行为人刑事责任的减少就越多。

四、责任分担理论

对于人与社会的关系而言，"人的自由发展，不仅仅表现为对自然规律的认识和把握，更主要地表现为在社会生活中获得自由的权利和价值，在于对自身责任的恪守与履行，人要全面地发展自己，就必须有充分的自由，在社会生活中能够发展自己各方面的能力，享受相应的社会权利，然而在权利背后却存在着对主体人的责任要求，人有多大的权利也就意味着应承担多大的责任。正是由于责任主体即社会人是自由的，才能承担起自身的责任，而承担责任同时又促进人在社会生活中自由而全面地发展。"[1]也就是说，"对于人和社会来说，权利是一种自由的标志，也是一种对自由的限制。因为，权利不仅标志着自由的获得与享有，同时也体现了必须承担责任。"[2]当然，这里所说的责任就是义务，简而言之，社会中的人是权利和义务的统一体，而违反义务时就会受到一定的否定性评价，只是承担这种否定性评价的方式不同而已。这也是责任分担理论得以形成的社会运行的现实根源。所谓责任分担理论就是社会主体对于某项社会行为根据各自的义务违反而承担相应的责任。通俗来说，就是"某些人'做错'了某些事，因而也应对自己遇到的麻烦负有责任。"[3]不过，需要注意的是，责任分担理论中的责任是后果意义上的一种否定性评价，其必须与权利相对应的责任即义务相对应。

责任分担理论在法学中的应用，主要是存在于侵权法中，其被称为比较过错原则。"关于'责任分担'这一用语的选择，主要考虑到在民法上以'享受权利—负担义务—承担责任'为基准词语搭配。数人之间的权利、义务

---

〔1〕 田秀云、白臣：《当代社会责任伦理》，人民出版社2008年版，第46页。
〔2〕 郭金鸿：《道德责任论》，人民出版社2008年版，第213-214页。
〔3〕 ［美］安德鲁·卡曼：《犯罪被害人学导论》，李伟等译，北京大学出版社2010年版，第120页。

和责任均存在分配问题：分配与权利搭配时，为分受；与义务搭配时，为分担；与责任搭配时，也应为分担，即责任分担。"[1]后来，Bergelson教授极力主张将这一原则引入刑法领域，即通过在刑法中构建一个这样的比较责任原则让那些所有预见到被害可能性且具有过错的被害人对因自己造成的结果负有责任。其提出了支持这一理论的三点理由：第一，刑法惩罚的基础是"报应"理论，刑罚只有当与犯罪人应得的部分相适应时才是正当的。任何人都无须对其没有造成的损害承担责任。当被害人对其自身的损害负有可谴责的行为时，行为人的责任应该在被害人可谴责的过错范围内予以减轻。第二，将刑法中的责任原则建立在共同的道德前提之上具有相当的效率。因为通过这样做，法律需要更少的制裁以达到为公众知晓的目的，并造成更少的"难以意料"。这样的"难以意料"阻挠了信赖的产生并使法律难以预期。第三，法律规则具有一致性的优点。除非刑法也认可一个一般的比较过错原则，否则其适用的结果除会与侵权法存在完全不一致之外，也会造成刑法本身范围内适用上的不一致。因为刑法中的正当防卫、挑衅都允许行为人基于被害人过错而主张免除或减轻责任，这就会造成这些被告与那些不能主张适用比较过错原则的被告之间出现法律适用上的不一致。[2]不过，在此需要提及的是，被害人分担的责任要进入刑法的评价，即能够影响犯罪行为人的刑事责任，也同样需要达到在第一章中所说的刑法学意义上的被害人责任的构成要件。否则，可能将公民安排自我生活的行为当作犯罪发生的因素，从而使被害人责任的范围过分地扩展。若如此，不仅是对公民自由的不恰当限制，对被害人也是不公平的。

另外，根据责任分担理论，提出被害人承担责任。主张责难被害人的人遵循的思维过程为：首先并且是最为基本的，被害人的责难者推定被害人有什么事做错了，他们与那些从来没有被害过的人有重要的不同——要么是态度，要么是行为，或者是二者兼而有之，这使他们与没有受到侵害的大多数人区别开来。其次，责难者认为那些假定的不同是被害人不幸的根源。如果他们像其他人一样有理性地行为，就不会被挑中作为攻击的目标。最后，责难

---

〔1〕　王竹：《侵权责任分担论——侵权损害赔偿责任数人分担的一般理论》，中国人民大学出版社2009年版，第82页。

〔2〕　参见初红漫：《论被害人过错影响刑事责任之正当依据》，载《犯罪研究》2011年第3期。

者主张若是被害人要避免更进一步的痛苦，就应当改变思维和行为的方式。[1]
显然，这是从被害预防的角度来看的，也就是说，依责任分担理论研究被害
人责任也能够促使被害人更加谨慎地行为，对于被害预防也具有重要的意义。

第三节　犯罪被害人责任的刑法学理论分析

一、期待可能性理论

　　期待可能性理论是备受学界关注的、对行为人刑事归责具有重要意义的
刑法理论。一般而言，期待可能性也称期待性的不存在，是指在行为者实施
犯罪的场合下，行为时的具体状况缺乏期待他能够实施该犯罪行为以外其他
合法行为的可能性。[2]申言之，就是行为人在当时的具体情形下具有期待其
实施适法行为而不实施违法行为的可能性时，其实施了违法行为就具有责任
的可非难性，反之，行为人在当时的具体情形下没有选择适法行为的可能性
时，即缺乏期待可能性，也就不具有责任的可非难性。期待可能性理论蕴涵
了"法不强人所难"之法律内在精神，也是一种通过限制刑罚权来保障国民
权利的刑法理论。正如日本学者大塚仁教授对其所作的评价："期待可能性正
是想对在强有力的国家法规范面前喘息不已的国民的脆弱人性倾注刑法的同
情之泪的理论。"[3]
　　期待可能性理论起源于 1897 年 3 月 23 日德意志帝国法院第四刑事部所作
关于莱伦芬格事件的判决。该判决的事实是：被告人乃一马车夫，他多年以
来受雇驾驶双匹马车，其中一匹马莱伦芬格被称为"绕缰鬼"，它具有以其尾
绕住缰绳并用力压低的癖性，马车夫和雇主都知道莱伦芬格的这一癖性。
1896 年 7 月 19 日，马车夫在雇主的特别命令下，使用了莱伦芬格，结果它又
像往常一样癖性发作，以其尾绕住缰绳。马车夫很着急，虽努力使其尾脱离
缰绳，却未成功。在这一过程中，马匹暴狂起来，马车夫完全失去了对马匹

---

　　〔1〕　参见陈旭文：《西方国家被害人过错的刑法意义》，载《江南大学学报（人文社会科学版）》2004 年第 1 期。

　　〔2〕　参见徐岱：《期待可能性的机能：扩张或紧缩》，载《吉林大学社会科学学报》2002 年第 6 期。

　　〔3〕　[日]大塚仁：《刑法论集》（1），有斐阁昭和 53 年日文版，第 240 页，转引自冯军：《刑事责任论》（修订版），社会科学文献出版社 2017 年版，第 236 页。

的控制力。结果，暴狂的马匹在奔跑时，撞到了在路旁行走的铁匠，致其脚部骨折。对于上述事实，检察官以过失伤害罪提起公诉，但是原审法院宣告无罪。检察官以原审判决不当为由，向德意志帝国法院提起上告，帝国法院后来驳回了上告。其理由是，虽然马车夫知道莱伦芬格的危险的癖性，要求换一匹马，但是，雇主没有答应他的要求，因为害怕失掉职业不得已而使用了该马，很难期待被告人坚决违抗雇主的命令，不惜失去职业而履行避免其已预见的伤害行人的结果发生的义务。这样，在该判决中，法院根据被告人所处的社会关系、经济状况否定了期待可能性的存在，从而否定了在损害结果的发生上行为人的应受谴责性。[1]该案也即后来学界所称的"癖马案"。

在刑法学理论中，期待可能性的理论基础是规范责任论。规范责任论是在对心理责任论和社会责任论批判的基础上建立起来的，以相对的意志自由为立论基础，认为犯罪是违反法律规范的行为。行为人在行为时本应遵守法律规范，不为违法行为，而行为人竟然违反社会的期待而为违法行为，由此产生其行为的可责性，并以此构成刑事责任的基础。[2]而期待可能性在犯罪构成体系中作为阻却或减轻犯罪行为人刑事责任的事由，属于一种超法规的阻却事由，一直以来学界对其存在的合理性和必要性争论不休。但是，期待可能性对同样作为阻却或减轻犯罪行为人刑事责任事由的被害人责任，在以相对的意志自由为基础的规范责任论的基础上，还是具有相通的解释功能。正如日本学者川端博所认为的，在一般情况下，人的意志是自由的，但在被害人有过错的情况下，正是被害人的一些不道德、不合法的言行影响甚至限制了行为人的意志自由。[3]也即犯罪行为人在这种被影响甚至限制的意志"自由"下的选择性会受到制约，从而使得对犯罪行为人的谴责性降低。对此，英国学者马丁·瓦希克（Martin Wasik）曾指出，在犯罪发生之前，无论被害人的行为是否应受谴责，只要他（她）的行为推动了犯罪人的暴力反应，那么，犯罪人的应受谴责性就会得到适当的降低（幅度有时大、有时小）。虽然存在着对公民面对挑衅应该保持正常自我克制的强烈的期待，然而，真正

---

〔1〕　参见冯军：《刑事责任论》（修订版），社会科学文献出版社 2017 年版，第 227-228 页。

〔2〕　参见王佳明：《互动之中的犯罪与被害——刑法领域中的被害人责任研究》，北京大学出版社 2007 年版，第 102 页。

〔3〕　参见 [日] 川端博：《刑法总论二十五讲》，余振华译，中国政法大学出版社 2003 年版，第 235-236 页。

面对这类行为时，如果犯罪人失去自我控制，这在不同的程度上又是可以理解的。[1] 也如英国学者霍德（Horder）所说的："如果被告受到的挑衅足以使合理人陷入愤怒状态，并在该状态下暴力地行为，则即使被告原本具有暴力的倾向，也不应否认他成立受挑衅辩护事由。"[2]

至于期待可能性理论与被害人责任之间的关系，我国也有学者进行了较为恰当的阐释："在犯罪发生的过程中，被害人过错对犯罪动机的形成、犯罪的预备以及犯罪的进程，都会起重要的推动作用。对于行为人而言，被害人的过错正是一种具体存在的、非常规的外部异常状况。人都具有利己和利他的双重性格，在犯罪人面临对自身权益和他人权益的选择时，往往难以期待犯罪人完全牺牲自己的重大权益而被动承受他人的一切过错行为。""被害人过错的发生，对犯罪人来说是一种人性的考验。期待可能性理论根植于对脆弱人性的关注，在期待可能性丧失或减弱时，免除或者减轻行为人的刑事责任，正是体现'法者缘人情而制，非设罪以陷人'的立法思想。倘若法律不对人性的脆弱表现相当的尊重，便会背离人类所应有的怜悯之心。在被害人存在过错的犯罪中，犯罪人的行为选择是由于人性的软弱，这与期待可能性理论对人性的关注相契合。"[3] 当然，"被害人的过错程度越高，行为人实施合法行为的期待可能性越低；被害人的过错程度越低，行为人实施合法行为的期待可能性越高。在考虑被害人过错程度时，被害人的心理认知和态度是一个重要考量因素。如果被害人的过错是被害人故意主动造成的，行为人实施合法行为的期待可能性就低；如果被害人的过错是被害人无意疏忽造成的，行为人实施合法行为的期待可能性就高。"[4] 总之，因被害人责任而使犯罪行为人实施合法行为的期待可能性丧失或降低，关键在于犯罪行为人意志自由的丧失或降低。于是，能够成为影响犯罪行为人刑事责任的被害人责任，就必须要求被害人的行为方式和强度达到一定的程度，侵害的也必须是犯罪行

---

〔1〕 Martin Wasik, "Crime Seriousness and the Offender-Victim Relationship in Sentencing", in Andrew Ashworth and Martin Wasik, *Fundamentals of Sentencing Theory*, Clarendon Press, 1998, p. 118. 转引自龚义年：《论被害人过错与刑法宽容》，载《法学杂志》2012 年第 2 期。

〔2〕 ［英］维克托·塔德洛斯：《刑事责任论》，谭淦译，中国人民大学出版社 2009 年版，第 340 页。

〔3〕 杨丹：《被害人过错的刑法含义》，载冯军主编：《比较刑法研究》，中国人民大学出版社 2007 年版，第 186-187 页。

〔4〕 肖晚祥：《论期待可能性弱失的判断》，载《法学》2012 年第 9 期。

为人较为重要的法益。

二、值得保护理论

德国刑事法学者阿梅隆（Amelung）于 1977 年在探讨"诈欺罪中的被欺骗者之错误与怀疑"的专文中提出："刑法乃是国家保护法益所使用的最后手段，如果被害人本身可运用适当的手段来保护其法益，而任意不用时，则刑法自无介入之余地。"同年，作为与阿梅隆一起处于被害人信条学领军人物的许内曼（Schünemann）教授在刑法学会的报告中，提出刑法相对于可能和可胜任自我保护的潜在被害人应当是一种辅助性手段，或者说具有第二顺位性。之后又提出，在构成要件允许的解释范围内，将被害人（基于个别有待探讨的理由）实施的不应当也不必要受到刑法保护的行为方式，排除于刑事可罚性范围。许内曼根据刑法辅助性原则——刑法作为国家防止社会损害发生的最后手段，得出结论——在被害人不值得保护和不需要保护之处，刑法无用武之地。由此推导出这样一条解释原则：当被害人可以通过容易且毫无问题的方式来进行自我保护之时，允许通过对这种行为进行目的论上的犯罪构成要件的解释，将其排除于刑事可罚性的范围。2002 年在《刑法体系与诈骗罪》一书中，许内曼重新强调了他在 1977 年提出的观点，即：法益的值得保护性和需保护性是具有非常重要意义的概念，它作为解释通常需要考虑的原则，在犯罪构成要件体系中被归纳于刑事不法这一阶层中。[1]对于被害人的值得保护性，许内曼教授认为："法律推理不能是片面的，不能只考虑犯罪人而不考虑被害人，也不能只考虑被害人是受保护的法益主体而不考虑被害人还可以自我放弃法益保护的要求。如果损害结果是被害人自我漠视自己利益所导致的，那么就不再值得受刑法保护，从而可以排除对加害人的责任归属。保护法益的目的是尽量减少对社会的危害，若社会危害产生于忽略自己利益的被害人，就必须通过不对其进行刑法保护来威慑被害人不可以那样去行为。"[2]

---

〔1〕　参见申柳华：《德国刑法被害人信条学研究》，中国人民公安大学出版社 2011 年版，第 96-99 页。

〔2〕　Bernd Schünemann, "The Role of the Victim Within the Criminal Justice System: A Three-Tiered Concept", *Buffalo Criminal Law Review*, Vol. 3, No. 1., 1999, pp. 33-49. 转引自何庆仁：《犯罪人、被害人与守法者——兼论刑法归属原理中的人类形象》，载《当代法学》2010 年第 6 期。

后来，L. 京特勒（Lugwig Güther）也提出，面对犯罪人引起的法益损害，被害人通过自己采取可期待的和社会通常的方式足以实现对自己的保护时，不允许使用刑事法的保护措施。1981 年，许内曼的学生 R. 哈赛默（Raimund Hassemer）出版了《被害人的需保护性和刑法信条学——同时在德国刑法第 263 条错误构成要件的解释上的运用》一书，该书阐述了其基本观点：一个行为的刑事可罚性除从犯罪人方面以法益的损害或者法益的危险性定义之外，还与作为保护法益的手段应当具有适当性、必要性与合比例性的原则相联系，相应地从被害人方面来说就是被害人的需保护性。被害人需保护性丧失在某些具体的案件中，当具体的危险状况高度依赖于被害人自己的决定时，在这种情况下，被害人不被认为符合法益的构成要件中作为普通前提的危险强度。也就是说，不具有值得保护性和需保护性的被害人，在构成要件允许的解释范围内，排除于刑事可罚性范围。希伦坎普（Hillenkamp）也认为，在被害人能够自我保护的地方，被害人的需刑事保护性被否定；在其他的地方，被害人的值得刑法保护性也会缺失，当被害人通过自己的过错或罪责行为导致这种保护失效时，被害人的行为在上面的两个方面都导致了刑法保护的撤回。[1]

德国学者基于刑法的最后手段性原则，从目的论的限缩性解释入手提出被害人值得保护理论，即被害人的法益具有保护的价值，是值得运用刑法加以保护的。"刑法对行为人的处罚与被害人值得保护应当是相一致的，因此，当被害人有意地抛弃或者忽视自己的利益时，刑法对行为人施加刑罚就是不恰当的。"[2]那么，从被害人角度就是被害人的需保护性和值得保护性，而被害人的需保护性是刑法保护必需性的对称，这又是与犯罪行为人角度的刑事需罚性和值得刑罚性相对应的。故而被害人值得保护性总是与被害人需保护性相关联，且往往是同时运用。于是，在被害人责任的情形中，被害人的责任会导致被害人的需保护性和值得保护性丧失或降低，从而产生对犯罪行为人的刑事责任予以免除或减少的法律后果。

不过，被害人值得保护理论也受到了一定的批判，比如，西方有学者认

---

〔1〕 参见申柳华：《德国刑法被害人信条学研究》，中国人民公安大学出版社 2011 年版，第 100-105、136 页。

〔2〕 初红漫：《论被害人过错影响刑事责任之正当依据》，载《犯罪研究》2011 年第 3 期。

为，其根本缺陷在于，没有充分的实质——规范基础，不能以一种可靠的方式符合刑法的基本理论、不符合刑法学理论的总体范畴，而一个理论不能不考虑现存的犯罪论结构而孤立存在。该学说可能导致刑法体系转向"谴责被害人"。[1]刑法的补充性是相对于其他国家措施而言的，而非针对私人自保，毋宁说私人自保是国家保护的补充，过度评价被害人自保的可行性可能导致刑法判断的重点受到扭曲，具体事实、犯意受到忽略，刑法将难以实现公平正义。鼓吹私人自保以便将盗窃犯人隔离在外，无异于建议个人将自己禁锢于内，实乃限制被害人却扩大犯罪人的行为自由。[2]若从刑事政策上说，取消对轻信的被害人的刑法保护，会使不信任、怀疑和谨小慎微的保护思想成为社会生活的法则，减少了守法公民的自由，扩大了那些想要干涉他人法领域的人的行为自由。[3]

三、自我答责理论

对于刑事归责问题，传统刑法学认为，只要行为人具有刑事责任能力，在损害结果的发生上存在故意或者过失，并且，行为人的行为与损害结果之间具有因果关系，那么，行为人就要对所发生的损害结果承担刑事责任。自我答责理论也是解决刑事归责领域内责任分配问题的理论，但其关注的重点与传统刑法学不同。在自我答责理论看来，刑法学上对结果进行归责时，重要的根据不是行为人对损害结果的发生存在故意或者过失，也不是在行为与损害结果之间存在因果关系，而是行为人应该对损害结果的不发生负责。[4]自我答责理论是自我决定权在刑事归责领域的体现。所谓自我决定权，就是"个人对自己的利益按自己意愿进行自由支配的权利"。[5]那么，一个人既然

---

〔1〕　Manuel Cancio Meliá，"Victim Behavior and Offender Liability：A European Perspective"，*Buffalo Criminal Law Review*，Vol. 7，No. 2.，2004，p. 529. 转引自杨丹：《被害人过错的刑法含义》，载冯军主编：《比较刑法研究》，中国人民大学出版社 2007 年版，第 183 页。

〔2〕　Thomas Hillenkamp，*Der Einfluss des Opferverhaltens auf die dogmatische Beurteilung der Tat-einige Bemerkungen zum Verhältnis zwischen Viktimologie und Dogmatik*，1983，p. 14. 转引自何庆仁：《犯罪人、被害人与守法者——兼论刑法归属原理中的人类形象》，载《当代法学》2010 年第 6 期。

〔3〕　参见［德］克劳斯·罗克辛：《德国刑法学总论（第 1 卷）：犯罪原理的基础构造》，王世洲译，法律出版社 2005 年版，第 393-394 页。

〔4〕　参见冯军：《刑法中的自我答责》，载《中国法学》2006 年第 3 期。

〔5〕　参见车浩：《自我决定权与刑法家长主义》，载《中国法学》2012 年第 1 期。

能够自我决定，也就应该自我答责。于是，自我答责理论的基本考虑方法就是，社会中每个人都有自己的角色分配，每个人都有自己的管辖领域，对自己管辖领域内的事情，由其个人自负其责。[1]自我答责理论包含了行为人自我答责与被害人自我答责，而与被害人责任直接相关联的主要是被害人自我答责问题。

关于被害人自我答责的构成要件，冯军教授认为，当具备以下四个条件时，就存在被害人自己对损害结果的优先负责性，而不能把所发生的损害结果归属于他人：[2]

第一，被害人具有认识导致结果发生的危险和阻止危险现实化（变成结果）的能力。认识能力和控制能力是自我决定的前提，如果被害人没有能力认识导致结果发生的危险和阻止危险现实化的能力，被害人就不可能自我决定与结果的发生相关联的行为，也就不能对损害结果的发生承担责任。因此，如果他人参与了儿童或者精神病人的行为，他人就应该对儿童或者精神病人的行为所造成的损害结果承担责任，倘若他人本身不是儿童或者精神病人的话。

第二，被害人自己引起了发生损害结果的危险。这就是说，被害人自己的行为总是损害结果发生的一个条件。如果被害人自己的行为与损害结果的发生没有任何关联，那么，损害结果对被害人而言就纯粹是一个外部强制，被害人就完全不应该对损害结果的发生承担责任。

第三，被害人在自己还能够管理危险时强化了危险。只要被害人自己还决定着事件的发生与否，就不可能有其他人对发生的事件承担刑事责任。如果被害人自己一直没有丧失对损害结果发生与否的控制，却违反自我保护义务，使损害结果发生的危险增加了，以致可以认为损害结果是被害人自己行为的流出，那么，被害人就应该自己对所发生的损害结果承担责任。

第四，法规范上不存在他人应该优先地阻止危险现实化的特别义务。倘若他人应该优先地阻止损害结果的发生，即使被害人的行为与损害结果的发生相关联，被害人也不应该对所发生的损害结果承担责任，因为被害人有权信赖他人履行阻止损害结果发生的义务。但是，只要他人没有优先地阻止损

---

〔1〕 参见马卫军：《被害人自我答责与过失犯》，载《法学家》2013年第4期。
〔2〕 参见冯军：《刑法中的自我答责》，载《中国法学》2006年第3期。

害结果发生的义务，被害人就必须自己设法阻止损害结果的发生，否则，被害人就应该自己对所发生的损害结果承担责任。

被害人自我答责理论一般被认为是发轫于德国的客观归责理论中的一个下位理论。根据德国刑法学家罗克辛（Roxin）对该理论的构建，客观归责理论是在因果关系判断的条件关系的基础上再进行三大主规则的判断，即制造了法所不允许的风险、实现了法所不允许的风险以及在构成要件的效力范围内三大主规则的判断。而在这三大主规则之下，又包括若干下位规则：在第一大规则的判断中，包括没有制造风险时排除归责、降低风险时排除归责、创设可容许风险时排除归责（如信赖原则）、假设的因果流程不能排除归责；在第二大主规则的判断中，包括行为与结果的常态关联（因果流程重大偏异时排除归责）、不允许风险没有实现时排除归责（结果的可避免性）、注意规范保护目的范围外的结果排除归责、合法替代行为和风险提高；在第三大主规则的判断中，包括自我（被害人）负责领域（同意他人造成的危险、故意自危时的共同作用）、他人（第三人）负责领域。如此构建的理论根据在于，每个人原则上只能对自己的行为及其结果负责，这样便在客观归责层次上针对不同主体明确划分出各自的负责领域，从而有效限定了归责的范围。[1]其中被害人的自我负责领域不在构成要件的效力范围内，从而对犯罪行为人排除客观归责的情形就属于自我答责理论的内容。不过，要把风险的行为归责于被害人的责任领域，有西方学者认为应当符合如下的条件：（1）行为处于被害人和行为人共同组织的范围之内；（2）被害人的行为没有被行为人工具化，例如，行为人没有利用被害人缺乏的、但是应该由被害人自己获得的充分知识；（3）行为人没有保护被害人的特定义务。[2]于是，在此自我答责理论较好地解决了影响犯罪行为人刑事责任的被害人责任问题。

---

〔1〕　参见孙运梁：《客观归责理论的本土化运用——以海淀法院刑事判决书（2018）京0108刑初1789号为例》，载钱叶六主编：《因果关系的理论与实践》，法律出版社2020年版，第77页。

〔2〕　See Manuel Cancio Meliá，"Victim Behavior and Offender Liability：European Perspective"，*Buffalo Criminal Law Review* Vol. 7，No. 2.，2004，p. 533. 转引自杨丹：《被害人过错的刑法含义》，载冯军主编：《比较刑法研究》，中国人民大学出版社2007年版，第184页。

犯罪被害人责任与定罪

被害人对行为人刑事责任的影响主要体现为对行为人定罪量刑的影响。对此，我国古代立法中即有体现，如《汉律》中就有"无故入人室宅、庐舍，上人车船，牵引人，欲犯法者，其时格杀之，无罪"的规定。[1]不过，属于英美法系和大陆法系的很多国家对于被害人责任影响定罪之情形，不仅在刑事立法上有所体现，而且在刑事司法中也给予了认可。然而，学界普遍认为，我国目前无论是在立法上还是在司法的运用中，被害人责任对行为人刑事责任的影响，主要体现在量刑中。从法定的角度而言，对定罪的影响也仅局限于交通肇事罪与正当防卫等少数情形。但是，这只是从犯罪构成为定罪根据所作的判断，而实际情况并非如此。根据定罪的机理和司法实际过程，有些行为人的行为首先在犯罪概念为定罪根据时因被害人责任而出罪的阶段已经被排除，故也就不会再进入依据犯罪构成进行定罪的活动。

第一节　定罪的含义与原则

一、定罪的含义

刑事审判活动的两个基本环节就是定罪与量刑，而定罪又是首要任务，是量刑的前提和基础。但是，对于定罪含义的理解，学术界一直以来可谓"仁者见仁，智者见智"。

---

〔1〕　参见王佳明：《互动之中的犯罪与被害——刑法领域中的被害人责任研究》，北京大学出版社 2007 年版，第 112 页。

从世界范围来看，大陆法系和英美法系在各自的犯罪构成理论中有机地蕴含了定罪论的核心内容，且有机地融入了程序法和证据规则的相关内容，故它们的刑法理论中都没有专门研究定罪问题。[1]我国对定罪问题的研究起步也较晚，且主要肇始于苏联。因此，苏联学者关于定罪含义的代表性观点对我国学者具有溯源的意义。

苏联著名刑法学家 A·H·特拉伊宁教授认为："定罪就是确定被审理的作为（不作为）同法律规定的犯罪构成相符合。"[2]A·A·赫尔岑宗认为："定罪，是确定某一具体行为与刑事法律规定的这一或那一犯罪构成的诸要件相符。"B·H·库德里亚夫采夫认为："定罪是实施行为要件与刑法规定的犯罪构成要件的准确相符的确定和法律固定。"[3]除此，苏联还有学者认为："定罪是认定所实施的危害社会行为的要件完全符合法律规定的犯罪构成的具体要件。"[4]通过苏联学者的代表性观点可以看出，他们对定罪的理解有着一个共同的核心思想，即定罪是一项将犯罪构成作为衡量标准的司法活动。

我国学者对定罪含义的理解也是观点纷呈。现选取一些具有代表性的看法，同时，也是对我国学者关于定罪问题研究的思维呈现。

何秉松认为："定罪是人民法院根据案件事实和依照刑事法律确定某人的行为是否构成犯罪或犯了何种罪。"[5]

曾榕认为："定罪是在侦查和审判工作中认定被告人是否犯罪，犯何种罪，以及对犯罪人适用相应的刑事法律规定。"[6]

王勇认为："定罪就是司法机关对被审理的行为与刑法所规定的犯罪构成之间进行相互一致认定的活动。"[7]

高格认为："定罪就是司法机关根据案件事实和依照刑事法律认定犯罪嫌

〔1〕　参见苗生明：《定罪机制导论》，中国方正出版社 2000 年版，第 1-3 页。

〔2〕　［苏］A·H·特拉伊宁：《犯罪构成的一般学说》，薛秉忠等译，中国人民大学出版社 1958 年版，第 4 页。

〔3〕　［苏］B·H·库德里亚夫采夫：《定罪通论》，李益前译，中国展望出版社 1989 年版，第 1、3 页。

〔4〕　［苏］H. A. 别利亚耶夫、M. И. 科瓦廖夫主编：《苏维埃刑法总论》，马改秀、张广贤译，群众出版社 1987 年版，第 88 页。

〔5〕　何秉松：《建立具有中国特色的犯罪构成理论新体系》，载《法学研究》1986 年第 1 期。

〔6〕　曾榕：《定罪的依据是什么》，载《法学研究》1986 年第 3 期。

〔7〕　王勇：《定罪导论》，中国人民大学出版社 1990 年版，第 11 页。

疑人和被告人的行为是否符合犯罪构成的活动。"[1]

陈兴良认为:"定罪是司法机关依照刑法的规定,确认某一行为是否构成犯罪、构成什么犯罪以及重罪还是轻罪的一种刑事司法活动。"[2]

苗生明认为:"定罪就是人民法院按照刑事诉讼程序,确定被审理的案件事实与刑法中所规定的犯罪概念和犯罪构成是否相符合的活动。"[3]

洪星认为:"定罪,是指检察机关和审判机关为惩罚犯罪、保障人权,依据刑事实体法和程序法规定,根据证据认定行为事实并进而认定犯罪嫌疑人和被告人的行为罪与非罪、此罪与彼罪、重罪与轻罪及罪数的活动。"[4]

除此之外,还有学者将定罪的含义拓宽至刑事立法层面,也即定罪不再局限于刑事司法层面。认为在刑事立法上,对某一行为现象从质的规定性上进行认识、分析、判断,当确定该行为具有严重的社会危害性,应受刑罚惩罚从而应纳入刑法调整范围,则将这种行为规定为犯罪。这一过程,就是认定犯罪的过程,称之为定罪也未尝不可。进而将刑事司法层面的定罪界定为,为了准确惩罚犯罪和保障无罪的人不受刑事追究,司法机关依刑事诉讼程序,根据刑法所规定的犯罪构成,认定犯罪嫌疑人和被告人的行为是否构成以及构成何种犯罪的活动。[5]

至于对定罪含义的理解,笔者认为,定罪既然是"认定犯罪"的简称,而"认定"在法学上具有"根据法律判断和确定某一行为的性质"的含义[6],这当然以现实存在的行为为前提。于是,定罪就应当是对已然之行为的认定,而对未然之行为的类型化的设罪不属于定罪的范畴。也就是说,定罪只存在于刑事司法层面,是司法权的体现,而不可能存在于刑事立法层面。简而言之,定罪是一项刑事司法活动。那么,刑事司法活动中的主体是否都可以成为定罪主体呢?或者说,享有司法权的主体是否都可以成为定罪的主体?

毋庸置疑,司法机关享有司法权,而在我国,司法机关一般是指法院和

---

〔1〕 高格:《定罪与量刑》(上卷),中国方正出版社 1999 年版,第 18 页。
〔2〕 陈兴良:《定罪之研究》,载《河南省政法管理干部学院学报》2000 年第 1 期。
〔3〕 苗生明:《定罪机制导论》,中国方正出版社 2000 年版,第 13 页。
〔4〕 洪星:《裁量性定罪研究》,中国检察出版社 2018 年版,第 5 页。
〔5〕 参见赵秉志主编:《犯罪总论问题探索》,法律出版社 2002 年版,第 659-661 页。
〔6〕 参见王勇:《定罪导论》,中国人民大学出版社 1990 年版,第 6 页。

检察院。法院作为国家的审判机关，法官代表其行使审判职能，而法官的刑事审判权这种司法活动中的司法权包含了定罪权，故法院属于定罪主体是没有争议的事实。至于同样作为司法机关的检察院，其具有公诉权，根据《中华人民共和国刑事诉讼法》（以下简称《刑事诉讼法》）第 177 条第 2 款的规定："对于犯罪情节轻微，依照刑法规定不需要判处刑罚或者免除刑罚的，人民检察院可以作出不起诉决定。"以及，除了作为司法机关的法院和检察院，享有一定司法权的还有一些行政机关，如具有作为司法权中的案件侦查权的公安机关、安全机关、海关、监狱等。根据《刑事诉讼法》第 163 条的规定："在侦查过程中，发现不应对犯罪嫌疑人追究刑事责任的，应当撤销案件；犯罪嫌疑人已被逮捕的，应当立即释放，发给释放证明，并且通知原批准逮捕的人民检察院。"除此之外，监察委员会享有对贪污贿赂等职务犯罪的类似于侦查权的调查权。根据第十三届全国人民代表大会第一次会议于 2018 年 3 月 20 日通过的《中华人民共和国监察法》第 45 条第 2 款的规定："监察机关经调查，对没有证据证明被调查人存在违法犯罪行为的，应当撤销案件……"据此可以看出，无论是检察院、监察委员会还是享有一定侦查权的行政机关，它们都具有一定的因行为人不构成犯罪而终止司法程序的决定权。即使如此，但它们都没有终局的如同法院的裁判效力。正如有学者所说的："在刑事诉讼中，案件一般要经过侦查、起诉和审判三个阶段才能得到处理，但只有审判才是对案件从实体上作出最终处理的关键阶段，因为被告人的行为是否构成犯罪，法院应否对被告人追究刑事责任，这些问题均要经过审判才能得到最终的确定，公安和检察机关在审判前程序中尽管有权就一些程序性事项作出决定，甚至作出终止诉讼的决定，但这些决定都不是对被告人刑事责任问题的最终解决。"〔1〕另外，对于享有侦查权这种司法权的行政机关是否属于定罪的主体的问题，有学者认为，公安机关、国家安全机关只负责案件的侦查，搜集有罪的相关证据，其作出的有罪认定只具有程序意义而不是实体上的法律定性，即不属于裁判性的，虽然其参与了司法过程，但严格说来其职能仍是行政的。〔2〕对此笔者予以赞同，且监察委员会也具有类似的情形。也就是说，享有司法权的机关未必属于定罪的主体。于是，笔者认为，定罪的

〔1〕　苗生明：《定罪机制导论》，中国方正出版社 2000 年版，第 31-32 页。
〔2〕　参见周建军：《刑事司法政策原理》，清华大学出版社 2011 年版，第 33-34 页。

主体只能是法院。

关于定罪的内容，笔者认为，定罪既然属于刑事司法活动，那么，在此过程中所有涉及罪的认定的活动都属于定罪的内容。于是，行为人是否构成犯罪、构成何种犯罪、一罪还是数罪、是否为共同犯罪以及某些犯罪属于何种犯罪形态等都属于定罪的内容。不过，有些学者将重罪与轻罪的认定也纳入定罪的内容，对此笔者不予以认可。因为"定罪是对行为的一种质的评价，虽然在评价中也包含着对行为量的认定，但这是用来确定行为的质。而重罪与轻罪问题则是在行为的质确定后，对行为量的认定。"[1]即使将重罪与轻罪理解为重罪名和轻罪名，那也是属于此罪与彼罪的问题，故也没必要再单独叙述。也就是说，重罪与轻罪的认定应当属于量刑问题，这是在定罪之后的活动，故不应纳入定罪的含义之中。当然，定罪的活动中并非没有量的认定，如刑法中"情节严重""数额较大"等规定，但此时的量的认定是为了质的判断，即罪与非罪的判断，也即后文所要叙述的情节犯，而不是在构成犯罪基础之上的重罪与轻罪（针对法定刑选取而言）的判断，它们是性质完全不同的两种量的认定。

另外，关于定罪的目的，是由于定罪属于刑事司法活动，而刑事司法活动本身就具有保护机能和保障机能，也即准确惩罚犯罪分子和保障无罪的人不受刑事追究。所以，定罪当然具有准确惩罚犯罪分子和保障无罪的人不受刑事追究的目的。于是，定罪的目的也就包含于刑事司法的目的之中，故也就无需在定罪的界定中再重复强调保护机能和保障机能。同样，刑事司法活动必然要遵循刑事法律，既要遵循刑事程序法又要遵循刑事实体法，这是司法实践活动应有的内涵。所以，在定罪的界定中也无需突出依照刑事法的内容。

综上，笔者将定罪的含义理解为，定罪就是法院确定行为人（包括单位）是否构成犯罪、构成何种犯罪、一罪还是数罪、是否为共同犯罪以及某些犯罪属于何种犯罪形态的刑事司法活动。

二、定罪的原则

定罪的原则，就是定罪的主体在定罪活动中必须遵循的基本准则。相比

---

〔1〕 赵秉志主编：《犯罪总论问题探索》，法律出版社 2002 年版，第 662 页。

较而言，我国学界对定罪原则的研究较为丰富，同时，也产生了各种定罪原则的表述，至今也未形成较为统一的认识。通过对目前各种表述的归纳，总体来说存在如下一些定罪原则：

第一，主观与客观相统一原则；第二，以事实为根据，以法律为准绳原则；第三，罪的法定原则（或合法原则、依法定罪原则、以法律为边界、标准原则）；第四，平等公正原则（或平等原则、客观公正原则）；第五，协调统一原则（或协调原则）；第六，疑罪从宽原则（或疑罪从无原则）；第七，谦抑原则；第八，必要性原则；第九，审判独立原则；第十，法律面前人人平等原则；第十一，严肃与谨慎相结合原则；第十二，以刑事政策为指导原则；第十三，以社会效果为检验原则。

根据以上学者们对定罪原则提法的归纳，可以发现，其观察的视角极其多样、涉及的范围极其广泛。然而，有些并不符合定罪"原则"的要求，如疑罪从宽或从无原则、谦抑原则，这些只是在认定犯罪过程中某一阶段的方法或指导思想。那么，如何确定定罪的原则，首先必须明确定罪原则的确定标准，对此，如有学者所说的包括：一是定罪原则必须贯彻、体现《刑法》和《刑事诉讼法》的基本原则，且应该是从二者中派生出来，是二者的具体体现；二是定罪原则必须贯彻于定罪活动全过程，具有普遍指导性和约束力，而非阶段性、局部性；三是定罪原则必须围绕定罪目的来设定，应该能够保证定罪目的的实现。[1]据此，笔者认为，定罪的原则应当包括主观与客观相统一原则、事实根据与法律准绳相映衬原则以及法律效果与社会效果相协调原则。

（一）主观与客观相统一原则

我国刑法一贯坚持主观与客观相统一原则，当然其也是作为刑事司法活动的定罪原则。主观与客观相统一原则作为定罪原则的主要理由为：首先，犯罪就是行为人实施的客观行为和主观罪过的统一体。根据马克思主义实践论，作为实践活动的人类行为是人类有意识、有目的、能动地改造世界的客观物质活动，是在一定主观目的、意识支配下的客观实践活动。所以，当把犯罪行为也解释为是一种实践活动的人类行为时，自然犯罪行为也是一定的

---

〔1〕 参见周洪波：《论定罪的原则》，载《首都师范大学学报（社会科学版）》2002年第2期。

客观危害行为和一定的主观罪过的统一。[1]作为犯罪概念的本质特征的社会危害性，也是主观恶性与客观危害的辩证统一。其次，认定犯罪的犯罪构成要件是主观要件和客观要件的有机统一。我国刑法学界一般认为，认定犯罪成立必须查明主观要件和客观要件，且二者要同时具备，缺一都不能构成犯罪。最后，认定犯罪的认识活动是主观和客观的统一。"定罪活动是主观反映客观的活动，案件事实即行为人已经实施的行为是一种客观存在的社会现象，司法人员首先需认识这种客观存在，主客观相统一的原则就要求司法人员的主观认识与案件事实本身相符合。"[2]且这种认识活动在定罪的过程中会反复运用。所以，主观与客观相统一原则作为定罪的原则是刑事司法活动本质所决定的。

（二）事实根据与法律准绳相映衬原则

事实根据与法律准绳相映衬原则类似于常说的司法活动中的"以事实为根据，以法律为准绳原则"，但又不完全与其等同。因为事实是现实存在的，而法律是对未然之事实的拟制，事实根据与法律准绳相映衬更能体现出它们之间的相互支撑关系，也更能反映出定罪活动的动态特征，也即"往返于事实与规范之间"。当然，在罪刑法定原则的要求下，定罪必须以法律为准绳，自不待言。但是，定罪也不能忽视对事实的认定。正如何秉松教授所言："定罪的根据是案件事实，定罪的依据是有关刑事法律，特别是法定犯罪构成。前者是事实根据，后者是法律依据。"[3]因此，定罪活动就是事实根据与法律准绳相互映衬的过程。"一方面，法官要以法律规定在其头脑中形成的观念形象为指导，查明被审理的案件事实，并进行分析和判断，以便把那些对定罪具有意义的事实或情节揭示出来；另一方面，法官则根据已经查明的案件事实，结合刑事法律的规定，分析和判断案件事实是否符合刑事法律规定的犯罪成立的基本要求以及犯罪构成的具体要求，以最终作出被告人是否犯罪，以及构成何种犯罪的判决。"[4]所以，事实根据与法律准绳相映衬原则作为定

---

〔1〕 参见郑军男：《论定罪中的"主客观相统一原则"——解读刑法理论中的主观主义与客观主义》，载《法制与社会发展》2005年第4期。

〔2〕 周洪波：《论定罪的原则》，载《首都师范大学学报（社会科学版）》2002年第2期。

〔3〕 何秉松：《犯罪构成系统论》，中国法制出版社1995年版，第432页。

〔4〕 苗生明：《定罪机制导论》，中国方正出版社2000年版，第98—99页。

罪的原则是刑事司法活动需求所决定的。

（三）法律效果与社会效果相协调原则

法治社会要求司法具有良好的法律效果是无可争辩的，在刑事司法中坚持以刑事法律为边界也是题中应有之义。但这不表明以追求法律效果为唯一目的，而是应当同时以应有的社会效果为目的，这既是法治社会的内在要求，也是法律与社会的实质关系所决定的。至于何谓法律效果和社会效果，张文显教授认为，司法的法律效果是司法应当严格适用法律，维护法律确定性、统一性，维护法律尊严，定分止争从而实现确定的行为预期，但不能只是机械地适用法律；社会效果是指司法应充分考虑多种因素，这些因素包括：国情或本地风俗、文化观念、社会状况、民意及社会公众及当事人对司法活动后果的认可度、满意度，等等。[1]那么，从法律执行与社会的关系来看，法律应当与社会相协调。正如苏力教授曾指出的，僵化的恪守罪刑法定主义形式侧面，"就是把法条作为不可质疑的权威，要求社会生活都服从法条；而当代中国处于变革时期，作为社会生活系统组成部分之一的法治必须同社会生活的其他部分相互协调。"[2]也如一位欧洲学者所说的："法律发展的重心不在于立法，不在于法律科学，也不在于司法判决，而在于社会本身。"[3]另外，从法律遵守与社会的关系来看，法律与社会应当相契合。根据道德理论，人们服从法律的原因并不是由于法律本身、法律的强制，而是由于法律中包含的道德因素。[4]因为道德因素是社会上绝大多数人遵守法律的主要原因，而这些道德因素又浸润在社会中的各个方面，所以，作为刑事司法活动的定罪过程也理应将法律效果和社会效果相协调原则贯穿始终。

---

〔1〕 参见张文显、李光宇：《司法：法律效果与社会效果的衡平分析》，载《社会科学战线》2011年第7期。

〔2〕 苏力：《也许正在发生：转型中国的法学》，法律出版社2004年版，第234页。

〔3〕 ［美］H. W. 埃尔曼：《比较法律文化》，高鸿钧等译，清华大学出版社2002年版，第3页。

〔4〕 参见朱景文：《比较法社会学的框架和方法——法制化、本土化和全球化》，中国人民大学出版社2000年版，第540页。

第二节　犯罪被害人责任与定罪根据

一、定罪根据的概念与内容

（一）定罪根据的概念

定罪根据，也即定罪的前提或依据。建基于前述对定罪含义的理解，那么，所谓定罪根据，就是法院确定行为人（包括单位）是否构成犯罪、构成何种犯罪、一罪还是数罪、是否为共同犯罪以及某些犯罪属于何种犯罪形态的前提或依据。

由于现实中经常出现将定罪根据与刑事责任根据混同使用的情形，故有必要厘清定罪根据与刑事责任根据之间的关系，同时也是为了更深入地理解定罪根据的概念。当然，对于此种情形理论界存在一些不同的看法。有学者认为，虽然刑事责任有大有小，其有时可以在定罪上得以体现，有时在定罪上则体现不出来，也即刑事责任与定罪不是同一概念。但是，刑事责任的主要和实质问题是定罪问题，只有解决了定罪问题，才能解决刑事责任问题，也即刑事责任的大小都是基于正确的定罪来解决的。所以，刑事责任的大小问题与定罪紧密相关。于是，行为人刑事责任的根据和定罪的根据是基本一致的。[1]但是，也有学者认为，定罪的根据与刑事责任的根据之间存在一致性的同时，还存在着差异性。首先，定罪与刑事责任不是处在同一层次上的概念。定罪与量刑是相互对应的一组同位概念，刑事责任是与犯罪相对应的同位概念。其次，与定罪根据相对应的只能是量刑的根据，而非刑事责任的根据。最后，刑事责任根据在范围上要大于定罪根据。定罪是刑事司法活动，定罪的根据也就存在于法律适用的范围之内。而刑事责任的根据具有立法根据和司法根据两个方面。[2]还有学者认为，定罪根据与刑事责任根据并不同一，因为"只有某一行为符合犯罪构成，我们才能认定该行为构成犯罪；只有某一行为被我们认定构成犯罪，我们才能让行为人负刑事责任。但是，某

---

〔1〕　参见王勇：《定罪导论》，中国人民大学出版社 1990 年版，第 66 页。

〔2〕　参见苗生明：《定罪机制导论》，中国方正出版社 2000 年版，第 93~96 页。

一行为符合犯罪构成，我们据此得出的是该行为构成犯罪，但不能据此得出行为人应负刑事责任，刑事责任只能据定罪解决，而不是与定罪同时或超前解决。"〔1〕

笔者认为，定罪根据与刑事责任根据应当作同质的理解来适用。虽然区分论的观点对定罪根据与刑事责任根据的解读都是正确的，但是都脱离了问题的本质或是在探讨的问题所处的司法阶段之后的阶段所作的解释。因为无论是定罪根据还是刑事责任根据，它们本质上都是为了解决国家为什么要对犯罪人追究责任（或者说否定评价）的问题。正如 H·C·A·哈特所说的："为什么某些类型的行为受法律所禁止，并因而被当作犯罪或违法？答案是，为了向社会宣告，不得实施这些行为并确保少发生一些这样的行为。这便是把任何行为当作刑事违法行为的一般直接目的。"〔2〕因此，在将某种行为当作犯罪行为这一点上，定罪根据和刑事责任根据是共同的，只是由于之后的司法阶段的功能不同而形成不同的话语体系。刑事责任的用语是形而上的，比较抽象，往往需要通过刑事责任的表现形式来予以把握。而定罪的用语是形而下的，较为具象，这也契合司法的特性。或者说，在定罪的起源和刑事责任的起源这一点上，定罪根据和刑事责任根据是重合的，也即定罪根据就是刑事责任根据。

（二）定罪根据的内容

定罪根据的内容，也即定罪的根据是什么？对此，中外学术界存在着以下几种观点：第一，社会危害性和犯罪构成共同成立为定罪的根据。因为行为仅仅符合犯罪构成并不能作为定罪的根据，还要看这一行为有无社会危害性并且是否达到一定的危害程度。于是，定罪时就要考虑犯罪构成和社会危害性两方面的根据。第二，罪过是定罪的根据。因为刑事责任的根据是某人在实施犯罪行为中的罪过。这种罪过既包括属于犯罪构成的情节，也包括判刑时应加以考虑的其他情节，尤其是能说明犯罪分子个人情况的情节。第三，犯罪行为是定罪的根据。因为刑事责任的唯一根据就是某人所实施的犯罪行为。无犯罪则无责任，这是社会主义法治不可动摇的原则。第四，犯罪构成是定罪的根据。因为只有具备了犯罪构成的行为才能成为刑事法律关系中的

---

〔1〕 赵秉志主编：《犯罪总论问题探索》，法律出版社 2002 年版，第 685 页。

〔2〕 〔美〕H·C·A·哈特：《惩罚与责任》，王勇等译，华夏出版社 1989 年版，第 6 页。

法律事实，即刑事责任的根据。而刑法学界公认的公式是：犯罪构成是刑事责任的唯一根据。[1]第五，定罪根据包括事实根据和法律根据两个方面。如有学者所说的："定罪的根据是案件事实，定罪的依据是有关刑事法律，特别是法定犯罪构成。前者是事实根据，后者是法律依据。"所谓事实根据，"就是处理刑事案件必须以被证据所证实的案件事实真相作为适用法律的根据"；所谓法律依据，"既包括确认有罪时以规定某种犯罪构成的刑法分则条文和刑法总则的有关条文为依据，也包括在确认无罪时以刑法规定的不构成犯罪或不负刑事责任的有关条文为依据。"[2]或者说，事实根据指被审理的案件事实；法律根据是刑法规定的犯罪概念和犯罪构成。[3]

对于以上关于定罪根据的学说，有些观点已经被学界所摒弃。比如，把罪过作为定罪根据的观点，因为这其实就是将犯罪构成中的主观要素过于扩大化的表现，且由于主观毕竟需要通过客观来予以认定，将这种经过评价的内容作为定罪根据而予以凸显，极易导致定罪过程中人为因素的增加。同样，由于"刑法上的行为，是指行为主体实施的客观上侵犯法益的身体活动"[4]，故将犯罪构成中客观要素的犯罪行为作为定罪的根据又走向了另一个极端。即使认为"在刑法领域，无行为即无犯罪，行为即有意思的行为，这是刑事归责的最为基本的前提"[5]，对行为予以认定时仍然需要对其中的"意思"进行判断。因此，定罪的根据一定是一种主客观相交融的存在。正因为此，只将罪过或犯罪行为作为定罪根据的观点，现在已不被学者们所接受。当然，将具有客观要素和主观要素总的犯罪构成作为定罪的根据，目前是得到学界普遍认可的，只是定罪的根据是否仅限于犯罪构成？对此笔者较为赞成上述第五种观点，即定罪根据分为事实根据和法律根据，且法律根据中包括犯罪概念和犯罪构成。由于社会危害性包含于犯罪概念之中，于是，第一种观点中将社会危害性与犯罪构成并列作为定罪根据的观点不被笔者认同。

定罪的法律根据包括犯罪概念和犯罪构成的理由，正如学者所说的："犯

---

〔1〕 参见王勇：《定罪导论》，中国人民大学出版社 1990 年版，第 67-68 页。

〔2〕 何秉松：《犯罪构成系统论》，中国法制出版社 1995 年版，第 432-433 页。

〔3〕 参见苗生明：《定罪机制导论》，中国方正出版社 2000 年版，第 97 页。

〔4〕 张明楷：《刑法学》（上），法律出版社 2021 年版，第 186 页。

〔5〕 曲新久：《刑法的精神与范畴》，中国政法大学出版社 2003 年版，第 155 页。

罪概念是法官在定罪时适用法律的出发点和前提基础，法官依据业已查明的案件事实，通过对被告人的行为是否具有社会危害性、刑事违法性和刑事惩罚性的价值评判，从犯罪成立的一般标准上作出被告人的行为是否构成犯罪的抽象判断；犯罪构成则是法官在定罪时所依据的具体标准，或称定罪的规格或模式，是在犯罪概念的指导和制约下，具体解决定罪问题的核心要素。法官只有通过对被告人的行为是否符合刑法总则规定的犯罪构成的一般要件，特别是刑法分则规定的具体要件的法律评判，才能最终作出罪与非罪以及构成何种犯罪的具体判断。"[1]因此，定罪的法律根据必定是犯罪概念和犯罪构成的有机结合，而且从定罪的过程来看，往往是先通过犯罪概念进行初步筛选，然后再根据犯罪构成进行定罪活动。由于被害人责任对定罪中的犯罪概念具有影响作用，以及其在犯罪构成体系中也有一席之地，故被害人责任也可以成为影响定罪之法律根据的因素。

至于将事实根据也即已经被查明的案件事实作为定罪的根据，这是我们认识方法和认识过程即"目光往返于事实与规范之间"的现实所决定的，也是"以事实为根据，以法律为准绳"的体现。因此，定罪根据必须是事实根据和法律根据的交互融合而不能予以分离。由于作为定罪事实根据的案件事实是那些能够决定犯罪是否成立的所有事实，当被害人责任成为决定犯罪是否成立的案件事实时，理应也是定罪的事实根据。比如，在交通肇事罪的认定中，当出现死亡一人或者重伤三人以上情形时，只有被害人负次要责任或不负责任时，行为人才能依据刑法被认定为交通肇事罪。这里就不能仅根据死亡或重伤的事实，而应该同时考虑被害人责任之事实，才能决定行为人是否构成交通肇事罪。

二、被害人责任与作为定罪根据的犯罪概念

（一）作为定罪根据的犯罪概念分析

犯罪不仅是一种社会现象，而且也是一种法律现象。因此，定罪时首先必须明确犯罪的一般概念，这有两方面的特别意义：一是明确犯罪的界限，将犯罪与并非犯罪的类似现象从形式论理的方面予以区别；二是赋予犯罪的

---

〔1〕　苗生明：《定罪机制导论》，中国方正出版社 2000 年版，第 99 页。

认定以统一的原理，为处罚或不处罚的根据赋予法感情之上的体系的意味，从而扮演防止刑事司法恣意地或者感情地认定犯罪这样的角色。[1]但是，对于何谓犯罪？中外立法表述不一，学界也是观点纷呈。不过，总体而言，主要是从实质意义上的犯罪和刑法学上所说的犯罪两大视角来予以认识。于是，现有对犯罪概念的界定就出现了三大类的定义，即犯罪的形式概念、犯罪的实质概念和犯罪的混合概念。

犯罪的形式概念，也即形式意义的犯罪概念，是指仅基于法律特征而给犯罪下定义，至于法律为何将诸如此类的行为规定为犯罪则不予涉及。如1810年《法国刑法典》第1条规定："法律以违警刑所处罚之犯罪，称为违警罪；法律以矫正刑所处罚之犯罪，称为轻罪；法律以身体刑所处罚之犯罪，称为重罪。"犯罪的实质概念，也即实质意义的犯罪概念，是指不涉及犯罪的法律特征，而从犯罪现象的本质上给犯罪下定义，借此揭示一种行为被刑法规定为犯罪的内在原因。如康德认为："犯罪的本质就在于犯罪人为了实现个人的自由而实施侵害他人自由的行为。因此，犯罪是出于不道德的动机而实施的不道德的行为。"黑格尔说："犯罪是对他人权利的一种侵犯行为，是对权利普遍性的否定，换言之，也就是对法律秩序的否定。"犯罪的混合概念，是指既强调犯罪的实质概念，亦注重犯罪的形式概念，以同时揭示犯罪的本质特征和法律特征的概念。如苏联刑法学家A. A. 皮昂特科夫斯基认为："犯罪乃是对社会主义国家或社会主义法律秩序有危害的、违法的、有罪过的、应受惩罚的作为或不作为。"这里既突出了犯罪的形式特征，又指出了犯罪的实质特征。[2]也如我国有学者所说的那样："事实上所有国家的刑法典均以规定犯罪与刑罚为内容，并且体现着形式与实质的交融，只是展示方式的差异而已。犯罪的形式，显现于法条的外衣，描述着犯罪的轮廓；犯罪的实质，贯穿于法条的内部，阐明着法律的精神。两者依存于刑法规范的统一框架内。"[3]

我国受苏联刑事立法和刑法理论的影响，立法上采用的是混合的犯罪概念，即《刑法》第13条的规定："一切危害国家主权、领土完整和安全，分

〔1〕 参见付立庆：《犯罪构成理论：比较研究与路径选择》，法律出版社2010年版，第8-9页。
〔2〕 参见《刑法学》编写组：《刑法学》（上册·总论），高等教育出版社2019年版，第83-85页。
〔3〕 张小虎：《犯罪概念形式与实质的理论建构》，载《现代法学》2005年第3期。

裂国家、颠覆人民民主专政的政权和推翻社会主义制度，破坏社会秩序和经济秩序，侵犯国有财产或者劳动群众集体所有的财产，侵犯公民私人所有的财产，侵犯公民的人身权利、民主权利和其他权利，以及其他危害社会的行为，依照法律应当受刑罚处罚的，都是犯罪，但是情节显著轻微危害不大的，不认为是犯罪。"这也是我国刑事司法中定罪的根据之一。正如我国主流看法所认为的："我国刑法中所采纳的犯罪的混合概念并非把形式意义的犯罪概念和实质意义的犯罪概念加以混淆，而是基于两个不同的视角将犯罪的形式概念和实质概念有机统一起来，进而在刑事立法和刑事司法中发挥指导性作用，成为我们认定犯罪、划分罪与非罪界限的基本依据。"[1]除此，还有学者从定罪程序和实体上予以阐释：从定罪程序上说，法官在认定事实的基础上、在作出最终裁决前，首先应当解决的一个基本问题就是罪与非罪的严格界分；从实体上说，犯罪概念所包含的三个基本特征是刑法规定的任何犯罪应当具备的内在的质的规定性，是任何犯罪都应当具备的基本属性。否则，不能称其为犯罪。所以，犯罪概念是定罪法律根据中的基础性依据和标准。[2]再如黎宏教授所说的："在刑法理论上，考虑犯罪概念，主要具有以下两方面的意义：一是明确犯罪的成立范围，从形式上将犯罪和不构成犯罪的类似现象区别开来；二是为认定犯罪提供统一标准，防止任意或者单凭感情来认定犯罪。"[3]以上看法也是我国早期的通说观点："犯罪概念是划分罪与非罪界限的总标准。"[4]

不过，作为定罪根据的犯罪概念只局限于罪与非罪的认定，尤其是出罪功能的发挥。因为只有在可能构成犯罪的基础上才会进一步根据犯罪构成判断是否构成犯罪，进而进入此罪与彼罪、一罪与数罪、是否共同犯罪以及某些犯罪属于何种犯罪形态等问题的判断，若根据犯罪概念某种行为已经被排除在犯罪之外，即"情节显著轻微危害不大的，不认为是犯罪"的，那么，对该行为也就不会再进入此罪与彼罪等其他相关问题的判断。

（二）被害人责任对犯罪概念的作用与影响

一般认为，我国《刑法》第13条的犯罪概念揭示了犯罪的三个基本特

〔1〕《刑法学》编写组：《刑法学》（上册·总论），高等教育出版社2019年版，第85-86页。
〔2〕参见苗生明：《定罪机制导论》，中国方正出版社2000年版，第112页。
〔3〕黎宏：《刑法学总论》，法律出版社2016年版，第40页。
〔4〕高铭暄主编：《刑法学》，法律出版社1982年版，第69页。

征，即社会危害性（也有称为严重的社会危害性）、刑事违法性和应受刑罚处罚性。由于刑事违法性就是犯罪的社会危害性在法律上的体现，于是，"没有对社会危害性的感知和认识，也就不会产生世俗生活意义乃至法律意义上的犯罪。"[1]因此，社会危害性是第一性的，刑事违法性是第二性的。于是可以说，正因为行为具有严重的社会危害性，刑法才将它规定为犯罪，并给予应受刑罚惩罚的评价。否则，行为不具有严重的社会危害性，刑法就不可能将它规定为犯罪，并评价为应受刑罚处罚的行为，自然也就谈不上犯罪。[2]也即一定的社会危害性是犯罪的最基本属性，是刑事违法性和应受惩罚性的基础。社会危害性如果没有达到违反刑法、应受刑罚惩罚的程度，也就不构成犯罪。[3]由于对犯罪概念的作用与影响的因素中社会危害性是前提和基础，决定着刑事违法性和应受刑罚处罚性，故而被害人责任对犯罪概念的作用与影响，其实就是对社会危害性的作用与影响。

而对于社会危害性的评价因素，有的称之为社会危害性的载体或社会危害性的内涵，一般将客观危害作为其评价因素，学界的主要分歧是主观要素能否成为其评价因素。我国的通说认为应当将社会危害性看作主客观要素的统一。因为造成客观损害结果的行为，是受人的主观因素即意识和意志支配的，它表现了人的主观恶性，是主观见之于客观的东西，因此，判断行为的社会危害性及其程度，不仅要考虑行为客观上所造成的损害，还要考虑行为人的主观要件。[4]但是，有学者认为，社会危害性是指行为客观上造成的危害，不宜加上行为人主观方面的因素，否则就将行为人的社会危害性等同于行为人的刑事责任，混淆了危害性与责任的关系。[5]然而，这种看法有失偏颇，通说的观点较为合理。排除主观因素来考察社会危害性，不仅会导致完全根据结果的客观归责，而且也不符合立法的现实，比如，对于故意杀人与故意伤害致人死亡都造成死亡结果之情形，前者法定刑重于后者，也即对这两种行为社会危害性评价的差异的原因主要就是主观上的不同。即使从法益

〔1〕 冯亚东：《理性主义与刑法模式：犯罪概念研究》，中国政法大学出版社 1998 年版，第 115 页。

〔2〕 参见高铭暄、马克昌主编：《刑法学》（上编），中国法制出版社 1999 年版，第 78 页。

〔3〕 参见高铭暄主编：《新编中国刑法学》（上册），中国人民大学出版社 1998 年版，第 70-71 页。

〔4〕 参见高铭暄、马克昌主编：《刑法学》，北京大学出版社、高等教育出版社 2016 年版，第 46 页。

〔5〕 参见黎宏：《刑法总论问题思考》，中国人民大学出版社 2007 年版，第 84 页以下。

所有者的角度来看，社会危害性也在于法益所有者的价值判断，正如有学者
所说的："社会危害性的基本意义在于危害了社会的利益。就这一含义来看，它
只是一定的社会利益集团对妨害自己生存秩序的行为的一种感受和评价……它
只是反映着与行为主体相对立的社会主体的客观利益现实。行为是否危害社
会、行为的诸多属性中哪一点或哪一方面危害了社会，是由具体的、现实的
社会利益所决定的。"[1]也就是说，社会危害性也是法益主体的一种感受和评
价。对此，作为超法规的违法阻却事由的被害人同意是典型的体现，也即得
到被害人同意而使被害人可处分的法益受到损害的不构成犯罪，当然就是排
除了该行为的社会危害性。[2]于是，被害人责任对社会危害性的作用与影响，
就是对客观危害与主观恶性的作用与影响。

1. 被害人责任对客观危害的作用与影响

法国有学者曾说："诚然，只有社会存在，并且因为有社会存在，才会产
生及存在犯罪现象，但并不是社会产生犯罪现象。在犯罪现象的源头，始终
有一个'人'的行为，一个'有生命的人'与'社会的人'的行为，一个
'对其作为成员的社会进行反抗的人'的行为。正因为此，犯罪现象是一种
'人的现实'与'社会的现实'。"[3]这里所说的其实就是犯罪的本质问题，
即犯罪是人的行为，是人反社会的行为。当人的某一行为被评价为犯罪时，
就是该行为达到了值得刑罚处罚的危害社会的程度。而在现实的社会中，作
为社会成员的犯罪人与被害人有时并非我们观念中所赋予的善恶分明的两类

---

〔1〕 冯亚东：《理性主义与刑法模式：犯罪概念研究》，中国政法大学出版社 1998 年版，第 12 页。

〔2〕 在德日刑法理论中，自 20 世纪以后对贝林和李斯特构建的犯罪构成质疑开始，麦兹格提出
了主观的构成要件要素，认为构成要件除了客观要素之外，还包括主观要素，也即包括行为的故意和
过失，也就是说将贝林主张的属于罪责内容的部分主观要素纳入了构成要件之中。韦尔兹尔提出目的
行为论，认为在构成要件中也需要考察行为人的主观心理，故意与过失能够有利于行为类型的判定，
故应当成为构成要件。1930 年以后，主观的构成要件理论得到了认同，且一直得到德日刑法理论的认
可，传统的客观与主观严格区分的理论已经被彻底地抛弃了。参见 ［德］克劳斯·罗克辛：《德国刑
法学总论（第 1 卷）：犯罪原理的基础构造》，王世洲译，法律出版社 2005 年版，第 183 页。主观
的违法要素理论证明行为人的主观态度对行为违法性的存在及程度具有影响。参见 ［日］大谷实：
《刑法讲义总论》，黎宏译，中国人民大学出版社 2008 年版，第 117 页。如果不考虑行为人的主观
方面，刑法不能描述出令人信服的不法，或者抹杀了不同程度的不法之间的区别。参见 ［德］冈
特·施特拉腾韦特、洛塔尔·库伦：《刑法总论Ⅰ——犯罪论》，杨萌译，法律出版社 2006 年版，
第 107 页。

〔3〕 ［法］卡斯东·斯特法尼等：《法国刑法总论精义》，罗结珍译，中国政法大学出版社 1998
年版，导言。

人，二者"往往相互具有在原因上共通之某种因素，颇难如黑或白一样明显的区别，亦不能断定一方为全恶而他方则全善。"[1]换言之，就是被害人有时实施了反社会的行为，只是该行为并没有达到值得刑罚处罚的危害程度而已。此种情形，也就是我们所说的被害人责任。这犹如美国有学者所说的："当受伤害的当事人自身即为犯罪人的时候，公正问题就变得更为复杂。显而易见，掠夺成性的人彼此之间也会互相倾轧而不只是欺凌无辜的普通公众，因此一些侵犯和凶杀案件具有'黑吃黑'的特点。"[2]虽然此时犯罪人的反社会的行为具有值得刑罚处罚的客观危害，但由于也存在反社会的具有客观危害的被害人行为，即被害人责任的存在，使得犯罪人的客观危害程度减少。毕竟他们双方所实施的反社会的行为是相对的且相互渗透于对方，从而产生了抵消的作用。这也得到了我国规范性文件的认可，比如，2013年《最高人民法院、最高人民检察院关于办理敲诈勒索刑事案件适用法律若干问题的解释》第6条第2款的规定："被害人对敲诈勒索的发生存在过错的，根据被害人过错程度和案件其他情况，可以对行为人酌情从宽处理；情节显著轻微危害不大的，不认为是犯罪。"

另外，存在被害人与犯罪人角色转化的情形，也即在一定条件下，被害人转化为犯罪人，犯罪人转化为被害人之情形。此种情形，就相当于起初实施的反社会行为产生的客观危害具有值得刑罚处罚性，也即属于犯罪人，之后转化为不具有值得刑罚处罚性，也即成为被害人。反之亦然。典型的如激情状态下而产生角色转化的防卫过当之情形。对于此种情形，也如有学者所称的被害人的有罪性，其"与犯罪人有关，没有犯罪人实施犯罪，也无从发现被害人的责任"。[3]除防卫过当情形之外，出于报复而私力救济行为也是被害人与犯罪人角色转化的常见情形。比如，甲经常受到乙的敲诈勒索并伴有殴打行为，虽然气愤不已但又无可奈何。即使如此，甲并没有通过报案等公力救济的方式来阻止乙的行为，而是深思熟虑后准备了一些作案工具对乙实施报复性的杀害行为。乙本来是实施反社会行为的犯罪人，后来转化为被害

---

〔1〕 张甘妹：《犯罪学原论》，汉林出版社1985年版，第308页。转引自王佳明：《互动之中的犯罪与被害——刑法领域中的被害人责任研究》，北京大学出版社2007年版，第41页。

〔2〕 [美] 安德鲁·卡曼：《犯罪被害人学导论》，李伟等译，北京大学出版社2010年版，第7页。

〔3〕 李伟主编：《犯罪被害人学教程》，北京大学出版社2014年版，第65页。

人。这种情形中被害人责任对客观危害的作用与影响不是表现为程度上的变化，而是直接导致值得刑罚处罚的客观危害的评价发生转化。

2. 被害人责任对主观恶性的作用与影响

对社会危害性的判断，除客观危害之外，还需要同时对行为人的主观恶性进行考察。也即在对客观危害与主观恶性综合考察的基础上，判断社会危害性是否达到值得刑罚处罚的程度。在我国刑法理论中，主观恶性是指人对现实的破坏态度及与之相适应的行为方式上的反社会心理特征。[1]或者说是"犯罪人恶劣的思想品质，反映了犯罪人思想上反社会性的程度，亦即'藐视社会'的程度，并表现为应受道义上和法律上责难的程度。"[2]简而言之，主观恶性本质上就是一种反社会的思想上或心理上的特征。那么，衡量主观恶性大小的因素有哪些呢？在"一般情况下，主观恶性的程度与罪过的大小成正比。但主观恶性的程度除了取决于犯罪人的主观罪过外，还要结合犯罪人罪前、罪后的表现综合考量，其范围要比主观罪过更广泛。"[3]也有学者将反映犯罪人主观恶性大小的因素分为三类：一是罪前因素。如犯罪人的一贯表现、有无前科等情况。二是罪中因素。如犯罪人的责任能力、犯罪的起因或动机、犯罪的目的、犯罪的罪过形式、犯罪的方法、手段、对象及时间、地点的选择，等等。三是罪后因素。如犯罪后是否自首、认罪态度好坏、有无悔罪表现、有无销毁、隐匿罪证，等等。[4]总之，一切能够反映行为人反社会的思想或心理的因素都可以作为考量其主观恶性的因素。但是，在定罪时对主观恶性的判断需要考量的只能是罪前和罪中因素。因为只有罪前和罪中的因素才能决定犯罪行为的性质，也即影响犯罪行为的质。罪后因素属于行为性质确定后反映的主观恶性，此时只能影响量刑。

被害人责任对主观恶性的作用与影响主要体现在对考量主观恶性的因素的作用与影响之中。然而，在这么多的考量因素中，被害人责任具有的直接作用与影响主要体现在犯罪的起因或动机上。所谓犯罪的起因就是犯罪人实施犯罪行为的原因。所谓犯罪的动机，就是"刺激、促使犯罪人实施犯罪行为的内心起因或思想活动，它回答犯罪人基于何种心理原因实施犯罪行为，

---

[1] 参见青锋：《罪与罚的思考》，法律出版社2003年版，第67页。
[2] 王勇：《定罪导论》，中国人民大学出版社1990年版，第84页。
[3] 梅锦：《人格在定罪量刑中的运用探究》，法律出版社2016年版，第42页。
[4] 参见张文等：《刑事责任要义》，北京大学出版社1997年版，第166页。

故动机的作用是发动犯罪行为，说明实施犯罪行为对行为人的心理愿望具有什么意义。"[1]因此，犯罪的起因或动机本质上都是说明行为人实施犯罪行为的原因，区别只是起因属于外在原因，动机属于内心原因。美籍德国犹太人人本主义哲学家和精神分析心理学家弗洛姆曾说："伦理思想的发展是以这样一个事实为特征的，即有关人之行为的价值判断是由行动背后的动机所组成，而不是由行动本身所组成的。"[2]那么，在因被害人责任导致行为人实施犯罪行为时，也由此影响到对行为人实施犯罪行为的价值判断，从而影响到对行为人之犯罪行为的社会危害性的判断。比如，因被害人的挑唆和刺激而实施杀人行为的就比一般情况下的杀人行为的主观恶性要小。

另外，被害人责任对主观恶性的作用与影响也是建立在行为人意志自由的基础之上的。"贝卡利亚和费尔巴哈都从人的趋利避害这一功利原则出发，认为人的行为受到利害关系的引导，外在的客观必然性支配着人的意志自由。因而这里的意志自由不是先验的自律，而是他律。但是，这里的他律又并不意味着否定人的意志自由，只不过这种意志自由是可以引导与支配着，因而是现实可利用的，通过利害的设置，奖惩的实施，可以规范人们的行为，达到一定的功利目的。"[3]被害人责任对于行为人的意志自由而言属于外在的客观必然，其可以引导与支配行为人的意志自由。也就是说，具有自由意志的行为人反社会性的思想或心理受到了被害人行为的引导与支配，从而使行为人的主观恶性程度降低。

三、被害人责任与作为定罪根据的犯罪构成

（一）作为定罪根据的犯罪构成分析

犯罪构成，就是犯罪成立的条件，我国学界大多沿用来自于苏联的"总和论"，即犯罪构成是行为构成犯罪所必需的一切客观要件和主观要件的总和。由于各国的法律文化与法律规定的差异，世界上形成了不同的犯罪构成体系，具有代表性的是：以德日为代表的大陆法系的犯罪构成体系、以英美

---

〔1〕 张明楷：《刑法学》（上），法律出版社 2021 年版，第 395 页。
〔2〕 ［美］弗洛姆：《为自己的人》，孙依依译，生活·读书·新知三联书店 1988 年版，第 50 页。
〔3〕 陈兴良：《刑法的人性基础》，中国方正出版社 1996 年版，第 32 页。

为代表的英美法系的犯罪构成体系以及苏联和我国的犯罪构成体系。不过，这些不同的犯罪构成体系也具有通约性，且在定罪中也具有相同的功能。正如陈兴良教授所说的："尽管各国刑法对于犯罪的规定有所不同，但犯罪成立必须具备的要件是相通的，这些要件对于区分罪与非罪的界限具有重要意义。"〔1〕只是它们在定罪的路径上存在着区别。

大陆法系通说采用的是以德日为代表的三阶层犯罪构成体系，即由构成要件符合性、违法性和有责性三个要件构成。据此，犯罪判断的过程为：先进行构成要件符合性的判断，明确行为人实施行为的客观情状以及主观心态是否与某一法定构成要件相符合；经判定完全符合者，再进行违法性的判断，审查行为人的行为在整体法秩序范围内是否具有法益侵害的性质，是否存在阻却违法的情形。如符合违法性判断，再进入最后的有责性判断，以认定行为人是否具有责任能力以及有无责任阻却事由。在完成三个层次的判断之后，只要行为人的行为具备构成要件符合性并且没有违法阻却事由与责任阻却事由的存在，就可以认定行为人的行为构成犯罪。〔2〕正因为对三个阶层采用递进式的判断，故而三阶层犯罪构成体系也称为递进式的犯罪构成体系。

英美法系采用的是以英美刑法为代表的双层次犯罪构成体系，即第一层次是犯罪本体要件，包括犯罪行为、犯罪心态、因果关系等；第二层次是合法抗辩要件，或称为责任充足条件，包括正当防卫、紧急避险、警察圈套、未成年、错误、精神病等诸种合法辩护事由。其中，第一层次侧重体现国家意志，表现为公诉机关的权力，确立行为规范，发挥刑法维护秩序和保卫社会的功能；第二层次侧重体现公民权利，发挥刑法保障人权的机能，制约国家权力。〔3〕据此，行为人具备了本体要件还不能认定其构成犯罪，因为当行为人主张的合法抗辩事由成立时，则阻却犯罪。也即只有行为人具备本体要件且无合法辩护事由时，行为人才构成犯罪。

我国采用的是从苏联借鉴的耦合式的犯罪构成，即常说的四要件犯罪构成体系，即犯罪之成立需要满足犯罪客体、犯罪客观方面、犯罪主体、犯罪主观方面四个要件。犯罪客体是指刑法所保护的而为犯罪行为所侵犯的社会

---

〔1〕　陈兴良：《本体刑法学》，商务印书馆 2001 年版，第 179 页。

〔2〕　参见张智勇、初红漫：《被害人过错与罪刑关系研究》，中国政法大学出版社 2013 年版，第184 页。

〔3〕　参见《刑法学》编写组：《刑法学》（上册·总论），高等教育出版社 2019 年版，第 90 页。

关系。由于犯罪对社会关系的侵犯通常通过对一定的物或人即犯罪对象的侵犯体现出来，因此犯罪对象也是许多犯罪成立的必备要件。犯罪客观方面是指犯罪活动的客观外在表现，包括危害行为、危害结果以及危害行为与危害结果之间的因果关系。另外，有些行为必须在特定的时间、地点实施或采取特定的方法、手段才能构成犯罪。因此，特定的时间、地点、方法成为犯罪构成客观方面的选择要件。犯罪主体是指达到法定刑事责任年龄、具有刑事责任能力、实施危害行为的自然人与法人（我国《刑法》规定的是单位——笔者注），因此，犯罪主体是表明行为必须由什么人实施才能构成犯罪的要件。此外，有些犯罪还需要行为人具有特定的身份或职务才能构成，这类犯罪的主体被称为特殊主体。犯罪主观方面是指行为人对于危害社会的结果的主观心理状态。因此，犯罪主观方面是表明在实施危害行为时行为人所抱的主观心理状态的要件，包括故意和过失。此外，刑法规定某些犯罪必须具备一定的目的才能构成，因此犯罪目的是这些犯罪的主观方面不可缺少的内容。[1]在犯罪的认定过程中，若某一行为要构成犯罪必须以上四个要件同时具备。

（二）被害人责任在犯罪构成中的体系地位

被害人责任对犯罪构成的影响，其实就是定罪情节对犯罪构成的影响，所以该内容将于后文"被害人责任对定罪情节认定的影响"中予以阐述，在此仅谈谈被害人责任在犯罪构成中的体系地位。如上所述，正是由于中外犯罪构成体系上的差异，导致被害人责任在不同犯罪构成体系中的地位也不相同。虽然大陆法系的三阶层犯罪构成体系与英美法系的双层次犯罪构成体系不同，但是，被害人责任在其中的存在机理是相同的，即被害人责任在犯罪构成体系中发挥的都是一种出罪功能。

1. 被害人责任在西方犯罪构成体系中的地位

（1）被害人责任在大陆法系的三阶层犯罪构成体系中的地位。

被害人责任在大陆法系的三阶层犯罪构成体系中是在违法阶层予以判断，也即属于违法阻却事由。若一国刑事法中没有如正当防卫、紧急避险那样对被害人责任予以规定，被害人责任就属于超法规的违法阻却事由。不过，正当防卫属于被害人责任中的一种特殊情形，因为正当防卫需要具有时间性和

---

〔1〕 参见陈兴良：《本体刑法学》，商务印书馆 2001 年版，第 202-204 页。

紧迫性等严格的限制条件，而被害人责任在实践中表现的形态繁多，难以穷尽，且构成条件也不像正当防卫那样严格。正因为此，大陆法系刑法没有对被害人责任予以明确的规定，而将其作为超法规的违法阻却事由通过司法判例予以认可。[1]如在危险接受的案件中，在刑法上具有意义的主要是自己危险化的参与和基于合意的他者危险化两种类型。所谓自己危险化的参与，就是被害人意识到并实施了危险的行为，而且遭受了实害结果（或侵害结果），但被告人的参与行为与被害人的实害结果之间具有物理的或者心理的因果性。简言之，被告人参与了被害人自发的自己危险化。所谓基于合意的他者危险化，就是虽然给被害人造成实害结果的是他人（被告人）的行为，但被害人认识到并且同意被告人行为给自己带来的危险（即被害人仅承诺了危险，而没有承诺实害结果）。[2]

自己危险化的参与的司法判例，如德国《联邦最高法院刑事判例集》第32卷记载的海洛因案：甲给了乙一些自己使用的海洛因，两个人都清楚这个东西的危险性。但乙还是自己注射了海洛因，结果导致自己死亡。最初的司法判决肯定了甲过失杀人的刑事可罚性，其理由是，一个通过交付海洛因而造成另一个海洛因上瘾者死亡的人，只要他知道或者必须算计到这名海洛因上瘾者会注射毒品，并且只要他已经从给付那种材料的危险性中知道或者本

[1] 德国联邦最高法院第四刑事审判委员会法官于1981年1月26日做出一个具有轰动性的否定谋杀罪的刑事判决的案例：1976年，一个土耳其外籍工人G进入一个小饮食店中，此时他的叔叔O正在打牌。G走到O打牌的柜台，此时O正背对着G。G用16发子弹射杀了O。G的行为在德国刑法中是典型的谋杀罪，因为他利用了被害人O当时无法预料危险、无法反抗的地位，使用残忍的手段剥夺O的生命。但是，第四刑事审判委员会却判决本案为杀人罪，而非谋杀，因为O的挑衅行为导致了其丧命。最高法院审判法官判断案情并没有局限于案件发生的这一刻，而是考察了犯罪发生前，被害人O与G的一段互动关系。O曾经强奸了G的妻子F，F因为担心G会走上复仇的道路，并避免今后家庭聚会与O见面的尴尬，要求与G离婚。G深爱妻子F，不同意离婚，于是F曾经三次自杀未遂。G曾经到O家里谈判，要求家族内部解决这件事情，但是O却拿手枪抵在G的头部，说到，"我强奸了你老婆，将来还要强奸她，还要杀死她"，"你赶快给我滚回家去"，"你最多还能活两个星期、两天或两个小时。"G感觉受到了O的侮辱和威胁。因此，G由于激愤而发生的杀人行为，具有罪责上的减轻事由，但是不具有正当防卫要求的防卫情形，因为O的犯罪行为——强奸、侮辱和威胁已经不具有现在性，已经为过去发生的事情。如果不考虑O的因素，G将按照《德国刑法典》第212条的规定处罚，将被判处终身监禁。这正是地方法院的判决。而高等法院的法官认为这是不公平的，因为O强奸G的妻子，并侮辱和威胁G，即O通过自己的犯罪行为导致了G的新的犯罪行为。参见申柳华：《德国刑法被害人信条学研究》，中国人民公安大学出版社2011年版，第86—87页。
[2] 参见张明楷：《刑法学中危险接受的法理》，载《法学研究》2012年第5期。

来能够知道的，就是对过失杀人有罪责的。但该判决最终被联邦最高法院修改，修改后的判决拒绝把该种类型的案件归责于杀人犯罪的行为构成。理由是：当那种有意识地借助这种危险而进入的风险得以实现时，行为人自我负责的和已经实现的自我危险并不属于一种身体伤害犯罪或者杀人犯罪的行为构成。一个仅仅造成、使其能够或者要求这种自我危险的人，并不会使自己由于身体伤害犯罪或者杀人犯罪而成为应受刑事惩罚的人。[1]据此，联邦最高法院通过判例认可了自己危险化的参与情形中被害人责任属于违法阻却事由。

基于合意的他者危险化的司法判例，如德国判例中的梅梅尔河案：某暴风雨之日，两名乘客打算渡过梅梅尔河，船夫向他们指出在暴风雨的恶劣天气条件下，渡河会有极大的生命危险，但是，该两名乘客执意要过河。后小船被暴风雨打翻，两名乘客被淹死，船夫获救。公诉机关对被告人船夫提出过失致死罪的指控。德国帝国法院认为，过失的犯罪构成中，当一个人在清楚认识的情况下，而容忍了一种确定的危险，如果行为人已经尽了一般的谨慎义务，就不能认为其违反了谨慎义务，从而判决被告人无罪。[2]在该案中，德国帝国法院认可了被告人的行为没有违反义务，也即通过判例认可了基于合意的他者危险化情形中被害人责任属于违法阻却事由。

至此可以看出，被害人责任在司法判例中发挥的影响定罪之功能是不可否认的，尤其是在危险接受的情形中，其理论基础是"个性自由发展的权利"理论。因为"该理论尊重个性自由的发展，从而将那些基于权利所有者们针对自身实施的权利侵害行为通常排除在法律干预的范围之外（极少数情形下存在例外）。因此，被害人基于自己的过错而导致自身被害；或者被害人与行为人共同创设危险行为并导致自我损害的场合，被害人应优先承担相应的法律后果。因为既然被害人作为自我利益的享有者和保护者都不尽相应的保护之责，就不应该因此而追究行为人的责任。"[3]虽然在理论层面具有其合理性，但是法律上没有明确的规定，也即被害人责任对定罪的影响更多地在于法官的自由裁量权。所以，被害人责任对定罪的影响也并没有被所有司法判

---

〔1〕 参见［德］克劳斯·罗克辛：《德国刑法学总论（第1卷）：犯罪原理的基础构造》，王世洲译，法律出版社2005年版，第263-264页。

〔2〕 参见马卫军：《被害人自我答责研究》，中国社会科学出版社2018年版，第149-150页。

〔3〕 张智勇、初红漫：《被害人过错与罪刑关系研究》，中国政法大学出版社2013年版，第178页。

例所接受。

（2）被害人责任在英美法系的双层次犯罪构成体系中的地位。

在英美法系的双层次犯罪构成体系中，被害人责任处于第二层次，即与正当防卫、被害人同意、警察圈套等类似，是作为合法辩护的理由。比如，激怒在普通法中可以成为被指控犯有谋杀罪的辩论理由。所谓激怒是指死者向被控告人实施的某种或某些行为，会造成所有正常人（实际上造成被控告人）突然和暂时失去自我控制，导致被控告人面临一种压抑，从而一度不能把握自己的头脑。而且，激怒也可以针对第三人的行为，如在皮尔森（Pearson）案例中，甲、乙两兄弟杀死了残暴的父亲丙，因为丙于乙不在家时，虐待甲达八年之久，而乙回家是为了保护甲免遭丙的暴虐。也即丙的暴虐行为是乙的相关的辩护理由。[1] 不过，除比较公认的体现被害人责任的合法辩护理由之外，实践中存在一种更为直接体现被害人责任的"被害辩护策略"，即犯罪人的犯罪行为是因为其之前反复的被害经历所致。如家庭暴力案件中受虐妇女因不堪忍受而伤害丈夫的情形，故这种辩护又称为"受虐妇女辩护"。此类情形由于不符合正当防卫的条件，起先并不能成为辩护事由，直到 20 世纪 70 年代中期，随着妇女运动的发展和妇女权益保障的呼吁，此项辩护理由才逐渐得到接受。目前已经成为比较成熟的辩护策略，得到大量判例的支持，比较典型的就是斯通豪斯案。[2] 辩护策略反映出英美刑法动态的、

---

〔1〕参见［英］J·C·史密斯、B·霍根：《英国刑法》，马清升等译，法律出版社 2000 年版，第 393-396 页。

〔2〕斯通豪斯案的基本案情：被告人斯通豪斯从警校毕业后成为匹兹堡市的一名警官，开始工作后不久遇到威尔士并从 1980 年 3 月开始与之约会，威尔士当时已经在匹兹堡市当警察大约有 20 年。二人的这种交往关系一直持续到 1980 年 10 月。在这 7 个月时间里，威尔士经常通过私闯公寓、深夜敲门、毁坏汽车、打骚扰电话等形式折磨被告人，即使被告人报警也会由于警察认识威尔士而不予严肃处理。被告人与威尔士分手后，威尔士的虐待行为更加恶劣，威胁阻止他人与被告人约会、打骚扰电话、任意侮辱并且到处跟踪被告人、经常性地闯入被告人公寓并毁坏公寓设施以及衣物等个人用品。一次被告人同意与威尔士见面以希望停止这种折磨，威尔士反而将被告人扔出车外并数次试图驾车轧过，最终折伤了被告人的鼻子。被告人尝试了多种方式来摆脱这种折磨：曾经数次搬家、停止与他人约会、严格限制自己的社交活动，并多次向警方求助，但都没有效果。威尔士继续虐待而且威胁被告人的生命安全，这种情况一直持续。1983 年 3 月 16 日晚，威尔士又一次非法闯入被告人的住所，这一次威尔士拿着一支 0.357 口径的 Magnum 左轮手枪指着被告人的脸，并威胁要杀死被告人，经过一番争执之后，被告人认为自己听到了枪声，于是开枪还击，朝威尔士开了两枪，导致威尔士失血过多而当场死亡。参见王佳明：《互动之中的犯罪与被害——刑法领域中的被害人责任研究》，北京大学出版社 2007 年版，第 136-137 页。

灵活性的特征，司法机关通过具体的判例来甄别实践中具体的事由是否可以作为辩护事由。[1]于是，截至 1992 年，美国已经有 31 个州以及哥伦比亚特区允许采信关于"受虐妇女综合症"的专家证言，7 个州通过法案形式规定了"受虐妇女综合症"内容，甚至一些法案将其扩展到之前所受暴力侵犯行为对于被告人的影响。[2]

英美刑法中的挑衅原则，又称激情原则，是谋杀罪的一个重要抗辩事由。这是普通法对于受到刺激的被告人，承认其人性的弱点，允许被告人反驳法律对自己恶意的推定，其罪名可从谋杀罪减为误杀罪。对此，英国《1957 年杀人罪行法》明确界定了被害人挑衅这种辩护理由：如果被告人被指控谋杀罪，有证据可能证明被告人是受挑衅而致丧失自控，那么这种刺激是否足以让一名理性的人如同被告人那样，这一问题留给陪审团进行解决。陪审团应当考虑当事人所有的言行，分析它们对一名理性的人可能产生的影响。[3]也如英国刑法学家霍德所说的："如果被告受到的挑衅足以使合理人陷入愤怒状态，并在该状态下暴力地行为，则即使被告原本具有暴力的倾向，也不应该否认他成立受挑衅辩护事由。"[4]至于在英美刑法理论中，一般认为挑衅原则的成立需要满足以下条件：（1）行为人受到了充分的挑衅；（2）挑衅使得行为人陷入"极端的精神或情绪错乱"；（3）行为人没有足够的"冷却时间"；（4）行为人在因挑衅而引起的"极端精神或情绪错乱"的状态下实施了杀人行为。[5]据此可以看出，在英美法系中将被害人责任作为合法辩护事由不仅得到理论界的承认，且有判例对此予以认可，而且还有相关法律对其进行了规定。

2. 被害人责任在我国犯罪构成体系中的地位

（1）被害人责任在我国犯罪构成体系中的地位现状。

被害人责任在大陆法系和英美法系的司法判例与刑法中，一般都作为或

---

〔1〕 参见王瑞君：《论被害人责任的刑法意义》，载《东岳论丛》2009 年第 12 期。

〔2〕 参见王佳明：《互动之中的犯罪与被害——刑法领域中的被害人责任研究》，北京大学出版社 2007 年版，第 137—138 页。

〔3〕 参见蒋鹏飞：《作为辩护理由的被害人过错：概念界定、理论基础与认定标准》，载《中国刑事法杂志》2009 年第 8 期。

〔4〕 [英]维克托·塔德洛斯：《刑事责任论》，谭淦译，中国人民大学出版社 2009 年版，第 340 页。

〔5〕 参见张智勇、初红漫：《被害人过错与罪刑关系研究》，中国政法大学出版社 2013 年版，第 157 页。

置于出罪事由的内容而予以运用或规定，但我国由于受苏联刑法的影响，强调的是对犯罪的打击，具有权威主义刑法的特征。于是，刑法的工具性占据着刑事立法与司法的重要位置，在犯罪构成要件中也就只是突出入罪的必要性，而忽视出罪成为理所当然。由此也就出现在符合构成要件的同时又以不具有值得刑罚处罚的社会危害性而出罪的不合逻辑之现象。比如，以典型的出罪事由之正当防卫来看，正如有学者所说的："一种行为满足了犯罪成立要件（因此也就满足了所谓犯罪成立的唯一规格）而又因为'排除了'社会危害性而不属于犯罪，在犯罪成立要件规定犯罪成立的资格问题上，社会危害性给予其当头一棒。"[1]当然，正当防卫属于被害人责任的一种情形，与其他被害人责任情形相比，正当防卫在刑法上具有明确的规定。不过，对于除正当防卫之外的作为出罪事由的被害人责任而言，其在犯罪构成体系中的地位也存在与正当防卫同样的情形。但是，其在我国刑法中的地位较正当防卫更缺乏类型性。对于被害人责任在我国刑法中的地位，正如有学者所指出的："我国刑法总则无原则性规定、分则缺乏类型化处理成为定罪依据的软肋。"[2]虽然如此，但若从现有的规范性文件和理论分析的视角观之，在我国被害人责任（除正当防卫之外）对定罪的影响，也即成为犯罪构成要件的内容，是客观存在的，这主要体现为以下三种类型：

第一，影响行为人的罪与非罪。如交通肇事罪的成立，根据 2000 年 11 月 21 日起施行的《最高人民法院关于审理交通肇事刑事案件具体应用法律若干问题的解释》第 2 条规定，造成死亡一人或重伤三人以上的情形，构成交通肇事罪需负事故全部或者主要责任；造成死亡三人以上的情形，需负事故同等责任。言下之意，即使造成死亡一人或重伤三人以上的情形，被害人负全部责任、主要责任、同等责任的，行为人不构成交通肇事罪；造成死亡三人以上的情形，被害人负全部责任或主要责任的，行为人也不构成交通肇事罪。

第二，影响行为人的此罪与彼罪。如在非法拘禁罪的犯罪构成中，《刑法》第 238 条第 3 款规定，为索取债务非法扣押、拘禁他人的，除构成故意杀人罪或故意伤害罪之外，按非法拘禁罪定罪处罚。而为索取债务非法扣押、拘禁他人是符合绑架罪的构成要件的，但非法拘禁罪的基本刑为三年以下有

〔1〕 付立庆：《犯罪构成理论：比较研究与路径选择》，法律出版社 2010 年版，第 34 页。
〔2〕 黄瑛琦：《被害人行为导入定罪机制研究》，法律出版社 2011 年版，第 121 页。

期徒刑、拘役、管制或者剥夺政治权利，绑架罪的基本刑为五年以上十年以下有期徒刑，也即绑架罪明显重于非法拘禁罪。立法将此种情形作为较为轻的非法拘禁罪予以定性，其主要原因就是被害人具有偿还行为人的债务义务而没有履行该义务，即存在被害人责任之情形。

第三，被害人责任影响定罪的一种特殊情况。如对于签订、履行合同失职被骗罪而言，《刑法》第167条规定，国有公司、企业、事业单位直接负责的主管人员在签订、履行合同过程中，因严重不负责任被诈骗，致使国家利益遭受重大损失的，构成该罪。也就是说，行为人（国有公司、企业、事业单位直接负责的主管人员）本身属于签订、履行合同过程中被骗的一方，也即诈骗罪的被害人，但其因严重不负责任致使国家利益遭受重大损失，即存在被害人责任之情形，而要为之承担刑事责任（构成签订、履行合同失职被骗罪）。这种情形不属于典型意义上的被害人责任，因为我们所探讨的被害人责任问题是被害人的行为对行为人刑事责任的影响问题，而此种情形是被害人独立成罪，也即独自承担刑事责任，不影响行为人的刑事责任。但是，其中又确实存在因被害人责任而影响定罪，只是影响的不是行为人的定罪，而是被害人转化为犯罪人后的定罪。

（2）被害人责任在我国犯罪构成体系中的地位建构。

在我国的犯罪构成体系中，刑法只对正当防卫和紧急避险进行了规定，虽然不是作为犯罪构成的要件，但发挥的是出罪的功能。由于正当防卫只是属于被害人责任中的情形之一，也就是说现有刑法规定的出罪事由不能涵盖所有的被害人责任之情形，而实践中，不符合正当防卫成立条件的被害人责任情形又是大量存在的，对此若在定罪中不予以考虑显然有失公允，尤其是在情节犯的认定中（这将于下文再述）。当然，被害人责任也可以如被害人同意、义务冲突等那样作为超法规的违法阻却事由存在。那么，被害人责任（在此是指正当防卫之外的）在犯罪构成体系中的地位是属于超法规的违法阻却事由好呢？还是如正当防卫那样于立法中予以规定好呢？也即，对被害人责任在现有犯罪构成体系中的地位是否应当予以重新建构？

对此，首先应当认识到被害人责任与正当防卫等出罪事由之间的差异。被害人责任一个最大的特征就是在现实中的类型相当多样且难以穷尽，正如有学者所说的，被害人责任阻却违法应当考虑的因素应当包括："被害人过错行为的性质，实施的方式及严重程度，实施行为的次数，被害人在实施行为时的主观状态，有无期待可能性及其大小，犯罪事件发生的具体环境，被害人与加害人的人际关系，被害人的个性特征和责任能力，被害人过错对危害结果发生的责任程度和比例，过错行为侵害的财产数额，过错行为产生的社会影响等。"[1] 由于这些因素中存在着难以类型化、明确化的情形，所以被害人责任也就难以像正当防卫等出罪事由那样予以规范化。于是，有学者提出，可以"尝试采取'滴水穿石'的路径，将研究较为成熟的被害人自我创设危险、被害人挑衅两种被害人过错类型纳入我国的犯罪构成体系。随着被害人过错理论研究的深入，被害人过错类型的逐步模式化，再逐步完善和充实被害人过错抗辩事由的其他类型。"[2] 还有学者提出，对于轻微的故意伤害情形可以将被害人责任作为不追究行为人刑事责任的条件，具体可作如下规定："可能判处三年有期徒刑以下刑罚的故意伤害的，有下列情形的可不予追究刑事责任：（一）因他人非法行为当场基于义愤而伤害的；（二）由于被害人暴力、挖苦、严重侮辱，从而在精神遭受强烈刺激下实施伤害的；（三）由于被害人经常不断的违法行为或不道德行为迫害而长期遭受精神创伤，在强烈精神激动状态下伤害的；（四）因被害人对其个人或亲属实施虐待而伤害的。"[3]

以上有关被害人责任在我国现有犯罪构成体系中的地位的设想，都为我国被害人责任影响定罪的研究奠定了良好的基础。不过，笔者认为，除正当防卫之外的被害人责任之情形，若将其法定化为出罪事由，确实不是一件容易的事情。因为这类被害人责任不仅如上所述的难以类型化、明确化，而且还存在不符合正当防卫成立条件的其他情形。如被害人的行为是不法侵害行为之外的行为，即是一种不符合道德的行为，或者是一种违背公序良俗的行为。以及被害人需承担责任的行为与行为人的行为之间存在着时间上的分离，也即不存在"正在进行"的时间条件。以上两个条件缺少任何一个，都不会成立正当防卫，但仍属于被害人责任的情形。所以，将于轻微的故意伤害情形中存在被害人责任时予以出罪事由法定化不可取。原因是若故意伤害造成的结果是轻微伤的话，本身就不构成犯罪（在我国故意伤害罪的构成需轻伤以上）。若结果是轻伤以上的话，在被害人行为是不法侵害且正在进行时，可

---

〔1〕 黄瑛琦：《被害人行为导入定罪机制研究》，法律出版社 2011 年版，第 123 页。

〔2〕 张智勇、初红漫：《被害人过错与罪刑关系研究》，中国政法大学出版社 2013 年版，第 188-189 页。

〔3〕 黄瑛琦：《被害人行为导入定罪机制研究》，法律出版社 2011 年版，第 133 页。

以通过正当防卫予以出罪。对于轻伤以上之结果情形，只有被害人行为不属于不法侵害，或者被害人行为与行为人行为存在时间分离时，才考虑运用被害人责任之情形予以出罪。但是，此种情形予以出罪难以得到国家的支持。一是由于被害人行为并不违法而遭受到轻伤以上的后果，对行为人的行为予以出罪有违报应的公平价值取向；二是行为人此时具有寻求公力救济的时间，若这种情形中对行为人的行为予以出罪可能会导致私力救济的滥用。同样的道理，对于被害人挑衅之情形也如是。于是，笔者赞成被害人责任予以规范化也即纳入犯罪构成体系的情形仅限定在被害人自我创设危险，也即包括前文所述的自己危险化的参与和基于合意的他者危险化两种类型。当然，对此也应该予以一定条件的限制，具体而言，正如有学者所提出的：第一，被害人对危险的存在必须是"明知"的；第二，被害人自愿地从事了危险行为，并在与行为人的共同作用下实现了该危险；第三，被害人的自我创设危险行为对行为人的归责具有重要影响；第四，被害人的自我创设危险原则既可以适用于行为人过失行为的场合，也可以适用于行为人故意行为的场合。[1]对此，笔者总体予以赞同。只是笔者认为还应当增加一个条件，即被害人的自我创设危险行为导致行为人侵害的法益属于被害人自身的法益，也就是行为人的行为不能侵害到他人法益或公共法益。这类似于刑法中对行为人适用的罪责自负原则，不过，在此是将该原则的精神运用于被害人而已。

第三节　犯罪被害人责任与定罪情节

一、定罪情节及其与犯罪构成要件的关系

（一）定罪情节的概念

关于定罪情节的概念，由于学界对其内涵的理解存在差异，故而在表述上也未达成一致意见。根据通说看法，定罪情节是指影响行为的社会危害性程度而被刑法列为犯罪构成综合标准的事实情况，它是区别罪与非罪界限的

---

〔1〕　参见张智勇、初红漫：《被害人过错与罪刑关系研究》，中国政法大学出版社 2013 年版，第 189-192 页。

情节。〔1〕除此之外，有的认为："定罪情节是刑法中情节的一种，指刑法明文规定的，犯罪构成共同要件以外的，影响定罪的一系列主观与客观的事实情状。"〔2〕有的认为："定罪情节应指刑法中明文规定的，犯罪构成共同要件以外的影响行为的社会危害性和行为人的人身危险性程度决定行为构成犯罪并可作为区别重罪与轻罪、此罪与彼罪标志的一系列主客观事实情况。"〔3〕当然，对于定罪情节概念的表述还有很多，在此不再一一列举。

　　笔者认为，根据罪刑法定原则的要求，定罪情节应当具有刑法的明文规定是不言而喻的。只是定罪情节具体的影响因素并非都由法律规定，而是开放的，需要综合性地判断。比如"情节严重"在某些犯罪构成中有规定，但具体何为"情节严重"还需要综合性地判断。至于区别重罪与轻罪的情节不应当属于定罪情节，其道理如同上文对定罪含义的理解中的叙述，在此不再赘述。且从定罪情节应当为定罪服务的角度来看，定罪情节理应与定罪的含义相契合，故根据前文对定罪含义的理解，同时结合定罪的原则，定罪情节也应当是法院确定行为人（包括单位）是否构成犯罪、构成何种犯罪、一罪还是数罪、是否为共同犯罪以及某些犯罪属于何种犯罪形态的主客观事实情况。另外，根据前文所述，定罪的根据既有法律的根据又有事实的根据，而法律的根据中既有犯罪概念又有犯罪构成，那么，定罪情节显然不能局限于体现犯罪构成要件的情况，而是只要能够影响定罪的情况都属于定罪情节。所以，定罪情节的概念可以表述为，刑法明文规定的，被法院用来确定行为人（包括单位）是否构成犯罪、构成何种犯罪、一罪还是数罪、是否为共同犯罪以及某些犯罪属于何种犯罪形态的所有主客观事实情况。

　　至于有观点认为，定罪情节只能是犯罪行为实施过程中的事实情况，犯罪行为实施过程以外的因素不能作为定罪情节。〔4〕对此，笔者不予认同，而是认为犯罪行为实施过程以外的情节也有可能成为定罪情节，只要有法律的明确规定即可。比如《刑法》第 201 条规定的逃税罪中即存在这种情形，该条第 4 款规定："有第一款行为，经税务机关依法下达追缴通知后，补缴应纳税款，缴纳滞纳金，已受行政处罚的，不予追究刑事责任；但是，五年内因

〔1〕　参见高铭暄主编：《中国刑法学》，中国人民大学出版社 1989 年版，第 276 页。
〔2〕　陈兴良：《本体刑法学》，商务印书馆 2001 年版，第 393 页。
〔3〕　蒋明：《量刑情节研究》，中国方正出版社 2004 年版，第 87-88 页。
〔4〕　参见王晨：《定罪情节探析》，载《中国法学》1992 年第 3 期。

逃避缴纳税款受过刑事处罚或者被税务机关给予二次以上行政处罚的除外。"据此可以看出，行为人实施了达到犯罪程度的逃税行为之后，有"补缴应纳税款，缴纳滞纳金，已受行政处罚"的情节，就可能不再构成逃税罪。还有观点认为，定罪情节不应包括决定行为不构成犯罪的情节。[1]对此，笔者也难以赞成。当然，该问题在西方的犯罪构成体系中是不存在的，因为出罪事由或合法的抗辩事由就是不构成犯罪的事实情况。而在我国的犯罪构成体系中，将正当防卫和紧急避险以及其它的出罪事由等这些不构成犯罪的事实情况置于四要件之外，从而产生以上问题。但是，在现实的司法实践中是不可能不考虑这些因素的。因为这不仅是法律上的要求，如《刑事诉讼法》第 52 条规定："审判人员、检察人员、侦查人员必须依照法定程序，收集能够证实犯罪嫌疑人、被告人有罪或者无罪、犯罪情节轻重的各种证据……。"而且，从认识论的角度，无论是有罪还是无罪的情形都是追求客观事实所不可或缺的。这里的原因主要是出罪的情形与入罪的情形是相比较而存在的，对一方面的判断需要建立在对另一方面的判断基础之上，如此才能客观全面且公正地作出判断。

（二）定罪情节与犯罪构成要件的关系

对于定罪情节与犯罪构成要件之间的关系，目前主要存在两种观点。第一种观点否定定罪情节属于犯罪构成要件。如有学者认为，情节对于行为是否构成犯罪只起量的作用。行为是否构成犯罪，取决于行为的社会危害性及其程度。情节只能衡量行为社会危害性的程度，它只起量的作用，对于犯罪的性质不起决定作用，因而不能作为犯罪构成的一个要件。[2]第二种观点肯定定罪情节属于犯罪构成要件。如有学者认为，定罪情节与犯罪构成要件是两个既相互联系又相互区别的概念。定罪情节是指犯罪行为实施过程中的，犯罪构成共同要件以外的，影响行为社会危害性和行为人人身危险性程度的，定罪时作为区别罪与非罪、重罪与轻罪以及此罪与彼罪标志的一系列主客观事实情况。犯罪构成要件可分为犯罪构成的共同要件与具体犯罪构成的要件两类。定罪情节不是犯罪构成的共同要件，但是，是具体犯罪构成的要件。[3]当然，对此观点解释的路径还有其他的说法，但结论都不排除定罪情节可

---

〔1〕 参见蒋明：《量刑情节研究》，中国方正出版社 2004 年版，第 89 页。
〔2〕 参见赵炳寿主编：《刑法若干理论问题研究》，四川大学出版社 1992 年版，第 348-351 页。
〔3〕 参见王晨：《定罪情节探析》，载《中国法学》1992 年第 3 期。

以成为部分犯罪的构成要件。

笔者比较赞成肯定论的观点。的确，根据我国四要件的犯罪构成体系，即犯罪成立需要具备犯罪客体、犯罪客观方面、犯罪主体和犯罪主观方面四个要件，定罪情节理所当然地应当归属于这四个要件中才能够成为构成要件的要素。但是，刑法分则中就存在不能归属于上述四个要件中的任何一个的定罪情节之情形，可是属于具体犯罪的构成要件。正如有学者所说的："当法官将犯罪动机、认罪态度等作为认定情节严重或情节恶劣的因素时，犯罪动机和认罪态度就成为该种犯罪的具体的犯罪构成要件。然而，众所周知，犯罪动机和认罪态度不能归属于犯罪构成四个方面的任何要件之中。"[1]除此，情节犯中的情节当然属于其构成要件，即属于定罪情节，但其又是一个概括性、综合性的概念，涵盖的范围相当广泛。故情节犯具有一定的特殊性与代表性，对此将于后文探讨。

另外，由于"定罪情节在程度上有两种不同的层次。一种是普通的定罪情节，即只构成基本犯罪的情节。另一种是认定重罪的情节。这里讲的重罪情节，不是只对量刑起作用的量刑情节，而是指因情节的不同而转化为另一种更严重犯罪的情况。"[2]也即定罪情节属于转化类犯罪的构成要件。比如，《刑法》第 269 条中的规定，即犯盗窃、诈骗、抢夺罪，为窝藏赃物、抗拒抓捕或者毁灭罪证而当场使用暴力或者以暴力相威胁的，依照抢劫罪的规定定罪处罚。这就是由于犯盗窃、诈骗、抢夺罪中情节的变化而导致定为更严重的抢劫罪的情形，可以说定罪情节在此决定了此罪与彼罪的区分，当然也可以说定罪情节是转化类犯罪的构成要件。

二、被害人责任对定罪情节认定的影响

既然定罪情节是影响定罪的所有主客观事实情况，也即定罪情节是对作为定罪根据的法律根据和事实根据产生影响的主客观事实情况。那么，社会危害性、人身危险性、主观恶性、人格等都可能受到定罪情节的影响。而被害人责任对社会危害性与主观恶性的影响前文已有论述，故在此不再赘述。

---

〔1〕 胡东平：《人格导入定罪研究》，法律出版社 2019 年版，第 128–129 页。

〔2〕 朱宗雄：《论情节对定罪的意义》，载《法学评论》1994 年第 5 期。当然，该学者所说的重罪与轻罪的区分，实质上是此罪与彼罪的区分，相关理由笔者在前文已有说明。

至于人格与主观恶性的关系，有学者认为二者是完全不同的两个概念。在性质上，人格是给人以特色的心身组织，属于客观事实的范畴。主观恶性是指犯罪人恶劣的思想品质，属于主观思想的范畴。在功能上，人格是个体内在的在行为上的倾向性，因此人格不仅可以说明现在的行为，还能够预测未来的行为。主观恶性是犯罪人在某次犯罪中表现出来的恶劣思想品质，表现的是已然之罪，不具有预测犯罪人的未来行为之功能。在两者的关系上，主观恶性包括罪过、犯罪目的、犯罪动机等犯罪心理，而这些犯罪心理是存在人格缺陷的个体在合适的社会环境条件的刺激作用下形成的。[1]不过，虽然主观恶性与人格存在这些差异，但是都需要通过外在的客观行为等因素予以判断，而被害人责任对于行为人的主观恶性和人格来说都属于外在的因素，故被害人责任对它们的认定产生的影响是一样的。既然如此，被害人责任对人格影响的论述与前文所述的被害人责任对主观恶性影响的论述相同，在此也不再赘述。于是，下面主要探讨被害人责任对人身危险性认定的影响。另外，由于情节犯的特殊性，下面也将就被害人责任对情节犯中定罪情节的影响进行讨论。

（一）被害人责任对人身危险性认定的影响

在认定犯罪的过程中，既要考虑行为的因素，也要考虑行为人的因素，无论是犯罪概念还是犯罪构成要件皆如是。而人身危险性属于行为人的因素，比如犯罪概念之中对社会危害性判断讨论的主观恶性，也如犯罪构成要件中对定罪情节中主观因素的判断。那么，人身危险性是否属于定罪情节中的主观因素？也即人身危险性是否具有定罪功能？对此，学界目前主要存在三种观点。

第一种是肯定论的观点。该观点中又有两种主张：一种主张认为，人身危险性属于社会危害性的内容，故可以成为定罪的依据。由于人身危险性是社会危害性的有机组成部分，组成犯罪构成要件的各因素都在一定程度上体现犯罪的社会危害性和犯罪人的人身危险性，所以它们两者是相互统一的，不可予以绝对地分割。[2]另一种主张认为，人身危险性是定罪中的重要根据，其有无不仅是出罪的依据，也是入罪的依据。我国刑法中广泛地存在以"情

---

〔1〕 参见胡东平：《人格导入定罪研究》，法律出版社 2019 年版，第 11—12 页。
〔2〕 参见赵永红：《论人身危险性在刑法中的定位》，载《法学评论》2002 年第 2 期。

节严重"或"情节恶劣"作为构成犯罪的条件，对它们进行认定时，无疑应当考虑犯罪人的人身危险性，即人身危险性大的可以认为属于"情节严重"或"情节恶劣"而构成犯罪，反之，则不构成犯罪。[1]第二种是否定论的观点。该观点从避免公民权利被肆意侵害的角度，认为属于未然领域的人身危险性不能作为定罪的根据，即"确定行为人的行为是否构成犯罪，主要是依据行为的社会危害性程度，至于行为人的人身危险性则只是作为量刑的因素之一。"[2]第三种是出罪论的观点。该观点认为，在定罪过程中可以以没有人身危险性或人身危险性较小进行出罪，但不可以以行为人存在人身危险性或人身危险性较大进行入罪。[3]

对此，笔者赞成肯定论的结论，但对其中某些理由不予以认可。因为社会危害性与人身危险性是相互映衬着在定罪、量刑甚至行刑中发挥作用的，所以不能认为人身危险性属于社会危害性的组成部分，否则是混淆了二者的本质差异。社会危害性是犯罪的属性，人身危险性是犯罪人的属性，故我们既不能将社会危害性归入犯罪人范畴，也不能将人身危险性归入犯罪范畴。[4]正因为此，人身危险性与社会危害性一样可以发挥定罪之功能。这犹如学者所说的："刑法中的危害并非客观危害本身的原样复制，不能单从客观的经验角度去理解危害，而应当同时考虑危害评价中的主体性维度。"[5]而且，人身危险性不仅可以发挥出罪的功能，发挥入罪的功能也是客观的现实。一般认为，行为人违法犯罪的次数是行为人人身危险性的征表，然而，对于多次违法行为而入罪的情形，在我国立法上是现实的存在。比如，《刑法》第264条盗窃罪的规定："盗窃公私财物，数额较大的，或者多次盗窃、入户盗窃、携带凶器盗窃、扒窃的，处三年以下有期徒刑、拘役或者管制，并处或者单处罚金……"根据该条的规定，构成盗窃罪的一种情形是，若多次盗窃时就无需"数额较大"的要求，即直接根据人身危险性而入罪。这就是学界所说的多次犯。所谓多次犯是指"法律规定的，以多次违法犯罪为表征体现出来的人身危险性

<hr/>

〔1〕　参见陈兴良：《走向哲学的刑法学》，法律出版社1999年版，第396页。

〔2〕　周振想：《刑罚适用论》，法律出版社1990年版，第109页。

〔3〕　参见游伟、陆建红：《人身危险性在我国刑法中的功能定位》，载《法学研究》2004年第4期。

〔4〕　参见曲新久：《刑法的精神与范畴》，中国政法大学出版社2003年版，第231-232页。

〔5〕　劳东燕：《危害性原则的当代命运》，载《中外法学》2008年第3期。考虑危害评价中的主体性维度最突出的立法上的体现就是将某些犯罪规定为告诉才处理。

作为犯罪成立要件的犯罪。"〔1〕除盗窃罪之外，我国刑法中还有 7 个罪名涉及多次犯，即第 153 条规定的走私普通货物、物品罪；第 201 条规定的逃税罪；第 267 条第 1 款规定的抢夺罪；第 274 条规定的敲诈勒索罪；第 276 条之一规定的拒不支付劳动报酬罪；第 301 条第 1 款规定的聚众淫乱罪以及第 351 条规定的非法种植毒品原植物罪。

人身危险性可以影响定罪，而被害人责任又能够影响人身危险性的认定，从而对定罪产生影响。至于被害人责任如何对行为人的人身危险性的认定产生影响，一般认为，"行为人的人身危险性与行为人的心理、生理存在密切联系，如变态人格、体内某种激素分泌过多等，正是由于这些特殊的生理、心理因素导致行为人更容易实施暴力危险行为。"〔2〕于是，对行为人的人身危险性的认定，实质上是对行为人的心理因素和生理因素的认定。由于行为人的生理因素属于行为人的自然状况，行为人的心理因素属于行为人的内在状况，而被害人责任不会对行为人生理因素产生影响，其只能对行为人的心理因素产生影响。又由于人的内在心理因素只有外化为人的行为时，才能对之予以把握。所以，当存在被害人责任之情形时，可以认为行为人所实施的危害行为反映的其内在心理的反社会性减弱，甚至全无，进而可以认为行为人的人身危险性较小，也即行为人再犯罪的可能性较低。这也是被害人责任可以成为出罪事由的重要原因。

（二）被害人责任对情节犯中定罪情节的影响

对于情节犯的理解在学界存在一定的争议，分歧主要体现在三个方面：一是情节犯中的"情节"只限于罪与非罪的"情节"，还是包括重罪与轻罪的"情节"；二是对情节犯中的"情节"是采取形式的理解，仅指分则条文中明确规定为"情节严重"或"情节恶劣"的，还是采取实质的理解，也包括分则条文中的"数额较大""造成严重后果"等规定；三是情节犯中的"情

---

〔1〕 赵永红：《论人身危险性在刑法中的定位》，载《法学评论》2002 年第 2 期。也就是说，多次犯中的"多次"是犯罪构成的要件。主要有两种情形：一是"多次"中的每次是不构成犯罪的，如盗窃罪、抢夺罪、敲诈勒索罪、聚众淫乱罪、拒不支付劳动报酬罪、非法种植毒品原植物罪中的情形，二是"多次"中的每次都构成犯罪但未经处理的，比如走私普通货物、物品罪和逃税罪中的情形。言下之意，若"多次"中的每次都已构成犯罪，虽然也未经处理，但不是犯罪构成的要件，只是为了刑法配置较重的法定刑，则不属于多次犯。比如，《刑法》第 263 条规定的抢劫罪中的情形。

〔2〕 宋伟卫：《刑事一体化视野下的人身危险性研究》，法律出版社 2019 年版，第 105 页。

节"是仅表现犯罪成立的情节，还是也包括认定犯罪停止形态的情节。[1]对此，笔者认为，情节犯中的"情节"仅指定罪情节。虽然情节既可影响定罪（质的影响）也可影响量刑（量的影响），但是，若将对量的影响的情节归属于情节犯的范畴，这将失去在犯罪类型划分上区分出情节犯的意义。毕竟"量刑情节（量刑要素、量刑事实），是指在量刑之时应该被考虑到的个别的具体的各种要素。"[2]其范围之广不言而喻，可以说涵盖了所有需要考虑情节因素的犯罪。当然，虽然情节对定罪的影响和对量刑的影响存在着重叠情形，但根据禁止重复评价原则，定罪情节在量刑时就不能够再予以考虑，也即不再作为量刑情节。因此，在情节犯的定罪情节中有体现量刑情节的部分，但此时已不属于量刑情节。易言之，情节犯中的情节属于犯罪构成的要件，也即属于定罪情节。[3]于是，重罪与轻罪的"情节"不应属于定罪情节，也就不能成为情节犯中的"情节"。再建基于前文对定罪含义的理解，即定罪就是法院确定行为人（包括单位）是否构成犯罪、构成何种犯罪、一罪还是数罪、是否为共同犯罪以及某些犯罪属于何种犯罪形态的刑事司法活动。那么，情节犯中的"情节"即定罪情节，理应包括认定犯罪停止形态的情节。另外，

---

〔1〕　参见胡东平：《人格导入定罪研究》，法律出版社 2019 年版，第 116 页。

〔2〕　[日] 城下裕二：《量刑理论的现代课题》（增补版），黎其武、赵姗姗译，法律出版社 2016 年版，第 72 页。

〔3〕　至于情节犯中的情节，是属于犯罪构成的要件即定罪情节，还是不属于定罪情节而只是客观的处罚条件，西方学界存在不同看法。所谓客观的处罚条件，就是"以某些政策理由为处罚条件的，这对行为或者行为人来说与规范性评价没有关系，而对犯罪的成立是无关系的可罚性条件。""所以，客观的处罚条件和犯罪的成立没有关系，因而导致了下面这种结局，即①是否有客观的可罚条件与行为的违法性没有关系，明确的说尽管具备了客观的可罚条件，其行为也是违法的。②客观的可罚条件是否以事实为象征，与故意的成立没有关系。③客观的可罚条件与完成犯罪，即既遂没有关系。④客观的可罚条件与犯罪时间以及场所没有关系。"参见 [日] 木村龟二主编：《刑法学词典》，顾肖荣等译，上海翻译出版公司 1991 年版，第 102-103 页。而我国刑法理论以前一般不承认客观处罚条件的概念，因为这样会导致对我国刑法基本原理的致命性打击。我国刑法理论已经公认，犯罪构成是成立犯罪所必须具备的一切主客观要件的总和，认为符合犯罪构成就成立犯罪。故可以说，行为符合犯罪构成是认定犯罪的唯一依据。既然如此，就不能在犯罪构成之外承认所谓客观处罚条件。参见张明楷：《"客观的超过要素"概念之提倡》，载《法学研究》1999 年第 3 期。但是，现在的观点已经发生改变，而认为我国刑法分则中也存在客观处罚条件。例如，《刑法》第 196 条第 1 款将恶意透支规定为信用卡诈骗罪的一种类型，第 196 条第 2 款规定："前款所称恶意透支，是指持卡人以非法占有为目的，超过规定限额或者规定期限透支，并且经发卡银行催收后仍不归还的行为。"其中的"经发卡银行催收后仍不归还"就是客观处罚条件。参见张明楷：《刑法学》（上），法律出版社 2021 年版，第 662 页。

情节犯的"情节"只能是刑法明确规定为犯罪构成要件的情节，这也是罪刑法定原则的要求。即使根据犯罪概念来认定，若"情节显著轻微危害不大的，不认为是犯罪"，那么就不再进入根据犯罪构成进行定罪的环节，也就不存在是否为情节犯的问题。若相反，将会根据犯罪构成进行定罪，此时才需要满足刑法明确规定情节作为构成要件的条件，才属于情节犯。且只要能够体现"情节"程度的各种因素都应属于情节犯中的"情节"，并不要求条文中必须出现"情节"这个词，也即对情节犯中的"情节"应当作实质的理解。正如陈兴良教授所言："犯罪情节主要从主观与客观两个方面反映犯罪的严重性。反映犯罪的主观方面的情节，是指犯罪动机、目的、罪过程度、认罪态度等。反映犯罪的客观方面的情节，是指犯罪行为方式、犯罪的时间、地点、犯罪后果等。在认定情节犯的时候，应当从主观与客观两个方面加以考察。"[1]概而言之，情节犯就是刑法规定将情节作为犯罪构成必要要件的犯罪。

由于情节犯中的"情节"即定罪情节，是一个概括性、综合性的概念，为了说明情节严重或情节恶劣，法官需要补充的要素的范围十分广泛，包括反映犯罪的主观方面的情节，如犯罪动机、目的、罪过形式、程度、认罪态度等；还包括反映犯罪客观方面的情节，如犯罪行为、行为方式、犯罪时间、地点、犯罪结果等。[2]所以，被害人责任对情节犯中定罪情节的影响，主要就是对这些犯罪主观方面和犯罪客观方面的影响。当然，这些犯罪主客观方面的因素也无法罗列完全，并且，并非所有主客观方面的因素都会受到被害人责任的影响。至于被害人责任如何影响犯罪主客观方面的这些因素，有些内容在以上的相关论述中已有涉及，在此以犯罪客观方面的行为方式再作一些叙述。关于行为的法律性，马克思曾做过精辟的解释："我只是由于表现自己，只是由于踏入现实的领域，我才进入受立法者支配的范围。对于法律来说，除了我的行为以外，我是根本不存在的，我根本不是法律的对象，我的行为就是我同法律打交道的唯一领域，因为行为就是我为之要求生存的权利，要求现实权利的唯一东西，而且因此我才受到现行法的支配。"[3]正因为此，行为方式对犯罪的认定具有最核心的意义，甚至可以认为，犯罪就是人的行

---

[1] 陈兴良：《本体刑法学》，商务印书馆2001年版，第397-398页。

[2] 参见李翔：《情节犯研究》，上海交通大学出版社2006年版，第25页。

[3] 《马克思恩格斯全集》（第1卷），人民出版社1972年版，第16-17页。

为。所以，被害人责任对行为人的行为方式的影响直接能够影响到对犯罪的认定，那么，在情节犯中就是对"情节严重""情节恶劣"等定罪情节的影响。比如，同样是用木棍伤害对方的行为，若不存在被害人责任的情形，这就是一个纯粹的伤害行为，由此可以看出行为人对他人人身权益的漠视以及对法规范的敌视。而存在被害人责任的情形时，该行为可能是为了维护自己的人身权益而实施的防卫行为，或者为了维护自己的人格权益而实施的打击行为。所以，即使是犯罪的行为方式相同，被害人责任也会影响到对这种行为导致的情节是否严重或是否恶劣的认定，从而能够对行为人的罪与非罪产生影响。

犯罪被害人责任与量刑

被害人责任对行为人刑事责任的立法和司法产生的影响中，除影响行为人的定罪之外，大多数情形还是对行为人量刑的影响，且学界对此的研究也是远多于对定罪影响的研究。不过，需要我们注意的是，"在同一案件中，作为定罪情节的犯罪情节，便不能再作为量刑情节来使用。例如，数额较大是盗窃罪基本罪的定罪情节，在对这种具体犯罪裁量刑罚时，不能因为数额较大而从重处罚，只能根据其具体犯罪数额，在'数额较大'这个法定变量范围的比较中，作为量刑情节来使用。"[1]因为，一旦被害人责任因素在定罪中已经进行考虑，到量刑中若再予以考虑，就违背了禁止双重评价原则。并且，被害人责任对定罪的影响是属于对行为人主观恶性及其行为性质的质的评价，对量刑的影响属于对行为人主观恶性及其行为性质的量的评价。

第一节　量刑与量刑情节

一、量刑的概念

关于量刑的概念，国外著作中的认识并不统一，我国学者的看法也不一致。不仅对量刑概念内涵的描述存在差异，而且对此概念的表述也不完全相同，如有的称为刑罚裁量，只是通常称为量刑。现列举一些国内关于量刑概念的代表性观点：

---

〔1〕　马克昌主编：《刑罚通论》，武汉大学出版社 1999 年版，第 329 页。

"量刑是人民法院对犯罪分子依法裁量决定刑罚的一种审判活动。"[1]

"所谓刑罚裁量或量刑，是指人民法院在定罪的基础上，权衡刑事责任的轻重，依法决定对犯罪分子是否判处刑罚或适用某种非刑罚处理方法，判处何种刑种和刑度以及是否现实执行某种刑罚的审判活动。"[2]

"量刑有广义与狭义之分，广义上的量刑指刑罚适用的整个过程，狭义上的量刑则只是指确定宣告刑的过程。"[3]

"量刑，就是人民法院依照刑法的规定对犯罪分子裁量决定刑罚，具体来说，就是人民法院根据罪犯的犯罪事实、犯罪性质、犯罪情节和对社会的危害程度以及其他情况，依法决定对犯罪分子是否判处刑罚以及判处什么样的刑罚的专门活动。"[4]

"刑罚裁量，又称量刑，是指人民法院在依法认定行为人的行为构成犯罪的基础上，依据行为人的犯罪事实、各种量刑情节与规则，依法决定对行为人是否判处刑罚、判处什么刑罚以及如何执行刑罚的刑事审判活动。"[5]

"刑罚的裁量即量刑，就是依法对犯罪人裁量刑罚。具体地说，是指审判机关在查明犯罪事实，认定犯罪性质的基础上，依法对犯罪人裁量刑罚的审判活动。"[6]

对于以上各种关于量刑概念的理解，可以说都是抓住了量刑的本质和最初的内涵。但是，随着社会的发展与立法上的修订，对于量刑内涵的理解也应当与时俱进，使其概括性更强而又不失其完整性。不过，需要注意的是，量刑活动的前提是存在裁量的可选择性，否则也就无所谓量刑的适用空间。犹如有学者所说的："刑罚裁量以相对确定的法定刑为前提，但如果立法规定的法定刑十分确定，毫无选择的余地，也就不需要裁量，在定罪的同时，刑罚即随之产生。这种情况下，就不需要一个单独的刑罚裁量过程。"[7]因此，我们理解量刑概念时，是站在其是一种存在行使裁量权空间的活动基础之上

---

[1] 高铭暄主编：《中国刑法学》，中国人民大学出版社1989年版，第268页。
[2] 马克昌主编：《刑罚通论》，武汉大学出版社1999年版，第251页。
[3] 陈兴良：《本体刑法学》，商务印书馆2001年版，第750页。
[4] 黎宏：《刑法学总论》，法律出版社2016年版，第356页。
[5] 《刑法学》编写组：《刑法学》（上册·总论），高等教育出版社2019年版，第324页。
[6] 张明楷：《刑法学》（上），法律出版社2021年版，第713页。
[7] 付立庆：《刑法总论》，法律出版社2020年版，第371页。

的。这也是我们理解量刑概念的前提条件。

目前学界对量刑概念的理解，一般都认为是审判机关（人民法院）的审判活动（专门活动），这是比较一致的看法，而各种观点之间的差异主要体现在对审判活动的内容上的理解。当然，对于审判活动中有些内容是没有争议的，即刑罚的适用，理应包括免除处罚、刑种、刑度的适用以及刑罚执行方式。有分歧的主要是审判活动中是否包括非刑罚处理方法。其实这种分歧从某种角度来看，恰恰是我国社会发展在惩罚犯罪人中的映射。因为在我国古代民刑不分、司法行政不分是普遍的认识，也就无所谓刑罚与非刑罚之分，或者说，只要是违法犯罪所受到的惩罚都属于刑罚，即都用"刑"来称谓，如奴隶制法只由礼和刑两个方面组成。但随着社会的发展，民刑分立、司法行政分离之后，犯罪行为承担的惩罚是刑罚得以确立。于是，量刑中的"刑"指刑罚是顺理成章之结果，也就是说，量刑就是对刑罚的裁量行为。但是，随着社会的进一步发展和司法体系的改革，刑罚已不再是犯罪的唯一惩罚方式，而是出现了非刑罚处置措施。比如，《刑法》第 37 条规定："对于犯罪情节轻微不需要判处刑罚的，可以免予刑事处罚，但是可以根据案件的不同情况，予以训诫或者责令具结悔过、赔礼道歉、赔偿损失，或者由主管部门予以行政处罚或者行政处分。"但是，对定罪之后的量刑的称谓并没有改变，还是沿用了习惯的称谓。因此，现在我们所说的"量刑"中的"刑"显然就不能再只理解为"刑罚"，应该更确切地理解为犯罪的法律后果。正所谓"犯罪的法律后果的实质与内容就是对犯罪行为的否定评价和对犯罪人的谴责。对犯罪行为的否定评价和对犯罪人的谴责，由显而易见的具体制裁措施体现，并非口头的指责，而且具体制裁措施由代表国家的司法机关施行。一般人对犯罪行为的憎恨与对犯罪人的谴责，不是犯罪的法律后果。"[1]于是，量刑就是定罪之后对犯罪人承担的法律后果的裁量行为，也是国家对犯罪行为的否定评价和对犯罪人的谴责。那么，量刑这个审判活动中就应当包含非刑罚处置措施。言下之意，只要是审判机关对定罪之后的犯罪人承担法律后果的审判活动都属于量刑活动。由于现如今我国《刑法》中又增加了由法院适用的禁止令、终身监禁等方式，而这些都属于法院对犯罪人承担法律后果的裁量内容，理应也属于量刑的范畴。所以，我们对量刑的概念下定义时，也没必

---

〔1〕 张明楷：《刑法学》（上），法律出版社 2021 年版，第 660 页。

要再将审判活动中裁量行为的具体内容进行列举，本身其也具有开放性，可能随着社会的发展还会发生变动。于是，可以将量刑的概念界定为法院对行为人定罪之后的裁量犯罪人承担法律后果的审判活动。

二、量刑情节的含义与类型

（一）量刑情节的含义

关于量刑情节的含义，法律上并没有明确的规定，对其理解也只是学界的表述，故而对量刑情节含义的描述并不统一。比如，我国有学者认为："量刑情节，是指在某种行为已经构成犯罪的前提下，法院对犯罪人裁量刑罚时应当考虑的，据以决定量刑轻重或者免除刑罚处罚的各种情况。"[1]也有学者认为："量刑情节，是指定罪事实以外的，与犯罪人或其侵害行为密切相关的，表明行为社会危害性程度和行为人人身危险性程度，并进而决定是否适用刑罚或处刑宽严或者免除处罚的各种具体事实情况。"[2]还有学者认为："量刑情节是指对犯罪人裁量刑罚时必须考虑的、犯罪构成事实以外决定刑罚轻重或者免除刑罚的各种情况。"[3]日本有学者认为："所谓量刑情节（量刑要素、量刑事实），是指在量刑之时应该被考虑到的个别的具体的各种要素。"[4]等等，在此不再一一列举。

那么，对量刑情节含义的把握应当注意哪几个方面呢？我国的通说认为，第一，量刑情节直接影响刑罚的量定。这包括两个方面的含义：其一，并非每一犯罪情节都与量刑的活动有关，都是在对犯罪人量刑时应当予以考虑的情节，只有那些是否对犯罪人处以刑罚、以及处以何种刑罚有直接关系的犯罪情节，才属于量刑的情节之列。其二，量刑情节直接影响着犯罪人量刑的结果。例如，未成年人、从犯、自首等从轻、减轻处罚或者免除处罚的情节的存在，会使犯罪人受到较轻的刑罚处罚，甚至不受刑罚处罚。而累犯、主犯等恰恰相反，则会受到较重的刑罚处罚。第二，量刑情节都反映着犯罪的

〔1〕　张明楷：《刑法学》（上），法律出版社2021年版，第723页。
〔2〕　马克昌主编：《刑罚通论》，武汉大学出版社1999年版，第326页。
〔3〕　陈兴良：《本体刑法学》，商务印书馆2001年版，第767页。
〔4〕　〔日〕城下裕二：《量刑理论的现代课题》（增补版），黎其武、赵姗姗译，法律出版社2016年版，第72页。

社会危害性或者犯罪人的人身危险性。犯罪的社会危害性和犯罪人的人身危险性，是对犯罪人量刑时考虑的两种因素，因而，不能反映犯罪的社会危害性和犯罪人的人身危险性的情节，便不是量刑情节。第三，量刑情节是客观存在的，它们随着犯罪行为的实施而产生，并不以人们的意志为转移地存在于犯罪的案件中。第四，量刑情节可以分为不同的等级，并成为刑法规定不同法定刑的根据。[1]这为我们理解量刑情节的含义提供了大致的思路和框架。但是，基于以上我们对量刑概念的分析，显然这又没有跳脱已有对"刑"的理解的羁绊（我国学者现有对量刑情节概念的界定也如是）。因为量刑情节是量刑的依据，也即法官对犯罪人承担法律后果的裁量依据，而不仅仅是对犯罪人承担刑罚的裁量依据。于是，能够影响法官对犯罪人承担法律后果的裁量的所有客观情形都应当属于量刑情节，这些客观情形无论是直接地还是间接地，只要能够反映犯罪的社会危害性和犯罪人的人身危险性即可。所以，上述日本学者给量刑情节所下的定义既简单明了，又具有较大的涵括性。在对此予以借鉴的基础上，可以将量刑情节的含义理解为，能够成为裁量犯罪人承担法律后果的所有影响因素。

不过，对于量刑情节的理解，需要注意的是，由于量刑情节是不具有犯罪构成事实意义的事实情况，所以，如果该情节本身属于犯罪构成的内容，则是区分罪与非罪、此罪与彼罪的事实因素，就不属于量刑情节。比如，《刑法》第314条规定："隐藏、转移、变卖、故意毁损已被司法机关查封、扣押、冻结的财产，情节严重的，处三年以下有期徒刑、拘役或者罚金。"这里的"情节严重"是作为构成要件的规定，就不属于量刑情节。另外，有些事实情况，兼有犯罪构成事实与量刑情节两种功能，就要根据刑法的具体规定予以区分。比如，对于死亡结果，相对于过失致人死亡罪而言，属于构成要件要素，而不是量刑情节，但相对于污染环境罪而言，则属于量刑情节。[2]

（二）量刑情节的类型

量刑情节根据不同的标准，可以进行多种分类。比如，根据是否对犯罪人有利，量刑情节分为从宽量刑情节和从严量刑情节；根据具体存在的不同场合和时间，量刑情节分为罪前量刑情节、罪中量刑情节和罪后量刑情节；

---

〔1〕 参见高铭暄主编：《刑法学原理》（第三卷），中国人民大学出版社1994年版，第245—246页。
〔2〕 参见张明楷：《刑法学》（上），法律出版社2021年版，第723页。

根据法律规定对量刑结果是必然还是或然产生影响，量刑情节分为应当情节和可以情节；根据法律规定的只能在一个幅度范围内还是在两个以上幅度范围内影响量刑，量刑情节分为单幅度情节和多幅度情节；根据只影响或主要影响行为的社会危害性的轻重还是只影响或主要影响行为人的人身危险性的大小，量刑情节分为反映行为社会危害性的情节和反映行为人人身危险性的情节；根据数个情节之间是性质同向还是性质相反，量刑情节分为同向情节与逆向情节。[1]当然，除此之外，以是否有法律明文规定为标准，可以分为法定量刑情节和酌定量刑情节。法定量刑情节就是法律明文规定的情节，既包括刑法总则中规定的各种犯罪共同适用的情节，也包括刑法分则中对各种特定犯罪适用的情节。酌定量刑情节就是法律没有明文规定但对量刑具有影响的情节。另外，量刑情节根据各种情节在量刑中的作用不同又可以划分为从重处罚情节、从轻处罚情节、减轻处罚情节和免除处罚情节。[2]将量刑情节分为法定量刑情节和酌定量刑情节，是我国目前学界对量刑情节最通用的分类。本书也将在此分类基础上探讨被害人责任与量刑之关系问题。

需要注意的是，我国《刑法》中还出现"犯罪情节"这一概念，比如《刑法》第 28 条的规定："对于被胁迫参加犯罪的，应当按照他的犯罪情节减轻处罚或者免除处罚。"于是，学界就出现了犯罪情节与定罪情节、量刑情节之间的关系的争议。既有认为犯罪情节等同于量刑情节的观点，也有认为犯罪情节包含定罪情节与量刑情节的看法。在此，笔者认同犯罪情节包括部分定罪情节和部分量刑情节和行刑情节，即犯罪情节与量刑情节既有交叉又有所不同的看法。因为量刑情节不仅存在于犯罪过程中，同时存在于犯罪前和犯罪后，而犯罪情节是指犯罪行为实行过程中，表明行为的社会危害性或行为人的人身危险性并影响定罪量刑与行刑的事实情况。[3]所以，犯罪情节并不是量刑情节的一种区分类型。

---

〔1〕　参见马克昌主编：《刑罚通论》，武汉大学出版社 1999 年版，第 335–339 页。

〔2〕　参见黎宏：《刑法学总论》，法律出版社 2016 年版，第 362–366 页。

〔3〕　参见蒋明：《量刑情节研究》，中国方正出版社 2004 年版，第 74–75 页。

第二节　国内外犯罪被害人责任作为量刑情节立法概览

一、我国被害人责任作为量刑情节的规范现状

虽然国外将被害人责任作为量刑情节予以了立法上的认可，但是，其在我国古代的法律中也是有着悠久的历史。像唐代的《唐律疏议》，其中就有大量由于被害人责任而减轻行为人刑事责任的规定。如《斗讼律》其一有规定："诸斗两相殴伤者，各随轻重，两论如律；后下手理直者，减二等。"且疏文举例："假甲殴乙不伤，合笞四十；乙不犯甲，无辜被打，遂拒殴之，乙是理直，减本殴罪二等，合笞二十。"注文又补充："致死者，不减。"〔1〕也就是说，在故意伤害案件中，被害人殴打被告人而存在被害人责任的情形，在对被告人量刑时应减轻处罚。在我国目前的刑事立法中，如《刑法》第 20 条第 2 款对防卫过当进行了规定，故此属于法定量刑情节。除此之外，刑事立法并没有明确的有关被害人责任作为量刑情节的规定，但是，现有的司法解释等规范性文件中是存在这方面的规定的，故此这些没有被刑事立法规定的情形，都属于酌定量刑情节。

（一）我国内地（大陆）现有的规范性文件

我国内地的规范性文件中关于被害人责任影响量刑的规定，虽然没有达到法律规定的层次，故严格来说还是属于酌定量刑情节，但在司法实务中这些规定不仅对司法工作具有指导作用，而且对各级司法机关具有一定的约束力。现将我国内地有关的代表性的规范性文件呈现如下：

1999 年最高人民法院印发的《全国法院维护农村稳定刑事审判工作座谈会纪要》中规定："……对故意杀人犯罪是否判处死刑，不仅要看是否造成了被害人死亡结果，还要综合考虑案件的全部情况。对于因婚姻家庭、邻里纠纷等民间矛盾激化引发的故意杀人犯罪，适用死刑一定要十分慎重，应当与发生在社会上的严重危害社会治安的其他故意杀人犯罪案件有所区别。对于

---

〔1〕　参见孙启福、李维睿：《论传统司法对量刑规范化的启示——以刑事被告与被害人的关系为视角》，载《现代法学》2010 年第 6 期。

被害人一方有明显过错或对矛盾激化负有直接责任，或者被告人有法定从轻处罚情节的，一般不应判处死刑立即执行。"

2007 年《最高人民法院关于进一步加强刑事审判工作的决定》规定："……对于因婚姻家庭、邻里纠纷等民间矛盾激化引发的案件，因被害方的过错行为引起的案件，案发后真诚悔罪积极赔偿被害人经济损失的案件等具有酌定从轻情节的，应慎用死刑立即执行……"

2010 年《最高人民法院、最高人民检察院、公安部、国家安全部、司法部关于加强协调配合积极推进量刑规范化改革的通知》中规定："……不但要注重收集各种法定量刑情节，而且要注重查明各种酌定量刑情节，比如案件起因、被害人过错、退赃退赔、民事赔偿、犯罪嫌疑人、被告人一贯表现等，确保定罪量刑事实清楚，证据确实充分……"

2010 年最高人民法院印发的《关于贯彻宽严相济刑事政策的若干意见》第 22 条规定："对于因恋爱、婚姻、家庭、邻里纠纷等民间矛盾激化引发的犯罪……因被害方过错或者基于义愤引发的或者具有防卫因素的突发性犯罪，应酌情从宽处罚。"

2010 年最高人民法院、最高人民检察院、公安部、国家安全部和司法部《关于办理死刑案件审查判断证据若干问题的规定》（该规定对于办理其他普通刑事案件"参照"适用）第 36 条第 1 款规定："在对被告人作出有罪认定后，人民法院认定被告人的量刑事实，除审查法定情节外，还应审查以下影响量刑的情节：（一）案件起因；（二）被害人有无过错及过错程度，是否对矛盾激化负有责任及责任大小；（三）被告人的近亲属是否协助抓获被告人；（四）被告人平时表现及有无悔罪态度；（五）被害人附带民事诉讼赔偿情况，被告人是否取得被害人或者被害人近亲属谅解；（六）其他影响量刑的情节。"

2010 年最高人民法院刑三庭《在审理故意杀人、伤害及黑社会性质组织犯罪案件中切实贯彻宽严相济刑事政策》第二部分第 3 点中有规定："……主观恶性是被告人对自己行为及社会危害性所抱的心理态度，在一定程度上反映了被告人的改造可能性。一般来说，经过精心策划的、有长时间计划的杀人、伤害，显示被告人的主观恶性深；激情犯罪，临时起意的犯罪，因被害人的过错行为引发的犯罪，显示的主观恶性较小。对主观恶性深的被告人要从严惩处，主观恶性较小的被告人则可考虑适用较轻的刑罚。……"

2013 年最高人民检察院印发的《人民检察院办理未成年人刑事案件的规定》第 59 条等 1 款中对于依法可能判处拘役、三年以下有期徒刑，有悔罪表现，宣告缓刑对所居住社区没有重大不良影响，具备有效监护条件或者社会帮教措施、适用缓刑确实不致再危害社会的未成年被告人，人民检察院应当建议人民法院适用缓刑之情形中的第 3 项规定："被害人同意和解或者被害人有明显过错的。"

2013 年《最高人民法院、最高人民检察院关于办理敲诈勒索刑事案件适用法律若干问题的解释》第 6 条第 2 款规定："被害人对敲诈勒索的发生存在过错的，根据被害人过错程度和案件其他情况，可以对行为人酌情从宽处理；情节显著轻微危害不大的，不认为是犯罪。"

(二) 我国香港、澳门、台湾地区的刑事立法

香港特别行政区刑法将被害人挑衅作为谋杀罪的辩护理由，即"考虑到是被害人挑衅被告人杀害他的，被害人本身有过错，因而受到挑衅者有部分正当理由。"《澳门刑法典》第 66 条（刑罚之特别减轻）规定："一、除法律明文规定须特别减轻刑罚之情况外，如在犯罪之前或之后或在犯罪时存在明显减轻事实之不法性或行为人之罪过之情节，或明显减少刑罚之必要性之情节，法院亦须特别减轻刑罚。二、为着上款之规定之效力，尤须考虑下列情节……b) 行为人基于名誉方面之原因，或因被害人本身之强烈要求或引诱，又或因非正义之挑衅或不应遭受之侵犯而作出行为……"第 130 条（减轻杀人罪）规定："如杀人者系受可理解之激动情绪、怜悯、绝望、或重要之社会价值观或道德价值观之动机所支配，而此系明显减轻其罪过者，处二年至八年徒刑。"同样的规定还体现在第 141 条（减轻伤害身体完整性罪）之中。除此，分则第一编第六章"侵犯名誉罪"中第 180 条（刑罚之免除）部分还规定："……二、如该侵犯系因被害人之不法或可斥责之行为而引起者，法院亦得免除刑罚。三、如被害人对侵犯即时以一侵犯予以还击，法院得按情节免除行为人双方或其中一方之刑罚。"台湾地区亦有相关规定："科刑时应以行为人之责任为基础，并审酌一切情状，尤应注意下列事项，为科刑轻重之标准：一、犯罪之动机、目的。二、犯罪时所受之刺激。三、犯罪之手段。四、犯人行为人之生活状况。五、犯罪行为人之品行。六、犯罪行为人之智识程度。七、犯罪行为人与被害人之关系。八、犯罪行为人违反义务之程度。九、

犯罪所生之危险或损害。十、犯罪后之态度。"[1]

二、国外被害人责任作为量刑情节立法概览

关于被害人责任对行为人量刑的影响，目前世界上大多数国家在立法中都予以了认可，只是由于各国的国情及法律文化传统的差异，在具体做法上存在一定的不同。因此，世界上不同国家有关被害人责任影响量刑的相关法律规范对于我们有一定的借鉴意义，完善我国被害人责任影响量刑的立法和司法也应当汲取其中有益的成分。下面即对英美法系和大陆法系一些代表性的国家在刑事立法中有关被害人责任作为量刑情节的规定予以呈现。[2]

（一）英美法系被害人责任作为量刑情节立法概览

《美国联邦量刑指南》第五章 K 部分第 2 节第 10 条第 1 款规定：如果被害人的过错行为明显地促使了犯罪行为的发生，法院可以在指南范围以下减轻处罚以适应犯罪行为的性质和情节。在决定减轻处罚的幅度时，法院应当考虑：（1）与被告人相比，被害人的体型和力量，以及其他相关的身体特征；（2）被害人行为的持续性以及被告人为了避免冲突而作出的努力；（3）被告人合理感知到的危险，包括被害人的暴力倾向等；（4）被害人给被告人带来的现实危险；（5）其他任何被害人能够实质性地导致现实危险的行为；（6）被告人对被害人挑衅的回击行为的相称性和合理性。第 2 款规定：在第二章 A 部分第 3 节（即性侵犯）规定的犯罪情形中，被害人的不当行为通常并不构成适用本条规定的充分理由。另外，本条规定通常与非暴力犯罪没有关系。但是，在一个非暴力犯罪中可能存在异常情形。其中被害人的实际不当行为可以构成减轻量刑的正当理由。例如，持续的挑衅和骚扰可以导致被告人出于报复而偷盗或毁坏财物。

《菲律宾新刑法典》总则第一篇第三章"减轻刑事责任之情形"中，第

---

〔1〕 参见王佳明：《互动之中的犯罪与被害——刑法领域中的被害人责任研究》，北京大学出版社 2007 年版，第 114-119 页。

〔2〕 该部分内容主要参考如下文献：王佳明：《互动之中的犯罪与被害——刑法领域中的被害人责任研究》，北京大学出版社 2007 年版，第 113-119 页；张智勇、初红漫：《被害人过错与罪刑关系研究》，中国政法大学出版社 2013 年版，第 203-212 页；王新清、袁小刚：《论刑事案件中的被害人过错》，载《中国刑事法杂志》2008 年第 2 期；王瑞君：《论被害人责任的刑法意义》，载《东岳论丛》2009 年第 12 期。

13 条第 4 项规定："行为人在行为前受到受害者足够的挑衅或威胁";第 5 项规定："在配偶、血亲或者姻亲的直系尊亲遭到对方严重侵害后直接做出的保护行为";第 6 项规定："罪犯因受到强烈刺激而引起愤怒或思维混乱的情况下做出犯罪行为"。分则第 247 条规定了"特殊杀人罪或者伤害罪",即"当具有合法婚姻关系的一方发现配偶与他人发生性行为而当场杀害或严重伤害任何其中一方或双方的,处流放。如果仅造成其他身体伤害时,将免于刑事处罚。在同样情况下,此规定适用于父母对与其共同生活且未满 18 周岁的女儿和其诱奸者。"

(二) 大陆法系被害人责任作为量刑情节立法概览

《德国刑法典》第 213 条规定了故意杀人罪的减轻情节:"非行为人的责任,而是因为被害人对其个人或家属进行虐待或重大侮辱,致行为人当场义愤杀人,或具有其他减轻情节的,处 1 年以上 10 年以下自由刑。"

《瑞士联邦刑法典》第 63 条关于减轻处罚的规定中指出,行为人因下列各项原因之一而行为的,法院可对其减轻处罚:(1) 出于值得尊敬的动机;(2) 在严重之困境情况下;(3) 在受到严重威胁之压力下;(4) 在必须对之服从之人或者依赖之人的要求下;(5) 行为人因被害人行为的诱惑;(6) 非法刺激或者侮辱造成行为人愤怒和痛苦;(7) 主动悔罪,尤其是赔偿可指望其赔偿的损失;(8) 犯罪后经过的时间较长,且在此期间行为人表现良好;(9) 行为人年龄在 18~20 岁之间,对其行为的不法性还不能完全认识。

《意大利刑法典》第 62 条规定:"下列情节,当不属于犯罪构成要件或者特别减轻情节时,使犯罪变得较轻:(1) 基于具有特殊道德或社会意义的理由实施行为;(2) 在因他人非法行为造成的义愤状态中做出反应的;(3) 在动乱人群的诱使下实施行为的,只要不属于被法律或者主管机关所禁止的会议或集会,并且犯罪人不是重罪或违警罪的惯犯、职业犯或倾向犯;(4) 在侵犯财产罪或其他对财产造成侵犯的犯罪中,使犯罪被害人遭受的财产损失特别轻微的;或者在出于营利目的而实施的犯罪中,所追求的或者获取到的利益特别微小,并且造成的损害或危险后果也特别轻微的;(5) 被害人的故意行为与犯罪人作为或者不作为共同造成结果的;(6) 在审判前,通过赔偿损失或者在可能情况下通过返还,完全弥补了损害的;或者在审判前并且在自愿地阻止结果发生的情况之外,自动地采取措施并有效地消除或者减轻犯罪的损害或危险后果的。"

《奥地利联邦共和国刑法典》第 34 条（特别的减轻事由）规定："行为人具备下列行为之一的，构成特别之减轻刑罚事由……8. 以通常可以理解的强烈的情绪激动不由自主地实施应受刑罚处罚的行为的；9. 行为的实施更多地是因为特别之诱因所致，而较少出于故意的……"；《奥地利联邦共和国刑法典》第 75 条（谋杀）规定："杀害他人的，处 10 年以上 20 年以下自由刑，或终身自由刑"；第 76 条（故意杀人）规定："因通常可以理解的剧烈的情绪激动而杀害他人的，处 5 年以上 10 年以下自由刑。"

《芬兰刑法典》第六章第 6 条规定的减轻处罚的事由包括：（1）重大的压力、胁迫或类似的影响已经左右了犯罪的实施；（2）感情冲动或者特别的或突然的引诱导致实施犯罪，被害方特别重大的原因或者相应的情况导致了犯罪人守法能力的降低；（3）犯罪人与受害人之间的调解、犯罪人试图阻止或消除犯罪危害结果，或者试图促成该结果的清除；（4）犯罪人属于未成年或者共犯行为明显轻于其他共犯人的行为人。

《俄罗斯联邦刑法典》第 61 条（减轻刑罚的情节）第 1 款第 8 项"由于被害人的行为不合法或不道德而实施犯罪"，根据俄罗斯联邦总检察院的释义，"受害人行为不合法和不道德成为犯罪的原因，一般与犯罪人情绪激动有关。突发的强烈精神激动可能是受害人的暴力、折磨和严重侮辱引起的，并且应该在上述不法行为实施后立即发生。精神激动状态可能由于受害人长期不断的殴打、折磨、虐待、心理压力造成了心理创伤，终于忍无可忍而发生。上述不法行为可能针对犯罪人本人，也可能针对他的家属，都应该认为是减轻刑罚的情节。"

第三节　犯罪被害人责任作为量刑情节的认定

一、被害人责任作为量刑情节的认定原则

量刑情节是一种事实，那么，对被害人责任作为量刑情节的认定，就是对被害人责任这个事实的认定。并且，对被害人责任的事实认定也应当建立在《刑法》第 61 条规定的基础之上，即："对于犯罪分子决定刑罚的时候，

应当根据犯罪的事实、犯罪的性质、情节和对于社会的危害程度，依照本法的有关规定判处。"至于量刑情节认定的原则，学界存在多种观点，有依法适用原则、全面考虑原则、综合适用原则、禁止重复评价原则、具体分析原则、责刑相适应原则、刑罚个别化原则、谦抑原则，等等。但是，这些原则中有些是司法中共有的原则，比如，依法适用原则、谦抑原则；有些存在着类似性或包容性，比如，全面考虑原则与综合适用原则、责刑相适应原则与刑罚个别化原则；有些适用于对被害人责任的认定存在不全面性，比如，依法适用原则只能适用于被害人责任作为法定量刑情节的情形。于是，针对被害人责任的事实特征，将其作为量刑情节进行认定时，应当遵循以下几项原则：

第一，禁止重复评价原则。所谓禁止重复评价原则，就是对同一犯罪构成事实，禁止作同一性质、同一层次或同一意义的重复评价。具体而言，即对同一犯罪构成事实不得在定罪中重复使用，也不得在量刑时重复使用，或在定罪时使用过了，又在量刑时在同一层次上或同一意义上使用。但是，对同一犯罪事实可从不同性质、不同层次或不同意义进行评价。[1]国外立法中有将此原则予以明确规定的情形，比如，《德国刑法典》第46条第3项规定："已成法定构成要件要素之行为情状，不得再予顾及。"禁止重复评价原则的法理依据就在于法的正义性，正如美国著名哲学家约翰·罗尔斯（John Rawls）曾提出，正义是社会制度的首要价值，正像真理是思想体系的首要价值一样。某些法律和制度，不管它们如何有效率和有条理，只要它们不正义，就必须加以改造或废除。[2]法的正义性要求审判者在刑罚的裁量过程中应当保障被告人的权利。而对同一事实进行重复评价显然是加重了被告人的刑罚，是对被告人权利的严重侵犯，也是对正义原则的违反。禁止重复评价原则对于被害人责任这个事实而言，就是当其已经成为定罪情节了，在量刑时就不能再作为量刑情节。比如，根据《刑法》第238条第3款规定，为索取债务非法扣押、拘禁他人的，除构成故意杀人罪或故意伤害罪之外，按非法拘禁罪定罪处罚。也就是说，针对因被害人存在不履行债务的行为，即被害人责任的情形，被行为人非法扣押、拘禁的（目的显然是为了实现自己的合法债

---

[1] 参见蒋明：《量刑情节研究》，中国方正出版社2004年版，第218页。
[2] 参见［美］约翰·罗尔斯：《正义论》，何怀宏等译，中国社会科学出版社1988年版，第3页。

权），行为人构成非法拘禁罪，而不构成绑架罪。由于非法拘禁罪的基本刑为三年以下有期徒刑、拘役、管制或者剥夺政治权利，而绑架罪的基本刑为五年以上十年以下有期徒刑。因此，由于立法规定被害人责任的情形适用较为轻的非法拘禁罪，实际上已经在立法中考虑了被害人责任的情形。此时，被害人不履行债务这种被害人责任的事实就不应当在量刑时再予以认定。

第二，全面认定原则。司法公正是司法活动的总要求，也是实现社会正义的组成部分。在作为司法活动的量刑中，"遵循公正原则有着重要意义，只有公正适用刑法，才能使内在于法的公正精神和价值得以实现并一以贯之。"[1]那么，何谓公正？公正又称为正义，其经典表述就是罗马法学家乌尔庇安首创的定义："正义乃是使每个人获得其应得的东西的永恒不变的意志。"[2]"正义这个观念含有两种要素，一是行为规制，二是赞同行为规则的情感。第一个要素必定被认为是全人类共有的，而且必定是为了全人类的利益。另一个要素（情感）则是一种欲望，想要违反行为规则的人受到惩罚。"[3]由于现实中的刑事案件情况极其复杂多样，量刑情节也是情形各异。从对行为人是否有利的角度来看，其中既有对行为人不利的情节，也有对行为人有利的情节。在对量刑情节的认定时，既要注重不利于行为人的情节，也不能忽视有利于行为人的情节，如此才能使"每个人获得其应得的东西"，满足人类的情感欲望，从而体现出公正的要求。不过，"从实际情况看，由于各种因素的影响，严刑重罚思想在我国司法领域仍有相当的市场，体现在量刑情节的适用上就是注重不利于犯罪人的情节，而忽视有利于犯罪人的情节。"[4]正因为此，有学者曾提出："法律有必要明确规定，法院在裁量刑罚时，应权衡、综合考虑一切对于行为人有利与不利的情况。"[5]而被害人责任情节是有利于行为人的情节，在我国传统重视刑罚的惩罚功能的惯性思维下，其往往不被重视。显然，这违背了司法公正的要求。因此，对作为量刑情节的被害人责任进行认定时应当贯彻全面认定的原则。

〔1〕 汪明亮：《审判中的智慧：多维视野中的定罪量刑问题》，法律出版社2006年版，第9页。
〔2〕 参见［美］E·博登海默：《法理学：法律哲学与法律方法》，邓正来译，中国政法大学出版社1998年版，第264页。
〔3〕 ［英］约翰·穆勒：《功利主义》，徐大建译，商务印书馆2014年版，第65-66页。
〔4〕 蒋明：《量刑情节研究》，中国方正出版社2004年版，第217页。
〔5〕 马克昌主编：《刑罚通论》，武汉大学出版社1999年版，第352页。

第三，责刑相适应原则。刑法理论上有旧派（又称古典学派）和新派（又称近代学派、实证学派）之分，旧派又分为前期旧派和后期旧派，后期旧派是在前期旧派基础上反驳新派而形成的。前期旧派基本上都主张自由意志、行为主义、道义的责任、报应刑、一般预防。即人都是具有自由意志的，对基于自由意志所实施的客观的违法行为，能够进行非难、追究其道义上的责任；为追究这种责任，对行为进行报应的方法就是刑罚，刑罚是对恶行的恶果，以对犯罪人造成痛苦为内容；对犯罪人进行报应可以警告一般人，以期待一般预防的效果，刑罚以一般预防为主要目的。新派主张决定论、行为人主义、社会的责任、改善刑、特殊预防。新派否认没有原因的自由意志，认为犯罪一定是基于某种原因产生的；因此，只是对已经发生的行为进行非难、追究责任就不能防止犯罪，为了防止犯罪就必须研究犯罪原因；犯罪的原因多种多样，其中行为人的性格是一个重要因素，故犯罪的防止有赖于消除行为人的性格危险性；刑罚是改善性格的一种手段，刑罚的主要目的是预防犯罪人重新犯罪；对于具有危险性格的人，不管其有无道义上的责任，基于社会生活的必要，必须令其承担责任，这就是社会的责任。[1]在新旧两派争论的基础上，"随着行为人中心论和人身危险性论的出现，保安处分和不定期刑制度的推行，传统的罪刑相适应原则在立法上和理论上受到打击，从而使世界各国的刑事立法既注重刑罚与犯罪行为相适应，又注重刑罚与个人情况相适应。这样就把古典学派所主张的罪刑相适应与新派所主张的刑罚个别化巧妙地结合起来，这就是责刑相适应原则。"[2]量刑中的责刑相适应原则，就是法院在对被告人决定适用刑罚时，应当与其承担的刑事责任相适应。简而言之，刑罚的适用应当与刑事责任的程度相适应。所谓"刑事责任程度，是犯罪人对自己的犯罪行为所应担负的刑事责任的轻重与大小。它所解决的是刑事责任的量的问题，体现了因不同的犯罪行为和情节而导致的刑事责任量上的等级性和层次性。"[3]影响刑事责任程度的因素就是影响社会危害性和人身危险性的各种因素，而被害人责任属于这些影响因素中之一种。所以，在对量刑情节中的被害人责任进行认定时，理应坚持责刑相适应原则。

---

〔1〕 参见张明楷：《刑法的基本立场》（修订版），商务印书馆 2019 年版，第 24、37 页。

〔2〕 胡学相：《论我国刑法中量刑原则的重构》，载《法学评论》2005 年第 1 期。

〔3〕 张文等：《刑事责任要义》，北京大学出版社 1997 年版，第 204 页。

二、被害人责任作为量刑情节的认定情状

量刑情节认定的具体情状非常广泛，一般认为包括时间、地点、方法、手段、目的、动机、年龄、身份、职业、累犯、自首，等等。这些情状在量刑情节的认定中，既可能成为法定量刑情节的内容，也可能成为酌定量刑情节的内容。那么，作为量刑情节的被害人责任是否应当由法律进行规定，即成为法定量刑情节，这是后文将要探讨的问题。若法律没有规定被害人责任这一量刑情节，被害人责任就属于酌定量刑情节，这也将于后文阐述。在此，我们主要讨论作为被害责任认定情状的民意，也即因被害人责任产生的民意对量刑情节认定的影响。

（一）民意的内含及其对量刑的影响

民意自古以来就对社会制度的运作和国家的治理发挥着重要作用。著名思想家庄子曾说："上法圆天以顺三光，下法方地以顺四时，中和民意以安四乡。"（《庄子·说剑》）不过，现代意义上民意的概念起源于西方。那么，对民意的含义如何理解，一直以来都是学界争论不休的问题，正如日本学者所说的："人们对它的理解各不相同，不同的人给民意不同的定义，……民意的定义和下定义的人一样多。"[1]依笔者之见，从民意的用语来看，"民"就是社会公众，"意"就是看法，属于价值判断的结果。于是，同意对民意的内涵作如此理解："指特定范围内的社会公众针对特定的人物或者事项，在根据其自身接受的标准作出的价值判断的基础上形成的内心倾向，如支持或反对，忠诚或背叛，喜欢或憎恶，"[2]不过，与民意内涵相同的表述还有舆论、舆情、民情，等等。

至于民意的类型，根据不同的标准可以作出多种分类，而对于法律生活尤其是在刑事司法中有着重要意义的分类就是将民意区分为民愤与民怜。所谓民愤，在刑法学界较为通常的表述是，指犯罪行为在广大群众中造成的影响、震动，导致广大群众产生要求惩办犯罪分子的呼声。[3]也有学者认为，

---

〔1〕 [日] 佐藤彰等：《民意调查》，周金城、张蓓蔺译，中国对外经济贸易出版社 1989 年版，第 1 页。

〔2〕 周振杰：《刑事法治视野中的民意分析》，知识产权出版社 2008 年版，第 17 页。

〔3〕 参见马克昌主编：《刑罚通论》，武汉大学出版社 1999 年版，第 365 页。

民愤是指公众基于犯罪行为而引发的一种非常激动与生气的情绪表现，是一种对来自犯罪的刺激表示对犯罪行为人的厌恶、仇视的情绪。所谓民怜，正好与民愤相反，是指公众基于犯罪行为而引发的一种非常激动与同情的情绪表现，是一种对来自犯罪的刺激表示对犯罪行为人的同情、怜悯的情绪。在司法实践中，民愤往往成为对犯罪行为人不利的定罪量刑因素，而民怜则往往成为对犯罪行为人有利的定罪量刑因素。[1]也就是说，民愤与民怜在刑事法律关系中虽然针对的都是犯罪人，但效果正好是相反的。

民意在法律活动中，无论是对于立法还是对于司法都会产生一定的作用。比如在立法活动中，当"在法律与社会生活不能接洽时，促使法律不断完善的条件或因素有很多，如政治形势的变化、科学技术的发展、经济水平的提高、文化形态的转变，等等。然而这些因素必须首先被表达出来，才能为立法者所知，才能进入立法者的视域，进而有可能被吸收进法律之中。至于表达的渠道和方式，同样具有正式的和非正式的多种形式，比如人大代表的提案就属于正式的形式，而民意就是最普及最常用的非正式形式。因此，民意又可以说成是一种法律脱离现实生活轨道时的警报器。"[2]同样，在司法活动中，民意也具有如此之功能。

当然，民意在法律活动中的作用既有正面的也有负面的。正所谓"法律只要不以民情为基础，就总要处于不稳定的状态。民情是一个民族的唯一的坚强耐久的力量。"[3]也如苏力教授所言："尽管人们习惯于将法治同正义、公正这些似乎超验的概念联系起来，但从根本上看，法治回应的是社会生活，是社会的产物，并作为整体来说是功利性的，而不是超验的。""法治的唯一源泉和真正基础只能是社会生活本身，而不是国家。"[4]再如日本学者西原春夫的看法："'民众的声音就是神的声音'，基本上可以肯定，而且必须肯定国民个人的欲求中含有直观上的正确成分。另一方面，也不可否认，在构成国民的欲求之基础的国民个人的欲求中也沉淀着一些非正确的成分。其中最具

---

〔1〕 参见汪明亮：《媒体对定罪量刑活动可能带来负面影响的作用机制》，载《现代法学》2006年第6期。

〔2〕 骆群：《民意在司法运作中的功能》，载《理论月刊》2011年第10期。

〔3〕 ［法］托克维尔：《论美国的民主》（上卷），董果良译，商务印书馆1997年版，第315页。

〔4〕 苏力：《道路通向城市：转型中国的法治》，法律出版社2004年版，第4、31页。

有特色的是片面的观点乃至情绪的反应。"〔1〕正因为此，民意对法律活动的影响一直以来都是颇受争议的问题。

那么，就以民意对司法活动中量刑的影响来看，国外的实务界和理论界也存在不同的看法。比如，在美国的司法实务中，有法院认为，"因为民意而对特定被告的量刑决定作出变动乃是一种技术性的错误，这就是刑事司法体制向公众压力投降。"还有法院认为，"毋庸置疑的是，刑事程序中所包含的宪法保障其根本含义乃是公平审判，而公平审判的根本含义就是排除任何群情激昂的影响，无论这些人是敌对的还是友好的。司法程序中不应当为这种影响留有任何余地。暴民之法绝非正当程序之道。"即使如此，仍有法官认为，不能排除其他法官在类似情况下有可能会对公共压力屈服或者对公众感受予以考虑，而不管这些考虑是否应当得到承认。〔2〕对此情形也犹如美国著名法律哲学家、法官霍姆斯曾说的："判决是本能偏见和无法说明关系的无意识结果。""法官们及其同事们所共有的偏见所起的作用，甚至要比确定人受控制的法则中的演绎推理（三段论）所起的作用要大得多。"〔3〕也有英国学者认为："在理论上，量刑决定应仅受到官方确认的因素的影响，无论这种因素是在成文法规、司法指南或者判例法之中。但在现实中，大多数的量刑决策者都承认受到民意的影响。"〔4〕

同样的情形在我国也是如此。虽然理论界对民意是否应当影响量刑具有针锋相对的观点，但是，在我国司法实践中，民意对量刑有影响是一个不争的事实。正如胡云腾教授曾说的，在中国，国家对刑事司法有一个很明确的要求，就是要使人民群众及老百姓满意，所以，我们的司法机关经常在创建人民满意的法院、人民满意的检察院和人民满意的派出所等活动。对此，其列举了发生在山东省的两个犯罪人所犯的罪行都是故意杀人罪、犯罪分子和被害人都是亲戚的案例，来呈现现实中民意对量刑的影响。第一个案例的犯

〔1〕　［日］西原春夫：《刑法的根基与哲学》，顾肖荣等译，法律出版社2004年版，第100页。

〔2〕　参见［美］保罗·罗宾逊：《正义的直觉》，谢杰等译，上海人民出版社2018年版，第405页。

〔3〕　［美］霍姆斯：《普通法》，Little，Brown版，1881。转引自汪明亮：《论定罪量刑中的法官情感》，载《甘肃政法学院学报》2004年第6期。

〔4〕　Nigel Walker.，*Sentencing*：*Theory*，*Law and Practice*，Butterworths，1985，p.64. 转引自周振杰：《刑事法治视野中的民意分析》，知识产权出版社2008年版，第197页。

罪分子在打架的过程中，杀死了一个人，按照限制死刑的刑事政策和该案的具体情节，该罪犯的罪行尚不属于情节极其严重，依法可以不判处死刑，该省高级人民法院开始并不赞成对被告人判处死刑立即执行。但是，由于被害人的亲属和所在村子的老百姓不满意，坚决要求判处被告人死刑，并且不断到法院门前聚众闹事，最后，该法院还是判处了被告人死刑。另一个案例的被告人，在家庭纠纷中，杀死了自己的妻子和岳母，根据中国刑法的规定，这种杀死两人的犯罪，应当属于罪行极其严重，判处死刑没有什么错误，但是，由于被告人的岳父，也就是两被害人的父亲和丈夫，到法院坚决要求不判处被告人死刑。他的理由是，被告人的一个 10 岁的孩子，已经失去了母亲，不能再没有父亲。最后，山东省高级人民法院同意了被告人岳父的意见，没有判处被告人死刑立即执行，而是判处死刑缓期两年执行。[1]这种量刑受到民意影响的案件在实务中并非少数。

（二）被害人责任产生的民意与量刑情节

长期以来，人们对犯罪人都是深恶痛绝，无论是站在道德的制高点上还是法律的制高点上，对犯罪人都是最严厉的否定评价和进行最严厉的惩罚，从而给人这样一种强烈的印象，即刑法中规定的犯罪行为都是"坏行为"，受刑罚惩罚的犯罪人都是"坏人"。且这种"好"与"坏"的道德评价已经深深嵌入了人们的大脑而成为一种大众心理，且艺术作品中也在不断地重复反映和强化着这种印象。[2]同样，犯罪学和刑法学等刑事法学的关注也主要集中在犯罪人身上："他们是什么人？为什么从事犯罪活动？刑事司法系统是如何处置他们的？是否应该监禁他们？怎样才能使他们恢复正常？"[3]正因为此，民意往往表现出来的是对犯罪人的民愤。然而，因被害人责任因素所产生的民意恰与之相反，即对犯罪人的民怜。

那么，被害人责任又是如何产生民怜的？这要从民意的产生过程来予以考察。有学者将民意的产生划分为三个阶段：第一，事实了解阶段，即社会公众

〔1〕参见胡云腾：《关于死刑在中国司法实践中的裁量》，载中国政法大学刑事法律研究中心、英国大使馆文化教育处主编：《中英量刑问题比较研究》，中国政法大学出版社 2001 年版，第 128-129 页。

〔2〕参见王佳明：《互动之中的犯罪与被害——刑法领域中的被害人责任研究》，北京大学出版社 2007 年版，第 1 页。

〔3〕[美]安德鲁·卡曼：《犯罪被害人学导论》，李伟等译，北京大学出版社 2010 年版，第 15 页。

通过亲身接触或者媒介对相关事实形成一定的感知。第二，价值判断阶段，即社会公众在所感知的事实的基础上，根据自身所接受的道德原则、价值观念或行为标准进行独立判断，并形成支持或反对、忠诚或背叛等内心倾向。第三，特定的倾向汇集并达至"共识"阶段。[1]于是，对于存在被害人责任的案件，社会公众通过直接或间接地获知案件事实，形成对案件事实从整体上到局部的各方面的具体感知。其中，不仅包括对于犯罪人造成的社会危害，还包括案件发生的起因、过程等，也即与无被害人责任的案件相比，被害人的因素也会予以考察。然后，在此基础上根据自己的生活经验和道德标准再进行价值判断。这个过程类似于美国学者费格尔所说的："人类的需要和利益为道德标准提供了坚实的基础。在一切文化中实质上都存在一个共同的理想——合作（与相互冲突相反）、互助（与相互伤害相反）、仁爱（与相互仇视相反）、正义（与不公正相反）以及成熟和生长（与停滞和衰退相反）等理想。……在现实的行为中，这些理想远未圆满地实现，甚至只是近似地实现。但是这些理想就是伦理评价的标准。正是参照了这个框架，我们作出'善的'和'恶的'、'正确的'和'错误的'的判断。"[2]这样，社会公众对被害人责任因素在案件中的作用有了自己的价值判断。由于"每一个体都要为自己不谨慎行为负责，因而应对客观存在的被害人过错行为给予旗帜鲜明地公正评价，还原行为人和被害人不同责任的真实面目。"[3]从而社会公众会降低对犯罪人的指责和愤恨情绪，甚至可能将此情绪转化至被害人身上，而对犯罪人产生宽恕甚至怜悯的心理。最后，社会公众形成的这种内心达成共识的倾向通过某种途径表达出来，就形成了对犯罪人的民怜之民意。而此民意在一定程度上反映了犯罪行为的社会危害性和犯罪人的人身危险性，往往会成为"情节严重""情节恶劣"等情节的判断因素，或者作为酌定量刑情节在量刑时予以考虑。

当然，"一般而言，公众情绪和社会舆论在一定程度上反映了社会伸张正义的呼声，但由于大多数人对于案情缺乏全面、客观的了解，往往根据片面

〔1〕 参见周振杰：《刑事法治视野中的民意分析》，知识产权出版社2008年版，第32-34页。

〔2〕 ［美］汤姆·L.彼彻姆：《哲学的伦理学》，雷克勤等译，中国社会科学出版社1990年版，第459页。转引自冯亚东：《理性主义与刑法模式：犯罪概念研究》，中国政法大学出版社1998年版，第75-76页。

〔3〕 潘庸鲁：《故意杀人罪中的被害人过错问题研究——兼论死刑限制的实然路径选择》，载《贵州大学学报（社会科学版）》2010年第5期。

的，道听途说得来的材料，按自己的思维方式去分析推理，所以形成的舆论是众说不一，有的互相矛盾，因而社会舆论有失之偏颇的方面。面对社会舆论，有的法院和法官还能去伪存真，辨别正误，不受错误导向的干扰，依法定案，而有的法官则屈从于舆论的压力，该判的不判，或不应判的却判了，该轻判的却重判或该重判的却轻判，以致造成量刑失当和失衡。"[1]所以，对于被害人责任产生的民怜在作为量刑情节时，法官需要进行综合评判，以防止被民意左右，从而正确地行使其自由裁量权。

三、被害人责任作为量刑情节的认定方法

司法公正是司法活动的首要价值目标，然而要实现该目标又不能仅靠立法或司法的某一个方面的完善，有时还要借助于法治系统之外的甚至自然科学的运用，如对统计学知识和大数据的分析运用。正所谓："法治的理想必须落实到具体的制度和技术层面。没有具体的制度和技术的保障，任何伟大的理想都不仅不可能实现，反而可能出现重大的失误。"[2]的确，在现代科技愈加先进的社会里，人们不仅需要制度的保障，对技术的依赖也愈加强烈，制度和技术的融合度越来越高。所以，司法公正的追求也是一个综合性的要求和结果，同时其中也涵括了方法论的内容。在量刑活动方面，人们对电脑量刑问题的探索就是这种情形的意欲体现。但是，这种自然科学的运用是否适用于人类活动的所有领域，是存在疑问的。

量刑活动主要是对量刑情节的认定，首先是对量刑情节的选取，然后才是对量刑情节的运用。有日本学者提出，从量刑整体结构来看，关于量刑情节的认定：首先，对各情节基于何种理由对量刑产生影响加以明确之后，确定其范围。其次，（在量刑情节的评价方向上）分析各情节是否为加重刑罚的情节，成为减轻刑罚的情节，进而有必要通过衡量彼此的关联性，明确各情节所具有的重要性程度（量刑情节的比较衡量）。最后，要求将它们向刑罚量方面进行数量化。[3]美国也有学者提出："刑事立法显然无法把诸多要素都进

---

〔1〕 胡学相：《量刑的基本理论研究》，武汉大学出版社 1998 年版，第 231 页。

〔2〕 苏力：《送法下乡：中国基层司法制度研究》，中国政法大学出版社 2000 年版，第 2 页。

〔3〕 Vgl. Hans-Jürgen Bruns, *Das Recht der Strafzumessung*, 2. Aull. , 1985, S. 243ff. 转引自［日］城下裕二：《量刑理论的现代课题》（增补版），黎其武、赵姗姗译，法律出版社 2016 年版，第 72 页。

行连续量化，这个工作量太大。但是要让立法首先承认这些要素对于责任判断会产生影响，这个要求并不过分。那么只要承认会产生影响，把这些要素按照对于责任所产生的或增或减的效果进行一个初步的量化分类显然也是可行的。"[1]其实他们所提出的主要是认定量刑情节的一个思路，或者说是一个过程，也即对量刑情节的选取方法，但其本身并不具有如自然科学那样的直观性和可操作性。真正需要体现直观性和可操作性的是他们最后提出的在此基础上的量化问题，也即对量刑情节的运用问题。毋庸置疑，这种通过量刑情节的量化尽可能地缩小法官自由裁量权空间的想法，不仅是为了量刑情节在司法实践中的运用更加程式化，也是为了使量刑公正具有可视性。于是，对于作为量刑情节的被害人责任的认定也可以如此，这是正常的逻辑结论，且我国法院系统曾经也有过这样的尝试。比如，2010 年 10 月 1 日起施行的最高人民法院印发的《人民法院量刑指导意见（试行）》（已废止）中对故意伤害罪量刑的规定中有：因被害人的过错引发犯罪或对矛盾激化引发犯罪负有责任的，可以减少基准刑的20%以下。只是，后来的修订中取消了该规定，且以后每次的修订也没有再规定。[2]

对此，理论界一直以来并没有停止在追求公正的前提下，使得被害人责任量刑情节的适用过程与结果尽量具有可操作性和可视性的探索脚步。比如，在 2010 年的《人民法院量刑指导意见（试行）》（已废止）之前就有人提出针对被害人过错在量刑过程予以量化的设想。即将被害人过错行为的危险性分为 5 级（其中第 5 级为危险性最高）；将被害人过错行为侵害的利益与被告人自身的关联程度，即利益关联的密切程度分为 2 级；将被害人过错行为与被告人犯罪行为的时间关联性，即关联性密切程度分为 2 级；将被告人犯罪行为与被害人过错行为具有相当性时计为 0 级，不具备相当性的差异程度分为 4 级。然后采取下列定量分析公式：被害人刑事责任减少的程度＝危害性＋关联性－不相当性。[3]还有学者通过假设模型来分析被害人责任与行为人刑事

---

[1] ［美］保罗·罗宾逊：《正义的直觉》，谢杰等译，上海人民出版社 2018 年版，第 325 页。

[2] 但是，自 2014 年 1 月 1 日起实施的最高人民法院《关于常见犯罪的量刑指导意见》（已废止）取消了这样的规定。自 2017 年 4 月 1 日起实施的最高人民法院关于实施修订后的《关于常见犯罪的量刑指导意见》（已废止）承袭了该指导意见。自 2021 年 7 月 1 日起实施的最高人民法院、最高人民检察院研究制定的《关于常见犯罪的量刑指导意见（试行）》也承袭了此指导意见。也即之后都没有在故意伤害罪的量刑中再规定因被害人责任而减少基准刑。

[3] 参见姜伟：《被害人过错行为在量刑中的定量分析》，载《犯罪研究》2009 年第 6 期。

责任之间的分配。即"假设在其他量刑情节确定之情况下（大前提），（1）被害人无过错（被害人此时对刑事犯罪应负责任为0），刑事被告所应负的刑事责任是100，即0+100＝100，对被告量刑额度为100/100，即100%。（2）被害人有过错，假设对刑事犯罪应负责任为30，那么刑事被告应负的刑事责任是70，即30+70＝100，对被告的量刑额度为70/100，即70%。也就是说，在其他量刑情节确定之情况下，被害人因其过错而对刑事犯罪所负责任与刑事被告所应负的刑事责任之和为一定值（即被害人无过错时刑事被告所应负的刑事责任），在此定值内分配责任，最后根据刑事被告所分配的额度决定量刑。"[1]显然，对于这样欲通过量化体现的客观性来追求量刑活动客观性的探索，都是人们为追求量刑公正所作的努力。

但是，由于社会生活的纷繁复杂，具体案件的发生也是千差万别，所以，被害人责任的形成原因和表现形式也是各不相同，对其判断必定是一个综合性的判断。比如，同样情形的强奸案件中，被害人责任的表现形式也类似，但由于处于不同地域而形成的经济发展水平和风俗习惯的差异，人们对被害人责任行为的看法和容忍度也存在差异。因为"庭审不仅仅寻求公正、效率、准确，还要实现刑法上的道德目的和标准。"[2]若此时适用一个全国统一的被害人责任的量化标准，技术上可能变得简便且易于操作，可实质上未必是公正的。美国学者迈克尔·D·贝勒斯曾说过："在危害这根标尺上给每一种犯罪找一个单独的、特定的位置，是不可能的。"[3]基于同样的道理，用某一根标尺给具体犯罪中的被害人责任找一个单独的、特定的位置，也是不可能的。这也犹如美国有法官对美国的量刑指南的看法："法官们经常会有挫败感，因为他们感到，追求公平正义的判决结果的努力会受到指南的限制，自己在实现一个好的量刑结果方面无能为力。"[4]这些客观存在的不能过于拘泥于形式

〔1〕 孙启福、李维睿：《论传统司法对量刑规范化的启示——以刑事被告与被害人的关系为视角》，载《现代法学》2010年第6期。

〔2〕 ［美］斯蒂芬诺斯·毕贝斯：《刑事司法机器》，姜敏译，北京大学出版社2015年版，第132页。

〔3〕 ［美］迈克尔·D·贝勒斯：《法律的原则——一个规范的分析》，张文显等译，中国大百科全书出版社1995年版，第401-402页。

〔4〕 ［美］马克·博格、艾兰·Y·芬尼：《美国联邦量刑指南制度》，张明、戴昕译，载http://www.chinacourt.org/publiz/detail.php? id＝185321，最后访问日期：2006年8月1日。转引自仇晓敏：《量刑公正之程序路径》，中国人民公安大学出版社2010年版，第36页。

而忽略追求实质正义的现实，也许是我国在 2010 年的《人民法院量刑指导意见（试行）》之后修订时取消故意伤害罪的量刑中因被害人责任可以减少基准刑的 20% 以下之规定的原因。

　　所以，对被害人责任作为量刑情节的认定方法，欲通过量化的方法这种形式上的客观化来实现实质上的公平正义，是轻视社会生活复杂性的过于理想化的表现。对此，法官应当具有自由裁量权。关于自由裁量权，有学者给过精辟的论述："在世界史上没有任何一个法律制度无自由裁量权。为了实现个体的正义（individualized justice），为了实现创设性正义（creative justice），为了实现还无人知道去制定规则的新纲领以及为了实现其某些方面不能够变为规制的老纲领，自由裁量都是不可缺少的。取消自由裁量会危害政治秩序，会抑制个体正义。"[1] 那么，对于作为量刑情节的被害人责任而言，法官的自由裁量权主要体现在，一是量刑时是否考量被害人责任这个情节，二是考量被害人责任情节时，其对行为人刑事责任影响的大小。于是，法官的自由裁量权在此适用的范围是非常宽广的，在某些个案中可能对于被告人来说是生与死之间的天壤之别。而且，"一切有权力的人都容易滥用权力，这是万古不易的一条经验。有权力的人们使用权力一直到遇有界限的地方才休止。"[2] 故对法官的自由裁量权也应当予以一定的限制和监督。下文将要讨论的被害人责任作为量刑情节的法定化，就是对法官自由裁量权进行限制的一种途径。另外，之前一直采取的 2010 年的《人民法院量刑指导意见（试行）》（目前是 2021 年 7 月 1 日起实施的最高人民法院、最高人民检察院《关于常见犯罪的量刑指导意见（试行）》）也是较好的限制法官自由裁量权的方式。对此，正如有学者所说的："制定量刑指南的首要目的，无非是限制量刑主体的自由裁量权，但是这种限制不是绝对的限制，在一定程度上赋予量刑主体自由裁量权是量刑公正的必然要求，而且在一定条件下应该允许量刑主体在量刑指南的范围外进行量刑，只不过此时应该要求这种量刑必须详细说明理由。"[3] 除对法官自由裁量权进行限制之外，还要对其予以监督。当然，监督的途径和方式非常多样，既可以是内部监督也可以是外部监督，既可以是国

---

〔1〕 张文显：《二十世纪西方法哲学思潮研究》，法律出版社 1996 年版，第 627 页。
〔2〕 [法] 孟德斯鸠：《论法的精神》（上册），张雁深译，商务印书馆 1961 年版，第 154 页。
〔3〕 仇晓敏：《量刑公正之程序路径》，中国人民公安大学出版社 2010 年版，第 38 页。

家机关的监督又可以是社会监督，等等。不过，对被害人责任情节的认定而言，现实中绝大部分情形主要是依赖于法官的个人情感和专业素养，故更应当注重对其自由裁量权的外部监督。因为"当前所有的法官并不都具有高尚的品格，单纯靠理性自律，不一定均能做到慎独。法官处于各种社会关系中，现行的法官制度和管理体制又不足以使法官抵制拜金主义、享乐主义、特权观念等腐朽思想的侵蚀，司法腐败仍然存在。受物欲之蒙蔽，有的法官就可能突破制度规定的要求而徇私舞弊、枉法裁判。通过外部监督机制的设置，可以人为地增强法官在行使自由裁量权时的谨慎义务。"[1]从另一个角度来看，外部监督也是一种外部判断，即对被害人责任情节考量的外部判断，尤其是社会大众的判断，从而增加了判断的主体，对法官个人情感和认知也是一种牵制，使最终的结果更接近大众所认知的公平正义。

第四节　犯罪被害人责任作为量刑情节的法定化

一、被害人责任属于酌定量刑情节

酌定量刑情节，按照目前较为通常的理解，凡是定罪情节和法定量刑情节以外的，能够表明行为的社会危害性和行为人的人身危险性及其程度的主、客观事实，都属于酌定量刑情节，因而酌定量刑情节是多种多样的。在刑事审判实践中常见的酌定量刑情节主要有：犯罪的手段和方法；犯罪的损害结果；犯罪的时间、地点；犯罪的动机；犯罪后的态度；犯罪人的一贯表现。[2]由于酌定量刑情节法律并没有作出明确的规定，所以目前对其所包括的情形都是采用列举的方式，而且不同学者所列举的情形都大同小异。当然，这样的列举是不可能具有全面性的，也只是对实践中常见的或具有代表性的情形进行列举。但是，酌定量刑情节在刑事司法中具有举足轻重的地位。正如有学者所说的："在一个案件中，可能不存在法定量刑情节，但却不可能没

---

〔1〕　张素莲：《论法官的自由裁量权——侧重从刑事审判的角度》，中国人民公安大学出版社2004年版，第336页。

〔2〕　参见黎宏：《刑法学总论》，法律出版社2016年版，第366页。

有酌定量刑情节。"〔1〕也如有学者所言："可以说，是否重视以及在多大程度上重视酌定量刑情节在量刑上的作用，影响着一个国家的刑事司法水准。"〔2〕因此，酌定量刑情节在量刑时不仅不可避免，而且是法官主观能动性得以体现的最充分领域，故而也是刑事司法在追求实质正义中最受关注的领域。

作为量刑情节的被害人责任，在我国目前的法律中并没有明确的规定，只有在一些规范性文件中有所涉猎。比如，在本章第二节呈现的 1999 年最高人民法院的《全国法院维护农村稳定刑事审判工作座谈会纪要》等规范性文件。因此，严格意义上来说，被害人责任在我国只是酌定量刑情节。正因为此，有学者认为："被害人的过错，既可能导致被告人的动机值得宽恕，也可能导致被告人的期待可能性减少，因而成为酌定从宽处罚情节。"〔3〕只是在现有研究中，还没有学者在酌定量刑情节的列举中说到被害人责任而已。当然，也许有人会认为，我国的规范性文件虽然不是严格意义上的法律，但在司法实践中与法律具有同等效力，某种被害人责任情形在这些规范性文件中进行了规定，就相当于法定化了，因此这些被害人责任情节就属于法定量刑情节。这样的认识是不正确的。我们不能因为规范性文件在实践中有效力就认同其与法律具有同等的地位，否则法律的外延将失去边界，进而导致法律与政策的混同。而且，法定量刑情节，简而言之，就是指法律明文规定的量刑情节，且此法律仅指狭义上的法律，即制定权和修改权只在于全国人民代表大会及其常务委员会的法律。因此，还不能说被害人责任在我国属于法定量刑情节。

二、被害人责任作为酌定量刑情节在实践中存在的问题

在现实生活中，存在被害人责任的案件并非少数，尤其是在暴力犯罪中。20 世纪 60 年代，美国暴力犯罪原因和预防国家委员会（National Commission on the Causes and Prevention of Violence，NCCPV）第一次就被害人在街头犯罪中的作用展开研究。他们对美国 17 个城市的警察档案中的报告进行抽样，得出被害人促成的杀人案（指的是死者是首先诉诸武力的人）占到了所有杀人案件的 22%。在所有严重伤害案中，大约 14% 的案件被认为是被害人促成的

---

〔1〕　喻伟主编：《刑法学专题研究》，武汉大学出版社 1992 年版，第 320 页。
〔2〕　付立庆：《刑法总论》，法律出版社 2020 年版，第 378 页。
〔3〕　张明楷：《刑法学》（上），法律出版社 2021 年版，第 765 页。

（遭受严重伤害的人首先使用了暴力或是挑衅性语言和手势）。在 17 个城市中，被害人促成的武装抢劫案件占到所有抢劫案件的 11%，暴力强奸案件中被害人行为促成的占 4%。[1] 在我国，也有学者对被害人责任进行实证研究。比如，有学者选取人民法院网案例库中 2002 年至 2004 年间的 400 个故意杀人罪的案例进行分析，得出故意杀人案件中的被害人责任主要集中在情杀、财杀、报复杀人和家庭纠纷等较为典型的杀人案件中。其中被害人责任在情杀案中占 69.7%；在财杀案中占 52.8%；在家庭纠纷杀人案中占 54.9%；而在报复杀人案中则占到 100%。从总体上来看，有被害人责任的案件占 400 例抽样案件的 62.3%。[2] 并且，还有学者对暴力犯罪中被害人责任的诱因进行类似的实证研究。比如，有学者依据内蒙古自治区高级人民法院和深圳市中级人民法院 1995 年至 2000 年审结的全部凶杀案件资料进行归纳分析，结果显示凶杀犯罪被害人诱因构成较为复杂，集中在报复（26.4%）、双方争执（23.6%）、贪利（19.9%）、言行刺激（13.4%）四项，共占总数的 83.3%。[3]

然而，由于被害人责任在我国属于酌定量刑情节，也即在对犯罪人量刑时对其是否适用以及如何适用，都属于法官的自由裁量权的范畴。正因为此，在我国司法实务中，被害人责任这一量刑情节的适用存在着一些明显不合理的问题，而表现最为突出的就是对被害人责任不予认定。对此司法现状产生的具体原因和表现，有学者认为主要是：第一，认定标准不统一，量刑幅度差异明显；第二，缺乏司法技术理性，限制适用犯罪被害人过错量刑情节；第三，基于"严打"要求，不愿意适用犯罪被害人过错量刑情节；第四，受社会、民愤等因素影响，不敢适用犯罪被害人过错量刑情节；第五，"情绪化"司法，随意取舍犯罪被害人过错量刑情节；第六，重定罪、轻量刑，漠视犯罪被害人过错量刑情节。[4] 还有学者认为主要体现为认定标准的缺位、刑事政策的误读以及社会效果的盲从等几个方面。其中首要原因是没有被害人过错的认定与适用的标准。重要原因是对宽严相济刑事政策和"保留死刑、

---

〔1〕 参见［美］安德鲁·卡曼：《犯罪被害人学导论》，李伟等译，北京大学出版社 2010 年版，第 128-129 页。

〔2〕 参见高维俭、查国防：《故意杀人案件中加害人与被害人关系的实证分析》，载《中国人民公安大学学报（社会科学版）》2006 年第 2 期。

〔3〕 参见赵国玲、王佳明：《凶杀犯罪被害状况区域（深圳—内蒙古）比较研究》，载《华东政法学院学报》2004 年第 3 期。

〔4〕 参见崔建华：《论犯罪被害人过错制度的构建》，载《法律适用》2007 年第 9 期。

严格控制和慎重适用死刑"的死刑政策的误读。另外，在刑事审判不仅要追求法律效果而且还要追求社会效果的背景下，由于过度追求社会效果而不予以认定被害人责任。尤其是在被害人死亡的严重暴力犯罪中，为了摆脱被害人亲属的纠缠，避免激化被害人亲属，或者安抚被害人亲属等，[1]于是，被害人责任这一量刑情节就自然不再被纳入考量的范围。如在王某故意杀人案[2]中，最高人民法院的裁判理由就指出："被害人对引发犯罪有过错，属于对被告人酌定从轻处罚情节。在处理具体案件时，是否从轻处罚，要根据案件的具体情况确定。但在司法实践中，各地的做法有很大差异，特别是因被害人的过错引发的故意杀人等恶性案件，不少地方实际很少考虑这一情节。理由不外乎为：其一，酌定从轻情节，不是法律规定应当或可以从轻处罚的情节，不从轻不违法；其二，故意杀人等犯罪一向是打击重点，对被告人酌情从轻处罚不符合'严打'精神；其三，故意杀人等致被害人死亡的案件多为被害人亲属关注，以酌定从轻情节为由而不判处被告人死刑，不仅说服不了被害人亲属，有的还会引起被害人亲属闹事。"[3]正因为此，这甚至成为我国目前死刑被较多适用的原因之一。如陈兴良教授所言："在某些情况下，由于顶不住被害人亲属的压力，或者为减少不必要的麻烦，干脆对被告人判处死刑，使法院得以解脱。这正是中国目前在故意杀人罪中大量适用死刑的真实原因之一。"[4]

当然，在司法实践中，为了避免刺激被害人亲属的敏感神经，在形式上采取回避的态度，但出于法官的职业心和体现司法公正的理念，量刑时实质上考量被害人责任的情形也是存在的。正如有学者所说的："在刑法二元结构模式中，大多数法官往往谨慎地不愿认定被害人过错，甚至虽认定被害人过错但在量刑时不予考量。有的法官虽然内心认定了被害人过错，但在判决书

---

〔1〕　参见徐振华、王星光：《被害人过错的司法认定与适用》，载《法律适用》2012 年第 12 期。

〔2〕　王某故意杀人案：1996 年 1 月 12 日晚 10 时许，被告人王某得知其父出事即赶回家中，适逢兵器工业部 213 研究所职工董某某到其家，王某得知其父系被董某某所打，为此发生争吵、厮打。被告人王某用菜刀在董某某颈部、头、面部连砍数刀，将董某某当场杀死。后王某逃离现场。被告人王某于 1 月 14 日投案自首。对于该案，一审和二审法院都判处被告人王某死刑，缓期两年执行。

〔3〕　中华人民共和国最高人民法院刑事审判第一庭、第二庭编：《刑事审判案例》，法律出版社2002 年版，第 97-98 页。

〔4〕　陈兴良：《被害人有过错的故意杀人罪的死刑裁量研究——从被害与加害的关系切入》，载《当代法学》2004 年第 2 期。

中不予表述，而在量刑时进行实际考虑，使之变为量刑的隐性因素，例如，在可能适用死刑的案件中表述为：鉴于本案的具体情况，可以判处被告人死刑，不予立即执行。"[1]虽然这种采取形式上回避而追求实质上正义的做法，是一种现实的无奈，也是法官智慧的体现，但是，这毕竟不是法治社会所应当追求的形式正义，而且也不具有普适性，使司法中实质公正的获得取决于法官个人的品行和素养。

那么，如何妥当地解决现实中被害人责任情节的适用问题？笔者认为，一是可以将被害人责任情节予以部分法定化，即将其部分升格为法定量刑情节。这将于下文阐述。二是对于没有法定化的被害人责任情节，即酌定量刑情节，可以通过案例指导制度来予以认可适用。案例指导制度是最高人民法院于《人民法院第二个五年改革纲要（2004—2008）》中确立的，其中明确了指导性案例对于审判工作具有指导作用。2011年12月20日最高人民法院发布了第一批指导性案例。通过多年的司法实践，案例指导制度作为"人民法院加强和创新审判业务指导方式、统一裁判尺度的重要方面，对于实现裁判的法律效果和社会效果有机统一，维护社会公平正义，充分发挥社会主义司法制度的优越性，具有积极作用和重要意义。"案例指导制度当然可以也应当适用于有关被害人责任的案件审理中。

三、作为酌定量刑情节的被害人责任应当部分法定化

（一）作为酌定量刑情节的被害人责任部分法定化的理由

罪刑均衡自古以来都是司法活动中欲达到体现裁判公正性目的而孜孜以求的目标，也可以说是人类天生向往对等性的本能。"自从中国古代第一个法官皋陶开始断案以来，人们就一直在探求一种公正的裁判方法。大法官皋陶借助于獬豸来裁判是非，宋代的包公则借助于他的天眼来明察秋毫。这体现了人类受制于科技知识的发展进步，不得不将人们追求公平均衡的美好愿望寄托在神兽和智者身上，并赋予他们一种特异的功能，来代替人类实现其无

---

[1] 罗灿：《刑法三元结构模式下被害人过错的认定与适用——以侵犯人身权利命案为视角》，载《中国刑事法杂志》2011年第2期。

法实现的追求。"〔1〕然而，要实现罪刑均衡，主要又体现在裁判时对量刑情节的运用，其中除法定量刑情节的适用之外，又以酌定量刑情节的把握为难点。而酌定量刑情节的范围不仅过于宽泛且内容繁杂多样。正因为此，"自有刑法以来，就不曾有过绝对的罪刑均衡。尽管西方发达国家已进入法治社会，法官有着令人景仰的崇高地位，但因量刑而招致非议始终没有停止过。"〔2〕

　　然而，理论研究并没有及时回应现实的需求，我国对量刑情节的研究总体上还是处于不被重视的境遇。正如有学者曾指出，自20世纪80年代以来，随着现行刑法的颁行，刑法学研究一马当先。与其他草创的部门法学的研究相比，呈现一派繁荣景象。不过，这种"繁荣"景象在量刑情节研究中的表现，则仅仅是对累犯、自首、未遂犯等法定量刑情节的连篇累牍和不厌其详，对众多的酌定量刑情节则鲜有论及。〔3〕随着社会的发展，特别是法治社会的内在要求，公平正义观念的价值需求，对于量刑情节的研究，尤其是对酌定量刑情节法定化问题的关注，逐渐成为较多学者探讨的主题。较早就有学者指出，过于宽泛的酌定量刑情节游离于刑法具体明文规定之外，对刑事法治并非一件益事。这是因为，酌定量刑情节影响量刑，是法官自由裁量权在量刑中的具体体现。尽管从我国目前社会生产力发展水平及社会实际看，这种权力的存在是应该的，但由于法官的法律修养、法治意识、职业道德的差异，实践中对哪些情节是酌定量刑情节，在量刑时是应当考虑还是可以考虑，以及如何考虑从轻从重，做法极不一致，任由法官自由定夺，易生量刑偏差。因此，应根据需要和可能，缩小酌定量刑情节的范围，实现部分酌定量刑情节法定化。〔4〕还有学者指出，由于对酌定量刑情节的概念、内容等问题缺乏统一的认识，司法实践中，在不少审判人员的头脑中，对究竟什么是酌定量刑情节，到底有哪些酌定量刑情节，酌定量刑情节可以在多大程度上影响量刑等问题并没有一个明晰的印象，结果在运用中随意性很大，一些不能作为量刑情节的因素被当作量刑情节，而另一些应当作为量刑情节考虑的因素往往又被忽视，严重影响了量刑的公正、平衡和合理。而实现酌定量刑情节表

---

〔1〕 宋云苍：《贪污受贿案件量刑均衡问题研究》，载陈兴良主编：《刑事法评论》（第19卷），北京大学出版社2007年版，第406页。

〔2〕 刘守芬等：《罪刑均衡论》，北京大学出版社2004年版，第152页。

〔3〕 参见陈航：《应当重视量刑情节的研究》，载《甘肃政法学院学报》1996年第1期。

〔4〕 参见周静、张宝华：《酌定量刑情节范围探讨》，载《法学评论》1993年第6期。

现形式法定化是解决这一问题的有效途径。[1]这些观点后来也逐步被大多数人接受，也即在仍然认可酌定量刑情节的基础上，将部分酌定量刑情节予以法定化。正如有学者所说的："酌定量刑情节影响量刑，是法官自由裁量权在量刑中的具体体现，受法官的法律修养、法治意识等因素的影响。从我国的实际情况看，法官个体素质的差异，导致实践中容易产生量刑偏差。因此，应根据需要和可能，缩小酌定量刑情节范围，对司法实践中经常使用、条件具备、时机成熟的酌定量刑情节，应尽快通过立法程序使之法定化。"[2]

那么，被害人责任作为酌定量刑情节是否应当予以法定化呢？从国外的刑事立法来看，已如前文所述，是存在将被害人责任作为轻罚行为人的情节而予以规定的立法例，也即将被害人责任作为量刑情节予以了法定化。在理论界，针对我国被害人责任作为酌定量刑情节在司法实践中存在的问题，有学者提出："由被害人在刑法中的重要地位以及被害人过错在刑罚裁量中的重要影响所决定，应当在立法上将'被害人过错可以减轻或从轻犯罪人的刑罚'这一酌定情节法定化。"[3]也有学者建议："在西方，被害人的过错行为已经成为一种为人们所普遍接受的、法定的刑事责任的减轻事由。但在我国，关于被害人的过错行为及其刑法意义，除了正当防卫外，目前我国大陆地区刑法中没有作出明文规定。……主张借鉴国外的立法，将被害人过错行为这一酌定情节法定化。具体可选择一些典型的犯罪，如故意杀人罪、故意伤害罪和交通肇事罪等，明文规定其中被害人过错行为的形态及其刑法意义。"[4]还有学者认为，被害人过错上升为法定情节并无刑法理论和实践操作上的障碍。在刑法总则中确立具有普遍性、确定性、科学性的犯罪被害人过错制度，从立法技术上讲，可以填补刑法上的漏洞，增强刑法适用的统一性、约束性，提高刑法同犯罪作斗争的能力。同时，也可以使侦查人员在收集犯罪证据过程中，重视收集对犯罪人有利的证据即被害人过错的证据。[5]这些将被害人责任这个酌定量刑情节予以法定化的观点得到了学界的普遍认可，并且一般

[1] 参见史克：《试论酌定量刑情节》，载《法律适用》1995年第4期。
[2] 任克勤：《被害人学新论》，广东人民出版社2012年版，第117页。
[3] 高铭暄、张杰：《刑法学视野中被害人问题探讨》，载《中国刑事法杂志》2006年第1期。
[4] 张少林、卜文：《论被害人过错行为的刑法意义》，载《河南公安高等专科学校学报》2010年第2期。
[5] 参见崔建华：《论犯罪被害人过错制度的构建》，载《法律适用》2007年第9期。

都认为并非将所有被害人责任情节都予以法定化，而是将部分被害人责任情节予以法定化。这是既理性又符合实际的看法。对此，可做如下的进一步阐释。

首先，作为酌定量刑情节的被害人责任法定化，也即予以规范化、制度化，有利于实现司法过程的公平正义。因为"人们遵守法律的主要原因在于，集体的成员在信念上接受了这些法律，并且能够在行为体现这些法律所表达的价值观念。一个人对规则的忠诚来自于这些规则有能力表达他参与其中的共同目标，而不是来自于担心规则的实施所伴随的伤害威胁。"[1]于是，将被害人责任予以法定化，就相当于把被害人和行为人都纳入了"有能力表达他参与其中的共同目标"的规则，从而此规则成为他们共同遵守的基础，同时也是法官行使裁量权的依据。又由于"规范性制度的存在以及对该规范性制度的严格遵守，乃是在社会中推行法治所必须依凭的一个不可或缺的前提条件。"[2]再如罗斯科·庞德（Roscoe Pound）所说的："我们认为正义并不意味着个人的德行，它也并不意味着人们之间的理想关系，我们认为它意味着一种制度。"[3]所以，被害人责任法定化与法治社会的目标及司法所追寻的公平正义价值目标的实现是相契合的。

另外，附随于被害人责任法定化从而体现司法公平正义的是给法官裁量权的行使提供了制度支持。这犹如约瑟夫·拉兹（Joseph Raz）对法律的社会功能的论述："法律的社会功能从有利的角度可以分为直接功能（direct functions）和间接功能（indirect functions）。直接功能是由法律的遵守和适用所确保完成的功能。间接功能是由因人们的态度、情感、观念以及法律遵守和适用以外的行为模式所实现的功能，它是承认法律的存在以及遵循和适用法律的结果。"[4]被害人责任法定化而体现的司法公平正义相当于拉兹所说的法律的社会功能中的直接功能，被害人责任法定化给法官裁量权的行使提供的制

---

[1] [美] R. M. 昂格尔：《现代社会中的法律》，吴玉章、周汉华译，译林出版社 2001 年版，第 29 页。

[2] [美] E·博登海默：《法理学：法律哲学与法律方法》，邓正来译，中国政法大学出版社 1998 年版，第 239 页。

[3] [美] 罗斯科·庞德：《通过法律的社会控制》，沈宗灵译，商务印书馆 1984 年版，第 32 页。

[4] [英] 约瑟夫·拉兹：《法律的权威：法律与道德论文集》，朱峰译，法律出版社 2005 年版，第 147 页。

度支持相当于法律的社会功能中的间接功能。于是，被害人责任法定化使法官行使裁量权有了制度支持，给被害人一方带来的压力设置了一道屏障，从而使法官在遵循内心公平正义情感的基础上敢于考虑被害人责任因素。

当然，被害人责任予以法定化也是对法官自由裁量权的一种限制，正如美国法律哲学家 E·博登海默所说的："通过一个行之有效的公法制度，它可以努力限定和约束政府官员的权力，以防止或救济这种权利对确获保障的私人权益领域的不恰当侵损、以预防任意的暴政统治。"[1]虽然我国司法实践对于被害人责任这个酌定量刑情节适用的问题中，主要存在不予考虑被害人责任因素的情形，但也不排除存在以此为由而轻纵犯罪人的情形。因此，被害人责任法定化也就在此问题上适当地压缩了法官自由裁量权的行使空间，从而能够更有利于实现司法中公平正义的价值目标。

其次，被害人责任的繁杂多样和标准难定使得对其予以法定化只能是部分的法定化。由于被害人责任的产生既可以是违反刑事法的行为，又可以是违反行政法或民事法的行为，甚至可以是违背社会公共道德的行为，而且被害人责任的表现形式纷繁复杂、千态万状，对其认定的标准也是千差万别、难以统一。于是，学界对被害人责任的表现形式采取了列举的方式，比如，"在暴力犯罪中主要有口角、争吵及互殴，寻衅滋事，制造纠纷，作风不检点，通奸及其它非法的性行为，拖欠债务，刺激甚至首先动手，态度过分无理或粗暴，企图通过欺骗、敲诈及不正当两性关系牟取不正当利益，参与违法犯罪活动，以及无知、轻信，疏忽大意，态度暧昧，等等。"[2]国外的研究也有类似的举例。根据被害人责任程度的大小进行划分，责任程度小的被害人责任表现如下，如在杀人犯罪中，有爱情关系的男女一方表现出的冷淡态度而使对方感到失恋以致诱发其加害的敌意，杀死被害人，口头侮辱刺激了加害人的心理隐痛，而诱发敌意以致杀死被害人。与加害人责任程度相同的被害人责任表现如下，如双方因琐事发生争吵，互相挑衅，结果造成伤害、杀人等犯罪中的被害人责任。比加害人责任大的被害人责任表现如下，如在杀人犯罪和伤害犯罪中，没有正当理由便对加害人实行殴打等攻击，或口头

---

[1] ［美］E·博登海默：《法理学：法律哲学与法律方法》，邓正来译，中国政法大学出版社1998 年版，第 233 页。

[2] 郭建安主编：《犯罪被害人学》，北京大学出版社 1997 年版，第 157 页。

上表示要伤害对方的意图，以致自己遭受加害人攻击的被害人。〔1〕当然，实际情况的繁杂多样远远超过所能列举的样态，而举例只是给我们提供了概括性理解的类型轮廓而已。

若从司法实践来看，有学者从国家法律法规库中搜索包含被害人责任分析的判决书，将提炼出的被害人责任的表现形式分为不道德行为、行政违法行为、民事违法行为、犯罪行为以及其他过错行为几大类。其中，不道德行为有：长期打骂、滋扰被告人（被害人自己的父母）；破坏他人婚姻；挑拨被告人夫妻关系；辱骂被告人。行政违法行为有：殴打被告人；参与斗殴活动；违反《中华人民共和国铁路法》的有关规定，在铁轨上坐卧；违反道路交通法规，逆向行驶；擅自一人随意在检查站以外的道路上拦截车辆和进行流动检查，违章执法；酒后滋事；调戏被告人之妻；身为国家干部，组织参与赌博；违反国家金融政策的规定，盲目参与非法集资；明知无证驾驶农用车不能拉人因怕走路而乘坐；违法经营地下六合彩，在开奖时间过后出售彩票。民事违法行为有：拒绝还款；未遵医嘱服药；克扣工资费用；民事侵权行为。犯罪行为有：故意伤害被告人；强暴被告人；对被告人长期实施家庭暴力。其他过错行为有：明知不让捡拾垃圾并有人扔砖块等硬物驱赶，可能受伤；未彻底治疗自行出院。〔2〕虽然以上各种被害人责任的情形有些被法院采纳，有些并未被采纳，但是，据此可以看出实践中作为酌定量刑情节的被害人责任的表现形式种类之多、范围之广、类型之杂。

被害人责任表现形式与认定标准的繁杂多样和难以统一，既有可能是被害人自身原因，也有可能是外界因素尤其是行为人的情形所导致。比如，在1954年英国的 Director of Public Prosecutions v. Bedder 案中，十七岁的被告人Bedder 被医生告知阳痿。即使如此，被告人仍然去找了妓女，当妓女嘲笑他不能成功时，他在暴怒之下杀死了对方。在审判时，法官认为被告人阳痿是不相关的事实，指示陪审团不要考虑。上诉时，Bedder 声称阳痿使自己情绪敏感，当被害人嘲笑他时，他不是作为一名常人，而是作为高度敏感的人进行反应的。英国上议院驳回了 Bedder 的上诉，维持了审判法院的判决。但对

〔1〕　参见张智辉、徐名涓编译：《犯罪被害者学》，群众出版社1989年版，第36-37页。
〔2〕　参见张少林：《被害人行为刑法意义之研究——以司法实例为研究样本》，法律出版社2015年版，第209-210页。

此案件有人认为，对常人来说，妓女的嘲笑无足轻重，可是对 Bedder 来说，这就是极为严重的冒犯。[1]也就是说，被害人的行为是否可以成为影响行为人刑事责任的被害人责任，行为人的情形也有可能作为考量的因素。当然，像时间、地点、文化传统等外界环境也有可能成为判断被害人责任的因素。总而言之，对被害人责任的判断往往并非只是对被害人行为的判断，而是一个综合性的判断。正因为此，将作为酌定量刑情节的被害人责任予以法定化，不可能也没必要全部予以法定化，而只能进行部分法定化，也即予以有选择、有区别地法定化。

（二）作为酌定量刑情节的被害人责任部分法定化的方案

既然作为酌定量刑情节的被害人责任应当予以部分法定化，那么又如何进行部分法定化较为恰当？这里既包括应当予以法定化的被害人责任的选取问题，又包括立法上的规定方式问题。

首先，关于予以法定化的被害人责任的选取问题。有学者曾提出，在认定被害人的过错是否存在时，应当严格限定被害人过错的条件：其一，过错行为的主体只限于被害人自身，他人不能代替；其二，被害人自身行为具有不良的特征，在现实形态上，主要表现在对"社会公序良俗道德规范的违反"，也可能是对有关法律、法规、其他规章制度的违背；其三，过错行为与犯罪者的犯罪行为或结果应当有密切的关联；其四，行为的过错性要达到一定程度，才能作为被害人过错加以认定。不能无限扩大被害人过错的范围。[2]该提法并非针对被害人责任法定化的条件，而是提出影响行为人刑事责任的被害人责任的条件。对此，笔者认为，该条件可以作为被害人责任法定化的前提条件，这也是法定化的形式要求，但不应该成为被害人影响行为人刑事责任的条件。也即，对影响行为人刑事责任的被害人责任，除需要法定化的之外，不应当设置限制性条件。因为部分被害人责任法定化后，其他被害人责任就属于酌定量刑情节，由法官根据自己的自由裁量权来予以认定。虽然可能会出现迈内克所说的，"那些握权在手的人会受到诱惑，将权力扩大

---

〔1〕 参见蒋鹏飞：《作为辩护理由的被害人过错：概念界定、理论基础与认定标准》，载《中国刑事法杂志》2009 年第 8 期。

〔2〕 参见周晓杨、陈洁：《刑事被害人过错责任问题研究》，载《法学杂志》2003 年第 6 期。

到正义与道德所规定的范围以外。"〔1〕但是，法官的自由裁量权并非不受限制的，犹如美国大法官 Marshal 曾说的："当法官行使裁量权时，它只是法律上的裁量。裁量的行使，是为辨别法律所规定的方向；而一旦方向辨别后，法官即有义务遵从此方向，因此，司法裁量权的行使，绝不是用以表现法官的意愿……而是为表现法律的意愿（the will of law）。"〔2〕故而，我们没有必要再对作为酌定量刑情节的被害人责任设置限制条件，应当由法官在其"辨别法律所规定的方向"上进行裁量，需要设置限制条件的应该是作为法定量刑情节的被害人责任。由于法定化需要具有一定的明确性和可操作性，且往往针对的是较为显性的行为。故上述学者提出的限定被害人责任的条件，可以作为被害人责任法定化的前提条件。也即该限制条件可以成为被害人责任法定化时选取被害人责任的大致轮廓或边界，至于在法条中如何具体表述，则另当别论。

其次，关于予以法定化的被害人责任在立法上的规定方式问题。对此，学界提出过多种方案。如有学者提出，对于被害人法律上的过错以及严重侵害犯罪行为人及其近亲属或社会公共利益的道德、习惯上的重大过错，应当在刑法总则中明确规定"可以从轻或减轻处罚"，使其成为法定量刑情节。而对于违背伦理道德的一般过错或违反习惯的一般过错，不必列为法定从宽情节，仍交法官自由裁量。之所以考虑在总则中规定，是因为：其一，我国刑法分则规定的各罪的法定刑幅度均比较大，法官行使自由裁量权有充分的余地；其二，被害人过错引发的案件类型很多，从立法技术上看，也不宜在分则中规定。〔3〕还有学者建议，"由于被害人责任的存在涉及案件种类较多，从立法技术上考虑，宜在刑法总则中作出规定，这样同时能关照到我国刑法分则规定的各罪的法定刑幅度比较大，不必担心法官行使自由裁量权限制的特点。"〔4〕但是，也有人认为，被害人过错不仅可以在刑法总则中作出原则性的规定，也可以在刑法分则中作出具体规定，只是应当选择一些典型的犯罪，特别是一些互动性较强、被害人过错行为复杂多样的侵犯人身权利犯罪，将

---

〔1〕　［美］E·博登海默：《法理学：法律哲学与法律方法》，邓正来译，中国政法大学出版社1998年版，第363页。

〔2〕　梁根林、张立宇主编：《刑事一体化的本体展开》，法律出版社2003年版，第289-290页。

〔3〕　参见王新清、袁小刚：《论刑事案件中的被害人过错》，载《中国刑事法杂志》2008年第2期。

〔4〕　王瑞君：《论被害人责任的刑法意义》，载《东岳论丛》2009年第12期。

被害人过错行为影响量刑的内容直接在法条中体现出来，以解决量刑实践中运用该情节不统一、不均衡的问题。[1]

笔者认为，法定化的作为量刑情节的被害人责任在刑法总则中可以进行原则性的规定。因为"一项'规则'就是一项有确定的范围和适用的规范。这更多地是一个功能和愿望的问题，而非一个逻辑或形式的问题。任何抽象的规范都不可能完全决定一项具体的判决或一种具体的行为步骤。"[2]所以，我们将作为量刑情节的被害人责任在刑法总则中予以规定时也不应过于微观，理应与仿照其他法定化量刑情节作出原则性的规定。比如，《刑法》第61条的规定："对于犯罪分子决定刑罚的时候，应当根据犯罪的事实、犯罪的性质、情节和对于社会的危害程度，依照本法的有关规定判处。"于是，对被害人责任的原则性规定，可以在《刑法》第61条中增加一款："被害人因故意或过失实施不正当行为，并与犯罪的发生有因果关系的，可以根据被害人责任的程度，对犯罪人应当从轻、减轻或免除处罚。"如此，使一定程度的被害人责任成为法官量刑时必须考量的因素。

另外，鉴于我国的刑事立法现实、刑事司法环境以及历史文化传统，刑法分则中可以对涉及被害人责任的罪名再予以具体规定。不过，在分则中的规定，只限于对于一些常发的侵害人身权利的互动犯罪，如在故意杀人罪、故意伤害罪中，将被害人责任作为犯罪人量刑的法定情节进行规定。从我国的刑事立法现实来看，这就像我国刑法总则中虽然有"根据犯罪的事实、犯罪的性质、情节和对于社会的危害程度"的原则性规定，而在具体罪名中也有一些具体规定一样，如《刑法》第237条规定的强制猥亵、侮辱罪："以暴力、胁迫或者其他方法强制猥亵他人或者侮辱妇女的""聚众或者在公共场所当众犯前款罪的"之规定。从我国的刑事司法环境来看，法官素质及专业能力参差不齐，以及迫于被害人亲属的压力，法官量刑时往往抱着"反正也没有违法""多一事不如少一事"的心态，不愿甚至不敢在对犯罪人量刑时考虑被害人责任因素。被害人责任法定化以后也即将此作为量刑时必须考虑的情节，既可以缩小同案不同判的量刑空间，也可以缓解法官适用被害人责任时

---

〔1〕 参见张少林：《被害人行为刑法意义之研究——以司法实例为研究样本》，法律出版社2015年版，第237-238页。

〔2〕 〔美〕P. 诺内特、P. 塞尔兹尼克：《转变中的法律与社会：迈向回应型法》，张志铭译，中国政法大学出版社2002年版，第67页。

来自被害人亲属的压力。从我国的历史文化传统来看，"复仇""杀人偿命""人死为大"等观念根深蒂固，从而导致被害人亲属甚至作为裁判者的法官往往更多的是关注最终的结果，而较少顾及产生结果的原因和过程，尤其是在故意杀人和故意伤害的案件中。将被害人责任法定化后可以通过制度的约束来纠正这种体现在个案中的非理性的惯性。

至于刑法分则中具体如何规定，有学者建议，在第 232 条故意杀人罪中增设第 2 款："由于被害人的严重刺激、挑衅、迫害、威逼等行为，使犯罪人在精神亢奋状态下实施激情杀人或义愤杀人的，可以从轻或减轻处罚。"在第 234 条故意伤害罪中增加为第 2 款："被害人有过错的，可以根据过错程度对行为人从轻或者减轻处罚。"[1]笔者对此总体予以认可。不过，考虑到因被害人责任而减少对犯罪人惩罚的档次递减性，同时也是为了与因被害人责任而对行为人免责的衔接，应当再加上"免除处罚"这一免罚档次。并且，法条的表述中应体现出行为人实施杀人或伤害行为是针对有责任的被害人，否则就存在被解释为包括因被害人责任而实施不针对被害人的杀人或伤害行为的可能性。另外，对现实中被害人的行为不可能完全列举，故只能对行为人具有引诱和刺激两个方向的被害人行为予以列举。于是，可以在第 232 条故意杀人罪中增设第 2 款为："因被害人的引诱或挑衅、侮辱、胁迫等刺激而对其实施杀害行为的，可以从轻、减轻或者免除处罚。"对于故意伤害罪中被害人责任情节的增设，由于被害人责任是轻罚行为人的因素，所以将其作为第 3 款较为妥当。这样可以将第 234 条故意伤害罪中增设的第 3 款表述为："因被害人的引诱或挑衅、侮辱、胁迫等刺激而对其实施伤害行为的，可以从轻、减轻或者免除处罚。"

另外，关于被害人责任作为量刑情节对累犯认定的影响，目前没有引起学界的关注，且根据现有的立法规定，也没有法律依据。不过，众所周知，累犯制度的设置，也即对累犯从重处罚，其根据为："曾经被科处刑罚，但是不吸取教训，又重新犯罪，因此，对其应当予以比对初犯者更加严厉的谴责，负担更重的责任。"[2]故累犯制度的设置主要是基于特殊预防的目的。那么，

---

〔1〕　参见张少林：《被害人行为刑法意义之研究——以司法实例为研究样本》，法律出版社 2015 年版，第 238 页。

〔2〕　〔日〕大谷实：《刑法讲义总论》，黎宏译，中国人民大学出版社 2008 年版，第 469 页。

根据我国《刑法》第 65 条的规定，得到普遍认可的观点认为，一般累犯成立的条件为：第一，行为人所犯前罪与后罪都是故意犯罪；第二，前罪被判处有期徒刑以上刑罚，后罪也应当被判处有期徒刑以上刑罚；第三，后罪发生在前罪的刑罚执行完毕或者赦免以后 5 年之内。[1]其中，将前后罪都限定为故意犯罪，主要是考虑到故意犯罪的主观恶性深和人身危险性大，其再犯可能性也大，故基于特殊预防的目的予以从重处罚。但是，故意犯罪未必一定都是主观恶性深和人身危险性大，也即行为人再犯可能性未必一定就大，也就未必必须进行"特别"的特殊预防。比如，大义灭亲或防卫过当等存在被害人重大责任的情形，虽然是故意犯罪，可是行为人再犯可能性是极其微小的。所以，笔者认为，应当将被害人重大责任的情形在累犯的构成中予以考虑，建议将《刑法》第 65 条第 1 款可以修改为："被判处有期徒刑以上刑罚的犯罪分子，刑罚执行完毕或者赦免以后，在五年以内再犯应当判处有期徒刑以上刑罚之罪的，是累犯，应当从重处罚，但是过失犯罪、被害人有重大责任的犯罪和不满十八周岁的人犯罪的除外。"

---

[1] 参见《刑法学》编写组：《刑法学》（上册·总论），高等教育出版社 2019 年版，第 333-334 页。张明楷教授认为："刑法第 65 条第 1 款的但书，只是对后罪的限制，而不是同时也限制前罪。从实质上说，对累犯从重处罚的根据是行为人无视以往徒刑的体验而再次犯罪。只要以往的过失犯罪所判处的是有期徒刑以上刑罚，而且行为人体验了该徒刑却再次故意犯罪，则表明其无视以往徒刑的体验，因而具备累犯的从重处罚根据。难以认为，故意犯罪与过失犯罪所体验的徒刑存在区别；换言之，不能认为，行为人因过失犯罪体验徒刑后再犯罪的，不能表明其再犯罪可能性大，于是将前罪限定为故意犯罪。"张明楷：《刑法学》（上），法律出版社 2021 年版，第 728 页。

犯罪被害人责任与相关类罪

在有被害人（自然人或单位）的犯罪中，就存在被害人责任之情形的可能性。因为"犯罪因关系而产生、发展、变化，因关系而获得解释。关系也是个过程，是此消彼长、平衡与失衡的交替过程。犯罪的任何改变与其说是犯罪本身的改变，不如说是犯罪关系中要素之间关系的改变。"[1] 而被害人责任当然属于犯罪关系中的要素之一。不过，在不同类型的犯罪中，被害人责任的表现、形成以及对其予以否定评价（在刑法上即表现为对犯罪行为人刑事责任的影响）等，也因犯罪类型的不同而存在着差异。在此，将以杀人犯罪、性犯罪、诈骗犯罪等几种具有代表性的犯罪类型为例探讨其中被害人责任的相关问题。

第一节　杀人犯罪被害人责任

一、杀人犯罪的范围限定

所谓杀人，若只是从字面的含义来理解，就是剥夺人的生命的行为，理应包括正当与非正当的情形。但是，无论是从生活习惯还是从犯罪学、刑法学等研究角度来看，"杀人"所表述的都是非正当地剥夺人的生命，而正当的行为一般都不用其予以表述。[2] 由于人的生命权属于最高位阶的权利，对其

---

〔1〕　白建军：《关系犯罪学》，中国人民大学出版社 2005 年版，第 139 页。

〔2〕　这里的正当剥夺人的生命不是从结果意义上来说的，而是从是否是国家相应的机关被授权的角度来说的，比如执行枪决，这当然属于正当的，且符合"杀人"的字面含义，但一般不会将这种行为说成是"杀人"。另外，属于不正当也即没有相应国家机关被授权而剥夺人的生命的情形，若从结果意义上来看可能是正当的，比如特殊防卫中反杀的情形。

侵害是最难以被宽恕的，自古都对侵害生命权的行为给予严厉的惩罚。故而，在人们的观念中，杀人也就等同于杀人犯罪。不过，在我国剥夺自己生命的行为（即自杀）不被规定为犯罪，所以，杀人犯罪的含义就是不正当（或非法）地剥夺他人生命的行为。当然，这里的剥夺行为既包括积极的作为也包括消极的不作为，比如母亲故意将婴儿饿死的行为就属于不作为杀人。另外，从用语的习惯来看，"杀人"表达的行为人的主观是故意，也正因为此，我国对于过失致人死亡的情形，用的是"过失致人死亡罪"的罪名，而非"过失杀人罪"。

由于作为事实科学的犯罪学与作为规范科学的刑法学研究的目的和作用不同，所以，它们在对杀人犯罪的理解上也存在着差异。相比较而言，犯罪学中杀人犯罪的范围要广于刑法学中杀人犯罪的范围。即使从刑法角度而言，犯罪学中的杀人犯罪在我国除了被法院判定为故意杀人罪[1]的行为之外，还包括被法院判定为其他罪名的行为。故而为了对故意"不正当（或非法）地剥夺他人生命的行为"有客观全面的认识，必须结合我国《刑法》的规定进一步明确"杀人犯罪"的范围。具体而言，主要有以下两类：

第一类，《刑法》规定定为故意杀人罪的杀人犯罪。除了《刑法》第232条规定的故意杀人罪之外，还包括第234条之一第2款规定的组织出卖人体器官行为中"未经本人同意摘取其器官，或者摘取不满十八周岁的人的器官，或者强迫、欺骗他人捐献器官的"而导致死亡的情形；第238条第2款规定的非法拘禁行为中使用暴力致人死亡的情形；第247条规定的刑讯逼供和暴力取证行为中致人死亡的情形；第248条第1款规定的虐待被监管人行为中致人死亡的情形；第289条规定的聚众"打砸抢"行为中致人死亡的情形；第292条第2款规定的聚众斗殴行为中致人死亡的情形。对于这些情形法律明确规定应当定为故意杀人罪。

第二类，《刑法》规定定为其他罪名的杀人犯罪。这里需要注意的是，并

---

[1] 在我国直接规定杀人犯罪的罪名只有《刑法》第232条规定的故意杀人罪，而国外对此规定得较为细化，如，大陆法系国家中杀人犯罪除了规定杀人罪（即普通杀人罪）之外，有的还规定了谋杀罪、杀害尊亲属罪、同意杀人罪、毒杀罪、残酷杀人罪、便利杀人罪、诱导杀人罪等不一而足；英美法系国家中杀人犯罪一般分为谋杀罪和非预谋杀人罪两大类，非预谋杀人罪又分为非自愿的非预谋杀人和自愿的非预谋杀人。参见赵秉志主编：《外国刑法各论》（大陆法系），中国人民大学出版社2006年版，第14-15页；参见张旭主编：《英美刑法论要》，清华大学出版社2006年版，第215页。

非罪名中包含死亡结果的都纳入杀人犯罪的范畴，而主要是指能够直接剥夺且故意剥夺他人生命的行为，只是《刑法》根据侵犯的主要客体而设置了相应罪名或予以特别规定的情形。比如，《刑法》第 115 条第 1 款规定的放火罪、决水罪、爆炸罪、投放危险物质罪、以危险方法危害公共安全罪中造成死亡结果的情形；第 239 条规定的绑架罪中杀害被绑架人的情形；第 263 条规定的抢劫罪中致人死亡的情形等。对于这些情形法院不是定为故意杀人罪，而是定为法条规定的相应罪名，但这些犯罪在犯罪学中都是杀人犯罪。

二、杀人犯罪被害人责任与杀人动机

（一）杀人犯罪的动机

杀人犯罪的动机就是实施杀人犯罪的行为人的内心起因。日本有学者曾通过调查认为杀人犯罪的动机可以分为九种：利欲、爱欲（情欲）、怨恨憎恶、爱情纠纷、性冲动、吵架斗殴、激愤、不和、其他。[1]当然，对于杀人犯罪的动机若要归纳得清晰完整，也许不可能，毕竟我们根据现有的认知只能进行一些有限的归纳。但是，我们能做的也仅此而已。于是，笔者也只是根据现实已经发生的杀人犯罪情形，将杀人犯罪的动机归纳为以下几类：

（1）报复社会。就是因对社会不满而对不特定对象实施杀害行为。比如，2005 年 9 月 11 日艾某某为报复社会在北京王府井开车撞人群，2018 年 6 月 28 日黄某某为报复社会在上海世界外国语小学校门口砍杀学生。

（2）排泄情绪。就是为排泄自己的情绪而滥杀无辜。比如，日本新干线无差别砍人案中，来自爱知县冈崎市的疑犯小岛，被捕后向警方供称："在列车上心情郁闷，继而萌生杀意，认为砍谁都好"。[2]

（3）引起关注。就是为引起社会或特定人的关注而杀人。比如，欣克利刺杀里根案中，刺客约翰·欣克利就说，他刺杀罗纳德·里根就是为了以此博得女演员茱迪·福斯特的注意。[3]

---

〔1〕 参见张智辉、徐名涓编译：《犯罪被害者学》，群众出版社 1989 年版，第 49 页。

〔2〕 参见《日本新干线无差别砍人案致 1 死 2 伤，嫌犯：心情郁闷 砍谁都行》，载 https://mil. news. sina. com. cn/2018-06-10/doc-ihcufqif0823591. shtml，最后访问日期：2023 年 5 月 10 日。

〔3〕 参见《杀人成名 为引关注暗杀里根》，载 http://news. sina. com. cn/w/2009-11-29/040616685188s. shtml，最后访问日期：2023 年 5 月 10 日。

（4）试胆抱团。就是为了测试或提升胆量以及形成不法团伙成员之间的制约关系而杀人。比如，广西桂林市中级人民法院判决一件于 2004 年 10 月 1 日晚上为了试胆量而杀害无辜路人案中的行为人。[1]再如，为了使他人入伙或形成成员之间的制约关系而逼迫其杀人。

（5）扫除障碍。就是杀害对自己未来生活形成障碍的被害人。比如，犯罪人因婆婆以其与之生辰八字相克为由不让其住在自己家中而杀害婆婆。再如，卖淫女将曾经与自己发生性关系的 10 个人的名字告诉其未婚夫，其未婚夫欲与该卖淫女做长久夫妻，怕那些人活着会笑话他，故二人合谋将曾经与卖淫女发生过性关系的 10 人一一杀死。[2]

（6）经济纠纷。就是指在经济往来的过程中因利益分配、赖账违约、拖欠支付等方式而产生的经济纠纷引发了杀人行为。比如，外来务工人员由于年终讨要工钱不能而杀害包工头。

（7）感情纠纷。这主要是指因恋情、婚外情或者与他（她）人发生感情纠葛而实施了杀人行为，被害人也主要是情人、情敌或配偶。

（8）忍无可忍。这主要是指犯罪人对于长期的侵害或当场的侮辱不能忍受而杀害被害人。比如，长期受到家暴的妻子杀害丈夫，或者被害人欲性交而犯罪人不能之时对其进行谩骂、侮辱遭致被杀。

（9）满足性欲。因此动机而杀人的主要有两类，一是先强奸或猥亵再将被害人杀死，二是先杀死被害人再进行奸尸。

（10）怨恨复仇。就是对自己过去的怨恨进行复仇而杀害仇恨者及其相关人员。比如，米脂县赵泽伟因上初中时受欺负而埋下怨恨，初中毕业十余年后回母校对学生持刀行凶。[3]再如，2008 年 7 月 1 日上午上海发生的杨佳故意杀人案中，杨佳对之前在派出所受到警察的侮辱和殴打（被告人和公安机关说法不一致）怀恨在心，于是跑到闸北（现已合并为静安区）公安分局杀死了 6 名警察。怨恨复仇的动机与报复社会的动机主要区别在于针对的对象不同，前者针对的是特定的对象，而后者针对的是不特定的对象。

---

〔1〕 参见卢荻等：《为试胆量竟打死无辜路人 3 名荒唐狂徒分别被判刑》，载 http://news.sina.com.cn/o/2006-03-30/08328566564s.shtml，最后访问日期：2023 年 5 月 10 日。

〔2〕 参见郭建安主编：《犯罪被害人学》，北京大学出版社 1997 年版，第 171 页。

〔3〕 参见赵天水：《我国无差别杀人犯罪的研究现状、社会原因及预防——以菲利三要素说为视角》，载《犯罪研究》2018 年第 6 期。

（11）憎恶泄愤。就是对被害人的行为极其憎恶而泄愤杀人。比如，把抓获的小偷打死。其与排泄情绪的不同主要在于被害人在此是特定的且具有不当行为，而排泄情绪针对的是无辜的被害人。

（12）劫取财物。就是为了劫取财物或者在劫取财物的过程中杀害被害人。比如，2020年杭州警方破获的19年前曾轰动全国的富阳灵桥镇外沙村特大抢劫杀人案。

（13）逼取事实。就是在逼取被害人说出事实的过程中或之后剥夺了其生命。如刑讯逼供过程中导致被害人死亡。

（14）善意怜悯。就是出于对被害人的善意和怜悯而经其同意剥夺被害人的生命。比如，作为中国"安乐死"的第一案，即1986年6月28日陕西汉中市某医院的医生，为肝硬化晚期腹胀伴严重腹水而痛苦不堪的患者实施安乐死。

（15）其他动机。这里主要是指上述归纳的杀人动机之外的情形，如政治影响、宗教偏见、种族歧视，甚至对某一类群体（如同性恋）的憎恨等。像国际恐怖主义、宗教极端主义、民族分裂主义的犯罪活动即为典型。

社会上杀人犯罪的动机种类虽然很多，但是，从发生的杀人犯罪的现实来看，各种动机而产生的杀人犯罪概率是存在差异的。有学者根据研究样本的选取进行统计分析，发现故意杀人罪的诱因主要有家庭纠纷、情感纠纷、一般口角纠纷、经济纠纷和邻里纠纷等，其中又以家庭纠纷和情感纠纷所引发的杀人犯罪所占比例最高。这也说明故意杀人的起因大多数并非源于特别重大事件或者无缘无故害人性命，而往往是生活矛盾得不到妥善化解。由于杀人动机是促使行凶者基于某种需要而实施杀人行为的内心起因，故而大多起因于普通的生活纠纷，即由日常生活交往受挫而引发的杀人行为，主要是出于维护自尊和权益的需要。所以，杀人案件的动机大多表现为人际交往的冲突。[1]根据学者们现有的研究成果，在笔者以上的杀人动机分类中，经济纠纷和情感纠纷是最常见的杀人犯罪的动机，其次是怨恨复仇、满足性欲、劫取财物和忍无可忍。

---

〔1〕 参见赵学军、陈佩诗：《故意杀人犯罪的特征分析及趋势预测》，载《中国刑警学院学报》2021年第3期。

（二）杀人犯罪被害人责任与杀人动机的关系

根据以上杀人犯罪的动机分类，有些杀人动机与被害人责任一般来说可能没有关联，只能说是被害人在不该出现的时间、地点或情形出现了，如报复社会、排泄情绪、引起关注、试胆抱团、善意怜悯，等等。但是，也不能完全排除被害人责任存在的可能性。因为有些犯罪人在实施杀人行为时无论是对象的选取还是时间地点的考虑也是有些倾向性的。此时被害人的一些不良习惯或生活方式（也即至少具有违背一般生活意义规范的被害人责任）可能更易于进入犯罪现场，成为杀人犯罪的被害人，如犯罪人为了试胆抱团而在歌舞厅寻找目标时，经常沉迷于歌舞厅的被害人被选中的概率就非常高。当然，有些杀人动机的确与被害人责任毫无联系，如善意怜悯等。通过学者们的实证研究，现实中因以上杀人动机而实施的杀人犯罪毕竟是少量的，正如学者所言："作为调查对象的杀人犯罪中的被害者，八成以上在一定程度上具有加害行为的诱因，反过来说，这些被害者在不同程度上存在着回避杀人结果的可能性。"[1]所以，对于杀人犯罪被害人责任与杀人动机的关系考察还是具有非常大的现实意义。

至于被害人责任与犯罪动机之间的关联性，曾有学者经实证研究得出："在犯罪行为发生之前，犯罪人的犯罪动机在很大程度上反映了犯罪人与被害人互相的结果。在犯罪动机与被害人责任之间，存在显性的统计关系。"[2]当然，这种结论虽然不是针对杀人犯罪做出的但也包含了杀人犯罪中的情形。至于杀人犯罪被害人责任与杀人动机之间存在着怎样的关系？笔者认为，主要存在着以下两种关系：

第一，杀人犯罪被害人责任引起了杀人动机。也就是说，杀人的内心起因往往在犯罪前并不存在，而是当犯罪人与被害人处于直面的关系中时，由于被害人的责任促发了矛盾的激化升级，从而引起了犯罪人杀人动机的形成。被害人责任在此犹如催化剂。这种情形主要发生在激情、义愤等杀人犯罪中，而且这也是社会中常发的杀人犯罪。有学者通过实证研究发现，故意杀人犯罪中激情犯罪的占比达到66.5%，所以，"在现实生活中，人际交往冲突有一部分属于长期的矛盾积怨所致，但大多则是由于言语不合或者事件处理失当

---

〔1〕 张智辉、徐名涓编译：《犯罪被害者学》，群众出版社1989年版，第74页。

〔2〕 郭建安主编：《犯罪被害人学》，北京大学出版社1997年版，第176页。

而引发，因而具有临时性和偶发性，这也就导致了杀人案件的发生往往表现为激情性而非预谋性。"〔1〕至于被害人责任引起义愤的形式，有学者在对我国生效判决书进行概览的基础上，认为很难归纳出一些较为统一的情形。但是，经常发生的情形主要有：一是因被害人言语上的侮辱、挑衅等轻度不合伦理道德的行为引起的义愤；二是被害人对行为人一方实施了殴打、虐待等严重违反伦理道德，足以引发公愤的行为引起的义愤。〔2〕当然，除了违背一般生活意义规范的被害人责任、违背道德规范的被害人责任之外，违反一般法律规范的被害人责任，甚至违反刑事法律规范的被害人责任，也更可能引起杀人动机。因为此时犯罪人面对的是更严重的不当行为——违法犯罪行为，无论是出于愤怒还是心中的正义，极易将此放大而实施超出公正底线的行为。

比如，颜某等故意杀人案：2007 年 5 月 25 日 11 时许，颜某、廖某、韩某、何某（另案处理）在甲市某区 Z 镇方丈港村发现周某有盗窃自行车的嫌疑，遂尾随追赶其至 Z 镇的安达码头。廖某和何某用拳头打周某，颜某和韩某分别手持石块、扳手击打周某的头部等，致使周某头皮裂创流血。周某挣脱之后逃到鲁济宁 0747 货船时，颜某和廖某追至货船且将周某堵在船尾。后周某跳进河水，但游了数米即往回游，终因体力不支沉入水中。韩某赶到后与颜某、廖某均未对周某采取施救，直至周某不见踪影，才离船而去。甲市某区人民法院对颜某等人判处了故意杀人罪。〔3〕此案中被害人与犯罪人并不相识，更无积怨，只是由于实施了盗窃行为，使得犯罪人能够救助被害人而不予以救助，临时引起了杀人动机，从而构成不作为的故意杀人行为。

第二，杀人犯罪被害人责任实现了杀人动机。也就是犯罪人的杀人动机已经形成，只是由于条件还不完全具备而没有实施或者准备去实施杀人行为时，由于被害人责任行为的介入，杀人动机得以实现，从而实施了杀人行为。被害人责任在此犹如引爆器。根据现有的研究，这类案件在生活中发生的概率不是很高，但一旦发生其成功率很大。当然，犯罪之前杀人动机的形成原

---

〔1〕　赵学军、陈佩诗：《故意杀人犯罪的特征分析及趋势预测》，载《中国刑警学院学报》2021 年第 3 期。

〔2〕　参见智逸飞：《论义愤杀人的法律认定与法定化构建》，载《湖南警察学院学报》2020 年第 6 期。

〔3〕　参见陈兴良主编：《案例刑法研究（总论）》（上册），中国人民大学出版社 2020 年版，第 184-185 页。

因具有多种，如对社会不满欲报复社会、对某人长期积怨欲图复仇等，但被害人长期"对加害者身体或爱欲的侵害行为，在杀人动机的形成上起着重大的作用。这是必须引起重视的。"〔1〕较为典型的是家庭暴力下受虐妇女杀害丈夫的情形。

比如，李某杀夫案：李某于 2008 年因前夫"喝酒""不干活"而离婚，有一正在读书的未成年女儿。2009 年 3 月，李某不顾家人反对，与既是同事又是邻居的谭某结婚。谭某曾有三次婚史，育有一子。婚后两人经常发生争执，且每次吵架谭某都对其实施暴力，甚至用烟头烫伤其脸部、用斧头砍掉其左手手指。李某也曾多次报警和求助妇联，但换来的是谭某变本加厉地报复。2010 年 11 月 3 日晚 12 时许，在夫妻二人暂住的一处工地小卖部中，两人再次发生争执，李某用火药枪管打死谭某。随后，李某用菜刀将谭某分尸，且将头部用高压锅煮烂砍碎，剩余部分尸块装袋带出分次抛弃。2011 年 8 月 24 日，四川省资阳市中级法院以故意杀人罪判处李某死刑立即执行。〔2〕2017 年 9 月 8 日，四川省高级人民法院二审依法宣告被告人李某因故意杀人罪判处死缓。此案受到了社会各界的广泛关注。通过李某对被害人进行分尸煮尸之行为可以看出其对被害人之痛恨，显然对于一名女性来说不是短时间内能够产生的，杀死被害人之动机应该早已有之，只是在最后一次遭受身体的侵害和语言的侮辱时将此动机予以实现。

三、杀人犯罪被害人责任与定罪量刑

（一）杀人犯罪被害人责任对定罪的影响

正如在第三章中所述，定罪就是法院确定行为人（包括单位）是否构成犯罪、构成何种犯罪、一罪还是数罪、是否为共同犯罪以及某些犯罪属于何种犯罪形态的刑事司法活动。虽然学界一直对定罪的含义存在着争议，但其本质内容，是对被审理的案件事实与犯罪构成一致性的认定，这是得到普遍认可的。在大陆法系和英美法系的刑法中，一般均认可被害人责任对定罪的

---

〔1〕 张智辉、徐名涓编译：《犯罪被害者学》，群众出版社 1989 年版，第 55 页。

〔2〕 参见《李彦杀夫案始末——紧急挽救受暴妇女免死》，载中国发展简报网：http://www.chinadevelopmentbrief.org.cn/news-15999.html，最后访问日期：2022 年 3 月 28 日。

影响，认可的方式既表现为刑事立法上的明确规定，也表现为刑事司法判例上的肯定。[1]并且，西方国家的认可大多数也体现在杀人犯罪中。而在我国，刑法并没有对被害人责任作出明确规定，也即其不在犯罪构成要件之内，故被害人责任一般不影响对行为人行为的定性，也即不影响定罪（包括罪与非罪、此罪与彼罪）。不过，我国也存在着例外情况。对此，较为典型的就是交通肇事罪。因为在 2000 年 11 月 15 日公布的《最高人民法院关于审理交通肇事刑事案件具体应用法律若干问题的解释》中，明确规定了交通肇事罪的构成不仅要看造成的危害结果，还要考查被害人责任与行为人责任的比例，也即被害人责任成为交通肇事罪的构成条件之一。

除交通肇事罪之外，在正当防卫的认定中也体现了被害人责任，且这里也包含了杀人犯罪被害人责任的情形。根据我国《刑法》第 20 条第 3 款的规定："对正在进行行凶、杀人、抢劫、强奸、绑架以及其他严重危及人身安全的暴力犯罪，采取防卫行为，造成不法侵害人伤亡的，不属于防卫过当，不负刑事责任。"这就是刑法中的无过当防卫、无限防卫或称为特殊防卫。言下之意，被反杀的被害人存在"行凶、杀人、抢劫、强奸、绑架以及其他严重危及人身安全的暴力犯罪"等违反刑事法律规范即构成严重犯罪的被害人责任时，行为人即之前受到"行凶、杀人、抢劫、强奸、绑架以及其他严重危及人身安全的暴力犯罪"所侵害的人，即使导致这类侵害人（也即最终的被害人）死亡的，也不属于防卫过当，不负刑事责任，当然也就不构成犯罪。反过来说，也就是被害人若具有上述被害人责任类型之外的责任，致使被害人死亡的，应当属于防卫过当，就要负刑事责任，也即构成犯罪，且构成的罪名可能是故意杀人罪。在这里，杀人犯罪被害人责任的类型具有影响定罪中的罪与非罪的区分功能。

另外，杀人犯罪被害人责任也有影响定罪中的此罪与彼罪的区分功能。我国《刑法》第 238 条规定的非法拘禁罪中，明确规定为索取债务非法扣押、拘禁他人的，仍然按照非法拘禁罪的相关规定定罪处罚。也就是说此时应当定为非法拘禁罪，即使是致人重伤、死亡的，也应当定为非法拘禁罪。除非使用暴力致人伤残、死亡的情形，才定为故意伤害罪和故意杀人罪。不过，

---

〔1〕　参见张智勇、初红漫：《被害人过错与罪刑关系研究》，中国政法大学出版社 2013 年版，第 156 页。

为索取债务而非法扣押、拘禁他人的行为符合《刑法》第 239 条规定的绑架罪中"绑架他人作为人质"的构成要件，且该条明确规定，杀害被绑架人的，仍然定为绑架罪。但是，法律明确规定为索取债务扣押、拘禁被害人，也即存在被害人不偿还债务的被害人责任的情形，致人死亡的，应当定为非法拘禁罪，使用暴力致人死亡的，应当定为故意杀人罪，而都不是定为绑架罪。当然，这从另一个角度观之，也是由于被害人责任而减轻了犯罪人的刑事责任，但又不属于量刑的范畴。[1]因为根据立法上的规定，非法拘禁罪相对于绑架罪而言属于较为轻的罪。若以同样造成死亡结果的情形对两个罪进行比较，非法拘禁致人死亡定为非法拘禁罪处 10 年以上有期徒刑，使用暴力致人死亡定为故意杀人罪，最高刑为死刑。而绑架罪中故意伤害致人死亡或杀害被绑架人的情形都定为绑架罪，最低刑为无期徒刑，最高刑也是死刑。也就是说，为索取债务非法扣押、拘禁他人致其死亡的，定为非法拘禁罪，最低刑为 10 年有期徒刑，而若是定为绑架罪最低刑将是无期徒刑。显然，这里存在的被害人不履行债务的责任不仅导致罪名适用上的差异，也使得刑罚因适用较为轻的罪而得以减轻。

(二) 杀人犯罪被害人责任对量刑的影响

量刑是刑事司法中的重要环节，也是衡量审判活动的重要标准。所谓量刑，就是对犯罪人裁量决定刑罚，具体而言，就是第四章中所说的，指法院对行为人定罪之后的裁量犯罪人承担法律后果的审判活动。根据我国《刑法》第 61 条的规定："对于犯罪分子决定刑罚的时候，应当根据犯罪的事实、犯罪的性质、情节和对于社会的危害程度，依照本法的有关规定判处。"这就是量刑的最直接法律依据。被害人责任属于量刑的事实根据中的情节因素，即理论上所说的量刑情节。一般认为，量刑情节分为法定量刑情节和酌定量刑情节。其中，所谓法定量刑情节，就是指具有法律的明文规定，并且对量刑功能作出明确指引的情节；所谓酌定量刑情节，就是指没有法律的明文规定，由司法者在裁量刑罚时酌情予以考虑的情节。[2]从严格意义上来说，在我国，

---

[1] 这里主要是因为被害人责任已经在犯罪的定性中予以考虑，故在量刑时就不应该再予以考虑，以避免对同一事实进行两次评价。在此就是由于被害人具有不偿付债务而产生的被害人责任，对其予以考虑的结果是将行为人的行为认定为较轻的非法拘禁罪。

[2] 参见付立庆：《刑法总论》，法律出版社 2020 年版，第 374 页。

被害人责任除了在防卫过当中属于法定量刑情节之外，在其他情形中都属于酌定量刑情节。

不过，我国对于杀人犯罪中死刑的适用，有规范性文件对被害人责任影响犯罪人的刑事责任作出了规定。与之相关的内容已经在第四章予以呈现，为了本章的需要对此再选取例举。比如，1999 年 10 月 27 日最高人民法院印发的《全国法院维护农村稳定刑事审判工作座谈会纪要》提出："对故意杀人犯罪是否判处死刑，不仅要看是否造成了被害人死亡结果，还要综合考虑案件的全部情况。对于因婚姻家庭、邻里纠纷等民间矛盾激化引发的故意杀人犯罪，适用死刑一定要十分慎重，应当与发生在社会上的严重危害社会治安的其他故意杀人犯罪案件有所区别。对于被害人一方有明显过错或对矛盾激化负有直接责任，或者被告人有法定从轻处罚情节的，一般不应判处死刑立即执行。"2007 年 1 月 15 日印发的《最高人民法院关于为构建社会主义和谐社会提供司法保障的若干意见》指出："对于因婚姻家庭、邻里纠纷等民间矛盾激化引发的案件，因被害方的过错行为引发的案件，案发后真诚悔罪并积极赔偿被害人损失的案件，应慎用死刑立即执行。"2015 年 3 月 2 日印发的《最高人民法院、最高人民检察院、公安部、司法部关于依法办理家庭暴力犯罪案件的意见》第 20 条中规定："……对于长期遭受家庭暴力后，在激愤、恐惧状态下为了防止再次遭受家庭暴力，或者为了摆脱家庭暴力而故意杀害、伤害施暴人，被告人的行为具有防卫因素，施暴人在案件起因上具有明显过错或者直接责任的，可以酌情从宽处罚……"在此需要注意的是，虽然这些规范性文件对司法实践具有指导作用，但它们毕竟不是法律，所以，正如第四章中所述，我国还不能说被害人责任对于死刑适用已经上升为法定量刑情节。但是，西方国家杀人犯罪被害人责任成为减轻犯罪人刑事责任的情节是被认可的，也即量刑情节的法定化。比如，属于大陆法系的《德国刑法典》第213 条规定故意杀人罪的减轻情节有："非故意杀人者的责任，而是因为被害人对其个人或家属进行虐待或重大侮辱，致故意杀人者当场义愤杀人，或具有其他减轻情节的，处 1 年以上 10 年以下自由刑。"在英美法系国家，杀人犯罪被害人责任作为辩护事由而减轻犯罪人的刑事责任也被判例认可。"典型的案例就是夫妻一方突然发现其配偶正在与他人性交，或按当时的情景可以马上判断出有通奸行为发生，在这种情形之下杀了奸夫（奸妇）或他

（她）的配偶的行为，属于激怒之下的非预谋杀人。"[1]这在判例法国家也类似于量刑情节的法定化。

在我国正因为被害人责任（当然包括杀人犯罪被害人责任）属于酌定量刑情节，对其采纳与否主要取决于法官的自由裁量权，从而导致司法实践中法官不愿或不敢考虑被害人责任因素而减轻犯罪人的刑事责任。尤其是在杀人犯罪中，往往都存在被害人死亡的结果，而我国在"人死为大""杀人偿命"等传统观念的影响下，司法机关受到来自被害人亲属的压力非常大，导致若考虑被害人责任因素可以不被判处死刑立即执行的被告人往往被判处了死刑立即执行。正如有学者所说："作为被害人家属，一方面要求严惩被告人，甚至坚决要求判处被告人极刑；另一方面要求被告人补偿经济损失，毕竟人死不能复生，经济补偿也算是对被害人家属的一种安慰。但司法实践中，被告人的补偿能力往往有限，根本无法满足被害人家属的要求。此种情况下，部分激进的被害人家属就会坚持要求判处被告人死亡，否则便一直纠缠。"[2]除不断地申诉上访之外，有些被害人亲属认为"人死为大""人死有理"，甚至胡搅蛮缠，将死者尸体抬至法院门口给法院施加压力。另外，又如陈兴良教授的分析，在中国传统文化"复仇"观念与"杀人偿命"观念的相互作用下，尽管被害人亲属对于被告人没有个人之间的怨仇，但如果不表达这种仇恨，不将杀人者置于死地，其本人就会被指责为对死者没有尽到为之报仇的责任，在死者是被害人亲属的父母的情况下更是如此。于是，被害人亲属总是对法院施加压力，法院在顶不住被害人亲属的压力，或者为减少不必要的麻烦时，干脆对被告人判处死刑，使法院得以解脱。[3]当然，除了这些相对柔和的施压之外，还有被害人的亲属对审理法官及其亲人进行恐吓威胁，要求法官判处犯罪人死刑立即执行之情形。

显然，由于案件事实以外的因素影响了法官自由裁量权的运用，从而忽视杀人犯罪被害人责任的存在，也是有失公允的。英国学者马丁·瓦希克（Martin Wasik）曾谈到："被害人在罪行发生之前的行为，不论其是否应受谴责，只要该行为推动了犯罪人的暴力反应，那么犯罪人的应受谴责性就会得

---

〔1〕赵秉志主编：《英美刑法学》中国人民大学出版社 2004 年版，第 235 页。

〔2〕徐振华、王星光：《被害人过错的司法认定与适用》，载《法律适用》2012 年第 12 期。

〔3〕参见陈兴良：《被害人有过错的故意杀人罪的死刑裁量研究——从被害与加害的关系切入》，载《当代法学》2004 年第 2 期。

到适当的降低（幅度有时大，有时小）。尽管存在着对公民面对挑衅应该保持正常自我克制的强烈的期待，但是一旦人们面对这类行为而失去自我控制时，在不同的程度上，这又是可以理解的。"[1]将此针对杀人犯罪换一种说法，就是追究杀人犯罪的犯罪人刑事责任时应当考虑被害人责任，也即被害人责任可以成为犯罪人得到一些宽宥的理由。于是，针对我国现有的立法和司法中的现状，有些学者提出应当将杀人犯罪被害人责任这一酌定量刑情节予以法定化。对此，笔者表示赞同。毕竟杀人犯罪是适用死刑最为广泛的，在我国目前废除死刑还不太现实的情况下，尤其是像杀人犯罪这样的自然犯，将被害人责任这一酌定量刑情节予以法定化符合限制死刑的刑事政策要求。同时，这也是公平、公正原则的体现。由于杀人犯罪被害人责任的存在，相反，也就说明犯罪人的社会危害性和人身危险性有所减小，理应减轻犯罪人的刑事责任，这才是公平、公正的。对此，正犹如西方学者阿隆·哈雷尔（Alon Harel）所说的："既然刑法在某种程度上认可效率与分配正义的重要性，刑法就应该是对犯罪人与被害人的共同规范。从这一意义上讲，刑法可以同时被视为一种机制，一种旨在赋予犯罪人和被害人以有效方式预防犯罪和公平分配预防成本的动力机制。"[2]另外，正如第四章所叙述的，将杀人犯罪被害人责任这一酌定量刑情节予以法定化，可以使法官在作出减轻犯罪人刑事责任的判决时有了法律依据，从而能使法官摆脱类似于目前被施压的境况，减少外界尤其是被害人亲属对法官考虑酌定量刑情节时自由裁量权的干预。最后，笔者认为1999年《全国法院维护农村稳定刑事审判工作座谈会纪要》、2007年《最高人民法院关于为构建社会主义和谐社会提供司法保障的若干意见》以及2015年《最高人民法院、最高人民检察院、公安部、司法部关于依法办理家庭暴力犯罪案件的意见》可以说其实就是一个信号或者倾向，也可以说是为杀人犯罪被害人责任这一酌定量刑情节予以法定化埋下了伏笔。

---

[1] Martin Wasik, "Crime Seriousness and the Offender-Victim Relationship in Sentencing A", in Andrew Ashworth and Martin Wasik eds., *Fundamentals of Sentencing Theory C*, Clarendo Press, 1998, p. 119. 转引自王瑞君：《论被害人责任的刑法意义》，载《东岳论丛》2009年第12期。

[2] Alon Harel, "Efficiency and Fairness in Criminal Law: The Case for a Criminal Law Principle of Comparative Fault", *California Law Review*, Vol. 82, 1994, p. 1181. 转引自张智勇、初红漫：《被害人过错与罪刑关系研究》，中国政法大学出版社2013年版，第109页。

四、杀人犯罪被害人责任与被害预防

(一) 被害预防与犯罪预防的关系

在传统的犯罪对策体系中，一般都是以犯罪人或潜在的犯罪人为中心而构建的，于是，在预防上也只是着眼于犯罪人的犯罪预防。所谓犯罪预防，就是"以消除或限制诱发犯罪的环境因素或实施犯罪的机会为目的的各种措施和活动的总称。"[1]直到20世纪中叶，人们才将目光关注到被害人，从而使犯罪预防的视角也得以拓展，即形成了被害人视角的被害预防。其实，犯罪预防和被害预防是属于"一体两面"的相互促进关系。正如有学者所说："犯罪预防和被害预防是犯罪防范的两个方面，二者共同实现防范犯罪、维护社会良好秩序的目标，在预防犯罪中彼此支持、相辅相成、缺一不可，其中一方面的偏失，就可能加大另一方面的压力，降低预防犯罪的整体效果。"[2]不过，犯罪预防和被害预防毕竟是从不同角度来观察问题和采取措施，于是，它们不仅存在预防的目的、主体、对象的不同，而且在具体内容上也不完全相同。因此，它们在犯罪的对策体系中发挥的功能也存在着一定的差异。对此，有学者认为，相比于以犯罪人一方为核心的犯罪预防来说，被害预防具有两个方面的优势：一是被害预防能够最大限度地调动广大人民群众的积极性；二是改变被害人或潜在被害人的行为要比改变犯罪人或潜在犯罪人的行为容易得多。[3]

笔者认为，被害预防除上述两点优势之外，被害人责任因素的存在使得犯罪预防呈现出局限性，同时也显现出了被害预防的优势。对于被害预防的功能，正如有学者说："单纯依靠犯罪预防这一途径，并没有真正地实现减少犯罪的目标，因为，在很多场合，有些犯罪往往是由被害人一方诱发、促成的，有些犯罪则是由被害人一方招致、引起的。因此，仅仅从犯罪预防的一个维度出发是无法真正取得减少乃至消灭犯罪发生的效果的。"[4]而被害预防的优势在杀人犯罪中表现得又尤为明显，比如，西方有学者发现，激情杀人

---

〔1〕 张远煌：《犯罪学原理》，法律出版社2008年版，第444页。

〔2〕 李伟主编：《犯罪被害人学教程》，北京大学出版社2014年版，第102页。

〔3〕 参见蔡雅奇：《杀人犯罪被害人研究》，中国政法大学出版社2014年版，第190页。

〔4〕 蔡雅奇：《杀人犯罪被害人研究》，中国政法大学出版社2014年版，第195-196页。

犯所面临的精神上的挑战是"从某种境遇中解脱出来，否则将面临无情的羞辱"。因不愿意接受羞辱，杀人者选择了进行"正义的屠戮"，杀人者将其解释为从事了更高形式的善行。[1]像这种情形，显然更有效的是被害预防。当然，主要原因还是绝大多数杀人犯罪都存在被害人责任的情形。对此，从不同学者在不同时期的实证研究中可以得到证实。比如，有学者于1996年对天津市1210名暴力犯罪被害人进行统计分析，得出在暴力犯罪中有被害人过错的犯罪比例是最大的，占到暴力犯罪总数的48.5%。而且，有被害人过错的犯罪中比例最高的又是杀人犯罪，占比为59%。[2]另有学者对2002年至2004年期间被法院判决认定为故意杀人罪的案例随机抽取400份进行分析，发现有被害人过错的占62.3%。[3]还有学者对河南省230个杀人犯罪被害案例进行统计分析，其中被害人完全无过错的仅为39件，占所有杀人案件的17%，而被害人有过错的竟然达到191件，占比为83%。[4]虽然研究者们对于自己研究的对象范围的划定并非完全一致，但总体可以看出杀人犯罪中具有被害人责任情形的比例是非常高的。另外，从事件发生的因果顺序来看，消除杀人犯罪被害人责任也应先于对犯罪行为的遏制，且在绝大多数杀人犯罪案件中，若消除了被害人责任因素，犯罪也就不会发生。若只是关注遏制犯罪行为的发生，即使是达到了一定的效果，但由于杀人犯罪被害人责任因素的存在，还会诱引、促发犯罪的发生，从而使得犯罪预防不如被害预防的效果具有长久性。

（二）杀人犯罪被害人责任对被害预防的意义

杀人犯罪被害人责任往往表现为诱引、促发甚至推动犯罪的发生，故而减少被害人责任的行为必然也会减少犯罪发生的概率，故被害人角度的被害预防在杀人犯罪对策体系中具有重要的价值。而杀人犯罪中被害人责任的情形正如上文所示又占绝大多数，那么，杀人犯罪被害人责任在杀人犯罪的被

---

〔1〕　参见［美］乔治·B·沃尔德等：《理论犯罪学》，方鹏译，中国政法大学出版社2005年版，第273页。

〔2〕　参见张宝义：《暴力犯罪中犯罪人与被害人的关系特征及过错责任分析》，载《河南公安高等专科学校学报》1999年第2期。

〔3〕　参见查国防：《故意杀人案件中加害人与被害人关系的实证分析》，载《犯罪与改造研究》2006年第9期。

〔4〕　参见蔡雅奇：《杀人犯罪被害人研究》，中国政法大学出版社2014年版，第143页。

害预防的效果衡量中也就具有较大权重的评价意义。并且，从犯罪控制的角度来看，由于"犯罪控制必须要将引发不健康人格的人犯罪的外在因素与关系纳入犯罪控制视野中，并通过对引发不健康人格的人犯罪的外在因素与关系调控而控制犯罪。"[1]而被害预防可以说主要就是对犯罪人犯罪的外在因素或关系进行调控，其中杀人犯罪被害人责任又属于杀人犯罪的被害预防中重要的因素。所以，对杀人犯罪被害人责任的遏制情况直接决定着杀人犯罪的被害预防的功能发挥，进而影响到杀人犯罪控制的成效。于是，进行杀人犯罪被害人责任的研究对于杀人犯罪的被害预防的功能发挥也就具有重要的现实意义。

另外，根据犯罪学中的生活方式理论和日常活动理论，杀人犯罪被害人责任的遏制对于被害预防也具有重要的价值。尽管在某种程度上这两个理论强调的重点有所不同，但是，它们都假设潜在犯罪被害人的习惯、生活方式和行为模式提高了他们与犯罪人的接触，因此提高了犯罪发生的几率。只是，生活方式理论强调包括在家以外的地方的生活方式提高了人们成为犯罪被害人的风险，日常活动理论认为人们平时参与（也即日常）的活动提高了被害风险。[2]该理论不仅对违反刑事法律规范的被害人责任和违反一般法律规范的被害人责任具有解释力，而且对于违背一般生活意义规范的被害人责任和违背道德规范的被害人责任也具有解释力。生活方式理论和日常活动理论也恰恰说明"社会中的每一个人都属于一定的社会阶层，担任着某种社会角色且按照特定的生活方式生活。生活中充满了易致个人被害的因素，每一个人在客观上都有可能遭受犯罪的侵害，成为被害人。"[3]也就是说，无论被害人责任是大还是小，也无论被害人的行为是否合法，都有使自己成为犯罪被害人的可能。这也是在被害预防中对于被害人责任轻微的情形不予以排除的原因所在。同样，杀人犯罪被害人由于自己不良的生活习惯和方式，比如，经常出入夜总会、酒吧等易于产生矛盾的场所，虽然这些行为并没有违反道德，更没有违法，但会提高自己被害的几率。有学者做过实证研究，认为大部分

---

〔1〕 翟中东：《犯罪控制——动态平衡论的见解》，中国政法大学出版社 2004 年版，第 87 页。

〔2〕 参见 ［美］斯蒂芬·E. 巴坎：《犯罪学：社会学的理解》，秦晨等译，上海人民出版社 2010 年版，第 121 页。

〔3〕 杨靖：《犯罪治理——犯罪学经典理论与中国犯罪问题研究》，厦门大学出版社 2013 年版，第 286 页。

凶杀犯罪发生在人员流动性很大的娱乐服务场所（包括餐饮、购物、娱乐、休闲场所等），发生的被害人口数占发生在所有公共设施场所的被害人口总数的 62%。[1]而且，杀人犯罪被害人责任在现实中表现为被害人没有违法犯罪的轻微责任又占绝大多数。正如有学者在对河南省 230 个杀人犯罪案件中具有被害人过错的 191 件案件的分析中得知，被害人具有轻微过错和重大过错的案件数量分别为 179 件和 12 件。[2]于是，人们的生活习惯和方式对于杀人犯罪的被害预防具有常态化的功效。由此观之，杀人犯罪被害人责任对被害预防的策略选取也就具有一定的指导意义。

第二节　性犯罪被害人责任

一、性犯罪的含义与限定

性犯罪并非刑法学上的概念，而是犯罪学上对某类犯罪的统称。并且，对于何谓性犯罪？中外学者的看法也存在着差异。比如，美国学者卡普里奥和布雷诺在《性行为》一书中认为，性犯罪包括强奸、奸杀、同性恋、乱伦、对少年儿童的性骚扰、各种猥亵行为、裸露癖等刑法规定的犯罪行为，和其他刑法没有规定的不轨的性行为。日本学者菊田幸一则认为，性犯罪通常称为风俗犯罪，如强奸、猥亵和公开散布或贩卖猥亵性质的书刊图画以及其他如卖淫、重婚等与性欲有关的犯罪行为，而在刑法上未构成犯罪的某些性行为，如同性恋、近亲相奸、兽奸，则不是性犯罪。[3]在我国，有学者认为，性犯罪是指以满足性欲为目的或者以营利为目的，实施性行为，强迫、引诱、容留他人实施性行为，而侵犯他人性权利或妨碍社会风化所构成的犯罪。[4]还有学者认为，性犯罪是指刑法明文规定的与性欲的满足和性行为的进行有

---

〔1〕　参见赵国玲、王佳明：《凶杀犯罪被害状况区域（深圳—内蒙古）比较研究》，载《华东政法学院学报》2004 年第 3 期。

〔2〕　参见蔡雅奇：《杀人犯罪被害人研究》，中国政法大学出版社 2014 年版，第 143 页。

〔3〕　参见康树华主编：《犯罪学通论》，北京大学出版社 1996 年版，第 11 页。

〔4〕　参见欧阳涛主编：《性犯罪》，河南人民出版社 1990 年版，第 17 页。

关的犯罪行为[1]，等等。

根据上述所举对于性犯罪的界定，其理解的分歧主要为：一是性犯罪是否局限于《刑法》的规定。这其实就是对性犯罪的理解是局限于刑法学意义上还是可以包括犯罪学意义上的问题。犯罪学中的性犯罪除《刑法》中规定的性犯罪之外，还包括一些虽不构成犯罪但与性直接相关的行政违法行为，如卖淫嫖娼，甚至包括可能不违法的性行为，如同性恋。当然，应当予以注意的是，各国对于与性行为有关的行为入罪的范围是存在着区别的，如在我国卖淫嫖娼、同性恋是不构成犯罪的。于是，笔者认为，从运用和研究的目的与意义角度而言，应当认可犯罪学意义上和刑法学意义上的两种意义上的性犯罪概念，学者可以根据自己研究的需要来限定所需性犯罪概念的外延，这也犹如学界对犯罪概念的理解和运用。二是性犯罪是否以性欲的满足或以与性相关的经济利益的获取为条件。当然，这是相对于犯罪行为人的目的而言的。同样，这也应当由研究的需要来予以限定。也就是说，只要与性相关的行为都可以作为性犯罪，这样才符合将性犯罪作为一类犯罪予以研究的意义和目的。不过，需要注意的是，性犯罪未必以犯罪行为人的上述两种目的为必要要件。例如，甲男婚后发现妻子无生育能力，于是某日将邻居未婚乙女骗入房间后，要求乙女为自己生育子女。乙女拒绝，甲男便强行脱掉乙女内裤，用注射器将自己的精液注入乙女阴道。[2]显然，该行为构成强制猥亵罪，但并没有满足自己性欲的目的，更没有获得经济利益的目的。总而言之，犯罪学意义上的性犯罪，就是直接或间接与性行为有关的犯罪（也是犯罪学意义上的犯罪概念）。刑法学意义上的性犯罪，就是刑法上规定的直接或间接与性行为有关的犯罪（也是刑法学意义上的犯罪概念）。

我国《刑法》中规定的直接或间接与性行为有关的犯罪主要有两类：第一类是直接与性行为有关的犯罪，如强奸罪、负有照护职责人员性侵罪、强制猥亵、侮辱罪、猥亵儿童罪、聚众淫乱罪、传播性病罪；第二类是间接与性行为有关的犯罪，如组织卖淫罪、强迫卖淫罪、协助组织卖淫罪、引诱、容留、介绍卖淫罪、引诱幼女卖淫罪、制作、复制、出版、贩卖、传播淫秽

---

〔1〕　参见杨杰辉、袁锦凡：《刑事诉讼视野中性犯罪被害人的特别保护研究——以强奸案被害人为主要视角的分析》，法律出版社 2013 年版，第 11-12 页。

〔2〕　参见张明楷：《刑法学》（下），法律出版社 2021 年版，第 1149 页。

物品牟利罪、为他人提供书号出版淫秽书刊罪、传播淫秽物品罪、组织播放淫秽音像制品罪、组织淫秽表演罪。由于本书研究的主要是性犯罪被害人责任问题，进一步说就是主要关注性犯罪被害人责任对犯罪行为人的刑事责任的影响。所以，在此将性犯罪仅限定为我国《刑法》上规定的直接与性行为有关的几个罪名，且侵害的法益为个人法益（性自治权），而将侵害公共法益（社会管理秩序）的聚众淫乱罪和传播性病罪[1]排除在外，也即限定于我国《刑法》中规定的强奸罪、负有照护职责人员性侵罪、强制猥亵、侮辱罪、猥亵儿童罪这几个罪名。另外，由于负有照护职责人员性侵罪的对象是已满14周岁不满16周岁的未成年女性，且发生在监护、收养、看护、教育、医疗等特定关系中，以及猥亵儿童罪的对象是不满14周岁的儿童，对于这些被害人责任的研究现实意义不大。所以，本节所说的性犯罪主要是指强奸罪和强制猥亵、侮辱罪。而且，以最具有代表性的强奸罪的被害人责任作为主要叙述内容。

二、性犯罪被害人的心理因素与被害人责任

无论是自然现象还是社会现象，其中的规律是客观存在的，即不以人的意志为转移，并且人们能够通过实践活动认识它、利用它。"被害行为是在侵害人与被侵害人之间发生的，被害心理规律是二者之间心理相互影响的内在的必然联系。这种联系在被害发生前、发生过程中和发生以后都会出现，是被害现象的客观存在。"[2]因此，对性犯罪被害人心理因素的认识有助于对性犯罪被害人行为的更深入、更全面的认识。

"人的心理是人脑的机能，是人脑对客观现实的反映，是社会历史的产物。人的心理分为认识过程、情感过程、意志过程以及气质、性格、能力等个性心理特征。一个人在一定的时空条件下，面对已存在的和正在出现的某一具体事物和现象则会表现出个人的某种心态。这是人脑对客观事物和现象的必然反映。"[3]故而，性犯罪中女性被害人的心理也是"在一定时空条件

---

[1]　至于传播性病罪侵害的法益或直接客体，学界存在着多种看法，主要有公共安全、社会风尚、公民的生命健康以及社会管理秩序等不同观点，对此，笔者认为该罪侵害的法益应为社会管理秩序。参见骆群：《被害人视域中的传播性病罪》，载《河北法学》2017年第2期。

[2]　任克勤主编：《被害人心理学》，警官教育出版社1997年版，第27页。

[3]　赵可等：《一个被轻视的社会群体——犯罪被害人》，群众出版社2002年版，第11页。

下，面对已存在的和正在出现的某一具体事物和现象则会表现出个人的某种心态。"对此，有学者将性犯罪中的女性被害人的心理特征归纳为如下几个方面：（1）羞愧心理；（2）恐惧心理；（3）绝望心理；（4）报复心理；（5）放纵心理。并且认为，女性被害人的心理特征决定其容易出现心理和行为上的偏差，导致不良后果。主要有自杀、精神失常、性心理障碍，由受害者变为害人者。[1]因此，被害人的心理因素虽然是内在的，但是对被害人的行为具有一定的决定作用。同样，性犯罪被害人在被害之前的心理因素也有可能成为促使自己成为性犯罪被害人的重要原因，从而成为性犯罪被害人责任的内在起因。比如，"有的女青年贪图享乐，好逸恶劳，自己无足够的金钱消费，就和一些不三不四的男青年一起出入歌厅舞厅、饭馆酒店，吃喝玩乐，以致被居心叵测的犯罪挑逗、猥亵，甚至胁迫强奸。有的女青年重权亲财，崇洋媚外，一心向往出国，犯罪人便迎合其心理，或者自称高干子弟，有海外关系，巨额存款，高档住房，或者冒充外商，能带其出国等，致使一些被害人利令智昏，受骗被害。有的被害人抱着某种个人企图（如为了调动工作，迁移户口，子女上学或其他个人利益），主动或被动地巴结、亲近、讨好有一定权势或地位的人，犯罪人则利用被害人的心理需求，花言巧语，骗取信任，诱骗加胁迫，实施强奸。有的女青年被强奸后，开始也很气愤，但经不起犯罪人的金钱利诱，不但不报案检举，反而容忍其继续被害。"[2]以上这些女性的不良心理往往使自己成为性犯罪被害人，也是使自己在性犯罪中受到一定程度的否定评价即性犯罪被害人责任的内在起因。

正因为此，"被害人有责和无责的判断不仅会影响到社会对其的态度，同时也会影响到刑事诉讼对其的态度。被害人是否有责任，是否有促成犯罪的行为往往会被警察、检察官、法官所考虑，'促成型强奸'中的促成行为对刑事诉讼的每一个阶段都会产生影响。"[3]至于对此的相关研究，西方有针对强奸案件的这样一个研究报告，即对大学生描述了两起强奸案件，它们都是发生在深夜。然而，其中一起的被害人被描绘成离了婚的、袒胸的舞者（脱衣舞女郎）、在监狱外等待毒品交易。另一个被害人则是一个已婚的职业女

---

〔1〕 参见康杰：《性犯罪被害人的心理问题及其治疗》，载《青少年犯罪问题》1999年第2期。

〔2〕 任克勤主编：《被害人心理学》，警官教育出版社1997年版，第132页。

〔3〕 杨杰辉、袁锦凡：《刑事诉讼视野中性犯罪被害人的特别保护研究——以强奸案被害人为主要视角的分析》，法律出版社2013年版，第23页。

性。当学生们被问到对强奸犯如何处刑时，男性会对强奸职业女性的犯罪人提出更重的处刑意见，即大约 54 年有期徒刑。而对强奸脱衣舞女郎的犯罪人的处刑意见要轻得多，即平均 18 年有期徒刑。也即对强奸职业女性的犯罪人的看法与对强奸脱衣舞女郎的犯罪人的看法相比，前者比后者重了 3 倍（基于处刑意见）。对此现象，回应者认为，脱衣舞女郎对强奸案负有部分责任。[1]同样，在刑事司法系统中，正如有美国学者在强奸罪被害人责任的研究中所指出的："在彻底盘问原告以确定她的背景、名声、行为以及动机后，如果警方认为是她造成了自己被害，那么指控可能不成立；即使警方实施了逮捕，检察官也可能认为此案件不构成犯罪而不起诉；即使此案件接受了审讯，陪审员也可以在解释事实时行使自由裁量权，并可能对罪犯判处比强奸更轻的罪名（比如性侵害）；即使被告被判有罪，法官也许鉴于存在减轻处罚的情节而宽大处理——她的误导性诱惑可能被看做是一种默许。"[2]

三、性犯罪被害人的行为类型与被害人责任

性犯罪被害人的行为类型不同与其是否可能成为性犯罪的被害人、以及是否可能承担一定的责任（也即对其予以一定程度的否定评价），都具有一定的联系。这正如西方学者在研究强奸罪被害人时，许多人认为"只有坏女人才被强奸"，而女人是能够避免被强奸的。受害者之所以被强奸，是因为她们没有遵守社会的准则，因此，要由她们自己对强奸负责。[3]我们再来看一个发生在西方国家的案例：一天晚上，一个已是两个孩子的年轻母亲，22 岁，走进一家男人聚集的酒吧，她喝了点酒，和几个男人调情。突然，她被几个男人扔到桌子上，伴随着旁观者的喝彩和这个女人的尖叫与咒骂，6 个年轻力壮的男人强奸了她。最后，这 6 个男人被逮捕并以强奸罪接受审判。但他们认为，他们的行为是受这个女人的种种诱惑行径勾引而导致的；控诉方认为，只要事先女方已经拒绝，男性的任何进一步企图发生性关系的行为都可被视

---

〔1〕　参见［美］约书亚·德雷斯勒：《美国刑法精解》，王秀梅等译，北京大学出版社 2009 年版，第 537 页。

〔2〕　［美］安德鲁·卡曼：《犯罪被害人学导论》，李伟等译，北京大学出版社 2010 年版，第 300-301 页。

〔3〕　参见［美］特里萨·S·弗利、玛里琳·A·戴维斯：《救救受害者》，高琛、黎琳译，警官教育出版社 1990 年版，第 10 页。

为性侵害；陪审团认为，这个女人并没有同意这些男人对自己的所作所为，认定 6 个人中的 4 个有罪；法官分别判处他们 6 年到 12 年的刑期。在一个支持被害人的集会上，大家认为，这个判决可成为女性不再忍受轮奸作为一种"观赏性运动"的一个重要标志；但在抗议判决结果的人看来，那些男人的抗辩理由应该被考虑："是她自己导致自己被强奸的""她应该意识到自己的行为会给自己带来什么样的后果"，他们认为被害女性应该在很大程度上承担责任，即："她使那些男人获得强奸她的机会"。[1] 也就是说，在性犯罪中被害人的行为与被害人责任存在一定的关联性是受到人们所关注的。

至于性犯罪中被害人的行为类型，从犯罪学意义上来看，有学者将其划分为四类：行为类型Ⅰ，即犯罪契机场所与犯罪场所相同、被害者没有与加害者作伴。如有的是傍晚或深夜在路上行走中被害，有的是在自己住宅中睡眠时被害。这种类型，在强奸的场合占 9.1%，在强制猥亵的场合占 47.6%。行为类型Ⅱ，即犯罪契机场所与犯罪场所不同、被害者积极地与加害者作伴。如犯罪契机场所在道路上，而犯罪场所在田野、河川堤坝、汽车内。这种类型，在强奸的场合占 47.4%，在强制猥亵的场合占 38.1%。行为类型Ⅲ，即被害者受加害者的诱导而积极地与加害者作伴，其作伴的场所即成为被害场所，从相遇到被害没有场所移动。如在旅馆中相遇，马上就在一起聊天直到被害。这种类型，在强奸的场合占 9.1%，在其他性犯罪的场合仅占 4.4%。行为类型Ⅳ，即被害者从与加害者相遇时起，一边积极地共同行动，一边伴随着犯罪场所的移动。如与加害者一起游玩、聊天、跳舞等而被害。这种类型，在强奸的场合占 34.1%，在强制猥亵的场合占 14.3%。在这四种被害者行为类型中，被害者有过失的，行为类型Ⅰ占 26.4%，行为类型Ⅱ占 26.4%，行为类型Ⅲ占 11.3%，行为类型Ⅳ占 35.9%。被害者的过失行为主要有以下几种：（1）与被害者的行为、态度有关的。如与加害者一起饮酒或跳舞等行为中的轻佻举动，刺激、挑动了加害者等。（2）与被害者的服装、化妆、姿体有关的。如服装在必要限度以上的暴露肉体、艳丽、穿得太少，不检点的装束，浓妆等。（3）与被害者、加害者的人员构成有关的。如被害者单独行走，或者被害者一人与加害者数人一起行动等。（4）与被害时间有关的。如被

---

[1] 参见［美］安德鲁·卡曼：《犯罪被害人学导论》，李伟等译，北京大学出版社 2010 年版，第 298 页。

害者在无保护的情况下夜间或深夜外出等。（5）与被害场所的性质、状况有关的。如在黑暗的、没有行人的地方，加害者的住宅、汽车内，门锁不好的室内等。[1]这里所说的被害者的过失就是犯罪学意义上的被害人责任之情形。

以上关于性犯罪中被害人的行为类型，并非所有情形都可能产生犯罪学意义上的被害人责任。不过，在导致犯罪学意义上的被害人责任的被害人的行为类型中，虽然存在着类型不同，但可以说都属于马文·E·沃尔夫冈提出的被害人的推动（Victim Precipitation）情形，即被害人是犯罪行为的主要促成者，是一个犯罪行为的直接、积极的推动者。被害人促成了犯罪，引发了犯罪，推动了犯罪，激发了犯罪。[2]这是它们的共同点。当然，若从刑法学意义上的被害人责任观之，也即对犯罪行为人的刑事责任影响的角度来看，这些被害人的行为虽然可能导致犯罪学意义上的被害人责任。因为犯罪学意义上的被害人责任主要是为了对被害原因、被害预防等事实进行探究。不过，犯罪学意义上的被害人责任未必都能够成为刑法学意义上的被害人责任，如穿着艳丽、浓妆等。否则就是对被害人行为的过度限制，进而也是法律对被害人自由的过度干涉。总而言之，性犯罪被害人的行为导致刑法学意义上的被害人责任，也要符合在第一章中所阐述的被害人责任的构成要件。

第三节　诈骗犯罪被害人责任

一、诈骗犯罪被害人的特征

诈骗犯罪是通过诈骗行为所实施的这类犯罪的统称。我国《刑法》中除了诈骗罪之外，还包括集资诈骗罪、贷款诈骗罪、票据诈骗罪、金融凭证诈骗罪、信用证诈骗罪、信用卡诈骗罪、有价证券诈骗罪、保险诈骗罪以及合同诈骗罪。从手段上或客观行为上来看，这类犯罪都是通过诈骗方法实施的犯罪。从法律的规定来看，诈骗罪和其他类型的诈骗罪属于普通法条与特别法条的关系。因此，为了叙述的方便，下面在叙述诈骗犯罪这一类罪的相关

---

〔1〕　参见张智辉、徐名涓编译：《犯罪被害者学》，群众出版社1989年版，第91-94页。

〔2〕　参见［德］汉斯·约阿希姆·施奈德：《国际范围内的被害人》，许章润等译，中国人民公安大学出版社1992年版，第434页。

问题时，有些情形主要以诈骗罪（也称为普通诈骗罪）为例进行阐述。

诈骗罪是一种以诈骗方法，即以虚构事实或隐瞒真相的方法，使受骗者陷入错误认识从而"自愿交付"（若知道真相就不会交付）财物给行为人的犯罪。一般而言，其基本模式为：行为人实施欺骗行为——对方产生或继续维持错误认识——对方基于认识错误处分财产——行为人或第三者取得财产——被害人遭受财产损害。[1]当然，"诈骗"一词在日常生活中也是使用频率比较高的用语。但是，一般生活中的诈骗与刑法中的诈骗存在着重要的区别，刑法中的诈骗必须达到一定的严重程度。正因为此，商人对于所生产、销售产品的一些夸大说明或产品标价超过其实在价值，虽具有一定的欺骗成分，但仍然被社会所许可或不作为刑法中的犯罪来加以处理。[2]其实，这就导致我们对"诈骗犯罪"的理解也会出现在犯罪学与刑法学中存在差异的情况。

至于诈骗罪被害人的特征，有学者从性别、年龄、婚姻状况、社会阶层以及行为特征几个角度予以实证研究，得出的结论为：从性别来看，诈骗罪的被害人绝大多数为男性，占总数的84.6%，女性被害人占15.4%，与各类犯罪被害人的性别分布情况极不一致，与人们多认为女性容易轻信和受骗的一般观念也不一致。从年龄来看，诈骗罪被害人的总体年龄有所上升，26岁–35岁和36岁–45岁两个年龄段的最多，均占35.3%；46岁–60岁年龄段的次之，占14.7%。18岁–25岁年龄段的占8.8%，60岁以上的占5.9%，18岁以下的没有。这一分布样态与各类犯罪被害人的年龄总体分布情况也极不一致。从婚姻状况来看，在诈骗罪被害人中，已婚者所占比例极高，为88.6%，未婚者或离异/丧偶者均占5.7%，这与其年龄上升和财产的实际拥有情况及从事经济活动的情况方面的特征一致。从社会阶层来看，若以文化程度为标准，诈骗罪被害人为小学和小学以下的所占比例仅为23.5%，而具

---

〔1〕 参见刘宪权、李舒俊：《"偷租"行为之性质认定》，载《华东政法大学学报》2016年第5期。有观点认为，诈骗包括两者间的诈骗与三角诈骗。所谓两者间的诈骗，是指行为人直接欺骗被害人，使被害人基于认识错误处分自己的财产。此类型的诈骗中，受骗人与被害人为同一人。而三角诈骗则是受骗人与被害人不是同一人的情形，也即受骗人处分被害人（第三者）的财产，受骗人本人没有财产损失，而是被害人遭受了财产损失，且被害人并没有受骗。在我国，如贷款诈骗罪就属于三角诈骗。参见张明楷：《三角诈骗的类型》，载《法学评论》2017年第1期。由于三角诈骗中被害人没有被骗，甚至都没有参与诈骗犯罪的进程，故在三角诈骗中讨论被害人责任问题并无多大意义。于是，本书所说的诈骗犯罪被害人责任仅指两者间的诈骗犯罪被害人责任。

〔2〕 参见孙万怀：《伪造华南虎照片获取奖金是否构成诈骗罪》，载《法学》2008年第8期。

有初中以上的为多数，其中大、中专毕业生占 20.6%。从行为特征来看，诈骗罪被害人的行为中有两个比较明显的易感因素，即贪利和利令智昏。[1]不过，也有从其他角度归纳诈骗罪被害人特征的，如有学者认为诈骗罪被害人的特征有：一是特别容易轻信犯罪人，且这种轻信一般都是建立在利益关系的基础之上；二是多数被害人本身有一定过错，主要是因为贪财或其他个人动机而积极主动与犯罪人相配合；三是被害人自食其果，很少报案。[2]西方有学者认为，诈骗罪被害人常见的特征有："容易受财利诱惑，天真，极度轻信，因必要的判断力的迟钝而无法对行为进行自我校正。"[3]

当然，根据不同的角度或标准还能够对诈骗罪被害人的特征进行归纳，如被害人的性格、当时所处的生活境况、人际关系、性经验、居住环境、收入来源，等等。每一种视角所运用的参考因素并不是孤立的，而且每种因素的影响程度也不相同。于是，这种实证研究最大的意义并不是得到不同情形被害人所占的比例值，而应该是在各种因素的交错作用中寻找到最主要（强关联）或最易发（常态化）的促成诈骗罪的因素。所以，上述将诈骗罪被害人的特征归纳为轻信和贪利的意义更大，其他因素只具有表象性，本质上还是对决定诈骗罪能否成功的轻信和贪利进行的间接表达。如此一来，将诈骗犯罪被害人的特征归纳为被害人的轻信和贪利，不仅对被害原因的探究和被害预防具有重要的作用，而且对被害人责任的认识也具有较大的价值。

二、刑法学意义上的诈骗犯罪被害人责任

上述诈骗罪的基本模式，是目前得到普遍认可的诈骗罪既遂的完整过程，也即每一个阶段都是诈骗罪（既遂）的构成要件要素。[4]而诈骗罪被害人责

---

〔1〕 参见郭建安主编：《犯罪被害人学》，北京大学出版社 1997 年版，第 116-117 页。

〔2〕 参见赵可等：《一个被轻视的社会群体——犯罪被害人》，群众出版社 2002 年版，第 112-113 页。

〔3〕 ［德］汉斯·约阿希姆·施奈德：《国际范围内的被害人》，许章润等译，中国人民公安大学出版社 1992 年版，第 252 页。

〔4〕 各国刑法分则对诈骗罪构成要件的描述繁简不一，相对而言，《瑞士刑法》中的规定比较完整，即第 146 条第 1 款："以使自己或他人非法获利为目的，以欺骗、隐瞒或歪曲事实的方法，使他人陷入错误之中，或恶意地增加其错误，以致决定被诈骗者的行为，使被诈骗者或他人遭受财产损失的，处五年以下重惩役或者监禁刑。"参见张明楷：《诈骗罪与金融诈骗罪研究》，清华大学出版社 2006 年版，第 7 页。

任主要是体现在被害人产生或继续维持错误认识（简而言之就是认识错误）的阶段。从刑法学意义上来看诈骗罪被害人责任，即其对犯罪行为人的刑事责任的影响，主要表现为被害人认识错误的有无及程度可能导致行为人不构成诈骗罪或仅构成诈骗罪未遂。当然，在被害人完全产生了认识错误，进而处分财产时，犯罪行为人的行为符合诈骗罪的构成要件要素，是最典型的诈骗罪情形。至于被害人虽然受到了行为人实施的欺骗行为的欺骗，但其并未产生认识错误，即使处分了财产，行为人也不构成诈骗罪既遂，[1]对此学界意见也较为统一。只是这与被害人责任无关，故在此不予探讨。而与被害人责任相关的问题，主要体现为被害人在受到行为人实施的欺骗行为后产生怀疑而处分财产的情形，易言之，就是对被害人的怀疑是否属于认识错误的判断。

所谓被害人的怀疑，是指相对人对欺骗事项可能为真，也可能为假的不确定的内心感受，是主观上的一种心理状态，也即相对人对行为人的欺骗事项的真实性处于"半信半疑"的心理状态。[2]在被害人信条学（也称为被害人解释学、被害人教义学）产生之前，德国传统观点认为，受骗者对行为人的欺骗行为存在怀疑时，原则上并不妨碍陷入认识错误的认定。且多数见解认为，在构成要件层面考量被害人是否有共同过错的问题是没有必要的。不

---

〔1〕 不过，对于行为人实施欺骗行为没有使被害人产生认识错误而处分财产之情形，是构成诈骗罪的未遂还是预备存在不同看法。其实这就是对这种情形下行为人的行为是否属于诈骗罪的实行行为的判断，换而言之，就是对这种情形下着手的判断。关于着手的判断，刑法理论上主要存在主观说（行为人标准说）、形式客观说和实质客观说。我国的通说采取的是形式客观说，即行为人实施的符合刑法分则犯罪构成要件的行为时就是着手。于是，被害人没有产生认识错误的欺骗行为属于已经着手，故行为人构成诈骗罪的未遂。但是，有学者基于实质客观说，即实行行为的着手是开始对刑法保护的法益具有直接的现实危险时，进而认为，刑法中所讲的行为，"是在规范论上由意思支配或可由意思支配，并且在外界引起社会重要性结果的人类行为举止（社会性的行为）"。而诈骗罪中行为人行为的不法也受到被害人行为的很大影响，于是，"规范性地看来，诈骗罪的场合，行为人的行为与被害人的因陷入错误而实施处分行为结合在一起，方是完整意义上的'诈骗行为'。也就是说，诈骗罪中的实行行为，包含了行为人实施的'诈骗行为'和被害人因陷入错误而实施的财产性'处分行为'。"也即此时才能对刑法保护的法益具有直接的现实危险。那么，被害人没有陷入认识错误，行为人的行为就还不属于诈骗罪的实行行为，也即未着手，故此种只有单纯的行为人的欺骗行为之情形应为诈骗罪预备。参见马卫军：《被害人自我答责研究》，中国社会科学出版社2018年版，第350-353页。比如，被骗者识破了骗局，只是出于怜悯之心而给予其财物的，实施欺骗行为的行为人属于诈骗罪预备，而非传统观点所说的诈骗未遂。

〔2〕 参见黎宏、刘军强：《被害人怀疑对诈骗罪认定影响研究》，载刘艳红主编：《财产犯研究》，东南大学出版社2017年版，第545页。

仅在受骗者完全相信行为人所陈述的事实时，存在诈骗罪所要求的错误；甚至在受骗者已经有些许怀疑、但是仍处分财产时，也是如此。因为重要的不是受骗者有没有足够的注意，而是事实上就发生了这样的侵害事实。[1]不过，自20世纪50年代开始，有德国学者展开从被害人学意义上揭示加害人与被害人间的互动关系研究，并探讨被害人在犯罪事件中的共同作用或罪责在行为人的量刑上的刑法意义。这也是被害人信条学思想开始萌芽的时期。20世纪70年代开始，逐渐有学者将被害人信条学运用到刑法信条学上，其中对于被害人信条学思想形成具有里程碑意义的是阿梅隆教授和许内曼教授的两篇文章。1977年阿梅隆教授发表的专论探讨了"诈骗罪中的被欺骗者之错误与怀疑"，首次把被害人信条学的理论运用于诈骗罪犯罪构成要件的讨论中。同年，许内曼教授在1977年德国吉森召开的刑法大会提交的会议论文中，根据刑法最后手段原则，推导出在《德国刑法典》第203条泄露私人秘密犯罪中适用被害人信条学思想的观点。[2]这两位教授开拓性的观点为之后被害人信条学的发展奠定了良好的基础。

具体而言，对于诈骗罪中被害人怀疑时是否属于认识错误的认定，阿梅隆教授的核心观点为，刑法是国家保护法益的最后手段，如果被害人本身可以通过适当的手段来保护其法益，而任意不采用该手段时，则刑法没有介入的余地。许内曼教授的核心观点认为，传统的犯罪论体系仅以行为人的行为为依据判断是否具有构成要件符合性、违法性与有责性，但这种做法不能全面地解释被害人行为介入所产生的犯罪行为；被害人的行为对于犯罪的成立有其独立的地位；对行为人的刑罚的必要性与对被害人保护的必要性是相对存在的，因为刑罚作为国家预防社会侵害的最后手段，在被害人能够自我保护却疏于自我保护的情况下，即被害人不值得被保护也不需要被保护的情况下，国家刑罚权便无发动的余地，对行为人也就没有处罚的必要。[3]与以行为人为中心的传统刑法理论相比，被害人信条学对犯罪构成的解释，主要运用于对诈骗罪的解释，也即对诈骗罪成立范围予以限缩性的解释，在此就是被害人的怀疑使其丧失刑法保护的必要性，从而行为人不构成诈骗罪既遂。

---

〔1〕 参见车浩：《从华南虎照案看诈骗罪中的受害者责任》，载《法学》2008年第9期。

〔2〕 参见申柳华：《德国刑法被害人信条学研究》，中国人民公安大学出版社2011年版，第77-78页。

〔3〕 参见张明楷：《诈骗罪与金融诈骗罪研究》，清华大学出版社2006年版，第115页。

不过，被害人怀疑是否导致被害人需保护性和值得保护性的丧失，而一概否定刑法的介入？换言之，被害人怀疑应否有程度之分？对此，R. 哈赛默将被害人怀疑分为模糊怀疑和具体怀疑。所谓模糊怀疑，是指当法益享有者在他的环境中意识到不安全性（也就是当他意识到，行为人所主张的事实是无法被检验的），但是出于对犯罪人诚实政治品质的良好愿望，而进行了财产处分。所谓具体怀疑，是指法益享有者出于对交易安全普遍的不信任感，对特定相关事实的真实性产生特定形式的怀疑。二者之间的主要区别在于，法益享有者对于诈骗者所主张事实的真实性的怀疑程度不同。在具体怀疑的情况下，怀疑者具有更为特别的理由去继续调查与交易有关的信息，验证其怀疑的真实性，但却放弃了很容易实现的信息收集和验证怀疑的机会，或者当这种行为不可能时，至少以不作为的方式放弃财产处分行为。在模糊怀疑的情况下，法益享有者尽管意识到，相信行为人所主张的事实的存在并不是最安全的，但是他不知道应当如何下手调查信息、验证自己的怀疑，至少没有去查证和检验这种怀疑的可能性。[1]于是，被害人模糊怀疑时，其需保护性和值得保护性较强，这种怀疑应当解释为诈骗罪构成要件中的被害人认识错误，将其归属于行为人，构成诈骗罪既遂。而被害人具体怀疑时与之相反，由被害人自我答责，不成立诈骗罪既遂。正所谓："在被害人解释学看来，刑法的解释与适用必须贯彻'法益保护的必要性与适当性'这一总的指导方针。根据这一指导方针，当作为法益主体的被害人若存在不值得与不需要保护的地方，就不应该将侵害结果在刑事上归责于行为人，让行为人承当（应该是担——笔者注）本不应该承担的刑事责任。在诈骗罪的场合，被害人对行为人诈称事项已产生具体怀疑时，仍然投机性地处分自己的财产，就不应当让行为人为最后的财产损失负担犯罪既遂的责任。"[2]这种将被害人怀疑予以程度上的区分，使得被害人信条学的解释功能更加精细化，也是其理论深化的表现。但同时也使得被害人信条学在实践中的运用更加难以把握，毕竟模糊怀疑和具体怀疑是要根据被害人的个人具体情况、所处的环境以及事实的前因后果等进行综合判断。正如周光权教授所说的："对欺诈行为是否使对方心

---

[1] 参见申柳华：《德国刑法被害人信条学研究》，中国人民公安大学出版社 2011 年版，第360-361 页。

[2] 缑泽昆：《诈骗罪中被害人的怀疑与错误——基于被害人解释学的研究》，载《清华法学》2009 年第 5 期。

陷入错误的判断，应当结合案件的具体情况，按照一般的经验法则从交易的性质、财产的种类、被害人的知识、经验、职业等判断。"[1]

于是，被害人模糊怀疑和具体怀疑的区分就成为关键问题。对此，一般而言可以从两个视角进行判断。从被害人视角来看，即以被害人当时的判断为基准，可以称之为主观说；从一般人视角来看，即以社会上一般人当时的判断为基准，可以称之为客观说。比如，名画伪画案：画廊经纪人甲向富商乙佯称，其有张大千名画一幅，因欲移民加拿大结束画廊生意，急于将该画脱手，故索价大大低于市价，乙心生怀疑该画之真实性，但估算如果为张大千名画，则获利丰厚，因此与之交易，事后鉴定该画为赝品。[2]对于此案，若以主观说判断，被害人乙虽然当时已有所怀疑，但在当时的环境中无法对行为人甲所主张的事实进行检验，最后出于对行为人甲诚实政治品质的良好愿望，而进行了财产处分，即进行了交易。于是，可以将乙的怀疑解释为模糊怀疑，故排除被害人责任，行为人甲构成诈骗罪既遂。若以客观说判断，一般人对于这种已经有所怀疑且安全信任感不高的交易，会进行信息收集和真假鉴定，而这种机会也是存在的，但被害人乙并未实施这些谨慎行为，反而以投机的心理盲目地进行了交易。此时可以将乙的怀疑解释为具体怀疑，由被害人自我答责，行为人甲不成立诈骗罪既遂。换言之，从被害人自己的视角和从社会一般人的视角对被害人的怀疑程度会产生不同的判断，尤其是对于愚笨、无知等弱势的被害人来说尤为明显。

比如，冒充孙中山诈骗案：61岁的王某满头白发，与孙中山先生在外形上有些相似。王某便以此为幌子，常向别人宣称自己就是孙中山，为"大业"并没有真死，今年已有130多岁了。为了假戏真做，2001年，王某开办了一家专门"开发宝藏"的公司，鼓励一些老年人来投资。在"高额回报"的诱惑下，有三位老人将24万元钱交给了王某。2004年3月10日，王某再次行骗时被群众当场识破，警方及时将其抓获。[3]对于此案，从被害人信条学的立场来看，有学者认为可以排除刑法使用的必要性，对于这种愚笨和轻信的

〔1〕 周光权：《刑法各论》，中国人民大学出版社2016年版，第125页。
〔2〕 参见林钰雄：《刑事法理论与实践》，中国人民大学出版社2008年版，第117页。
〔3〕 参见张明楷：《诈骗罪与金融诈骗罪研究》，清华大学出版社2006年版，第118页。

被害人可以寻求其他法律手段、社会措施的保护，甚至可以仅以民事欺诈处理。[1]其理由还有，如德国学者瑙克（Naucke）的看法，以往的通说之所以不区分欺骗的程度，是为了要保护交易中的无助者、法律事务往来中的无经验者和容易被骗者，但是这样一来，刑法就要承担起全面性地培训法律行为交往能力的任务，而这对于刑法而言，是一项过于奢侈的工作。因此，刑法不可能给愚笨者和缺乏生活经验者提供任何帮助，而是应该让他们有机会去自我训练自己的决断能力，刑法并不是用来训练智力和弥补安全感的工具。[2]显然，这些都渗透着客观说的思想。这样一来不仅会导致刑法对愚笨、无知等弱势被害人的保护缺失，反而会鼓励行为人对该类群体实施诈骗行为。因为对于该类群体实施诈骗行为不仅成功率高，而且风险成本低。但刑法恰恰更应该保护弱者。相反，采用主观说能够较好地保护愚笨、无知等弱势的被害人，这是不言而喻的。可另一个问题也会接踵而至，即被害人怀疑的程度完全取决于其自身，进而言之，行为人是否构成诈骗罪既遂在某种意义上也取决于被害人的个人情况，这又不利于促进人们进行自我完善、自我提升。

为此，笔者认为，对于被害人怀疑程度也即模糊怀疑和具体怀疑的判断仅从主观说或客观说都有所欠缺，而应当将二者结合起来进行综合的判断。也就是说，首先以被害人自身为基准进行判断，然后再以一般人为基准进行判断。具体而言，第一种情形，若被害人对自己的怀疑有能力和条件进行查证核实，而不采取相应的措施就处分财产的。此时，再看一般人是否具有能力和条件进行查证核实。一般人不具有此方面的能力和条件，即当被害人的能力高于一般人时，应采用以被害人自身为基准的主观说，被害人的怀疑属于具体怀疑，行为人不成立诈骗罪既遂，这样对犯罪人也较为公平。一般人有能力和条件查证核实的，此时无论是主观说还是客观说，结果相同，被害人的怀疑属于具体怀疑，行为人不成立诈骗罪既遂。第二种情形，若被害人对自己的怀疑没有能力和条件进行查证核实，当然也就没有采取相应的措施处分财产。此时，再看一般人是否具有能力和条件进行查证核实。一般人也无能力和条件查证核实的，此时无论是主观说还是客观说，结果相同，被害

---

〔1〕 参见申柳华：《德国刑法被害人信条学研究》，中国人民公安大学出版社2011年版，第426页。

〔2〕 参加车浩：《从华南虎照案看诈骗罪中的受害者责任》，载《法学》2008年第9期。

人的怀疑理应属于模糊怀疑，行为人成立诈骗罪既遂。一般人有能力和条件查证核实的，即当被害人的能力低于一般人时，此时不能简单地予以判断，还要看被害人是否具有投机心理。被害人有投机心理的，应采用以一般人为基准的客观说，被害人的怀疑属于具体怀疑，行为人不成立诈骗罪既遂。这主要考虑的是激发被害人的自我保护，同时，也是为了防止被害人以自己的弱势作为获得不符合交易规则的高额利益的机会。被害人没有投机心理的，应采用以被害人为基准的主观说，被害人的怀疑属于模糊怀疑，行为人成立诈骗罪既遂。这主要考虑的是对愚笨、无知等弱势被害人的保护。

除了上述被害人怀疑情形之外，有人提出在以下三种情形中可以考虑诈骗罪被害人责任，从而减轻犯罪行为人的刑事责任：第一，被害人事先对行为人存在违法犯罪行为，而引发行为人对其报复而实施诈骗的；第二，被害人的过错行为产生较强诱惑，诱发行为人可轻易地以不作为方式完成诈骗罪的；第三，在被害人不洁行为的参与下，如果被害人的错误认识主要由自身产生，行为人只是被动地接受财产并强化被害人的错误认识的。[1]当然，对此笔者是予以赞成的。只是这些情形所体现的被害人责任并非诈骗犯罪所特有的情形，而是属于所有犯罪所体现的被害人责任之情形，其内在机理也已在相关章节进行了阐述。

三、犯罪学意义上的诈骗犯罪被害人责任

从犯罪学角度来看，诈骗犯罪是最为典型的互动型犯罪，也即犯罪往往是在犯罪人与被害人相互作用，甚至在被害人的配合下得以发生和进行的。同样，诈骗犯罪也属于德国学者 R. 哈赛默所说的关系犯罪，即犯罪的完成需要有与犯罪构成要件之既遂相关的法益享有者作出配合违法计划的行为。关系犯罪的典型特征是，其特定的侵害模式需要以被害人的共同作用为前提。只要法益享有者没有与犯罪人发生互动，只要他不对行为的发展过程作出反应，或者拒绝与犯罪人发生共同的互动，就能够阻止其法益受到损害。即在关系犯罪中，被害人可以通过不作为或者作为切断与犯罪人的互动，阻止其处分财产就可以阻止其法益受到损害。[2]正因为此，有西方学者指出："诈骗

---

〔1〕　参见游涛：《普通诈骗罪研究》，中国人民公安大学出版社 2012 年版，第 188-189 页。

〔2〕　参见申柳华：《德国刑法被害人信条学研究》，中国人民公安大学出版社 2011 年版，第 325 页。

犯与其被害人构成一对合作者，共同进行同一诈骗活动，为共同的利益而勾结在一起，并因预定一笔大买卖的共同奢望而欢欣鼓舞、骚动不安。但被害人并没有意识到自己不过是服务于诈骗犯的欺骗目的的工具而正在受到愚弄。"[1]对于诈骗犯罪中的此类情形，《人物周刊》在评论麦道夫世纪诈骗案时说道："麦道夫入狱 150 年实属罪有应得，而骗局的受害者是否纯属无辜呢？说得难听点，骗子之所以能让那么多人变傻瓜，正是因为有那么多人愿意成为傻瓜。"[2]一言以蔽之，在诈骗犯罪中，被害人往往具有一定的推波助澜作用，也即被害人往往也具有一定的责任。

正如前文所述，诈骗犯罪被害人的特征主要为被害人的轻信和贪利，这恰恰也是诈骗犯罪被害人责任产生的内在起因。然而，轻信往往又是和贪利相关联的，正是在贪利的驱动下而轻信。当然，人具有逐利的本性，这是不言而喻的。正所谓"一个感性行为直接指挥者就是自身的自然需要，自然需要就是行为的唯一理由，除此而外绝无其他任何理由。"但是，"一个感性行为在其被实施时，行为者完全不考虑这种行为对他人带来什么有利或不利后果，完全不考虑由于这种后果而进一步引起他人对自己作出什么反应，也完全不考虑因他人的这种反应性行为对自己是有利还是不利。"[3]正因为此，行为者往往会表现出对他人的轻信。而对于信任，波兰学者彼得·什托姆普卡（Piotr Sztompka）曾说："信任是对他人未来可能发生的行动所打的赌"[4]。也如德国学者尼克拉斯·卢曼（Niklas Luhmann）所说："信任并不关涉到关于事情的基本真相，而是关涉到复杂性简化的成功，关涉到这种事实：接受包含的风险，在社会生活中已证明它自身，因而变成一种驱动力，产生进一步证明。就其有必要扩展其功能实现的能力而言，信任关涉到自身。"[5]说明

〔1〕［德］汉斯·约阿希姆·施奈德：《国际范围内的被害人》，许章润等译，中国人民公安大学出版社 1992 年版，第 251 页。

〔2〕麦道夫是前纳斯达克主席，他操控一只对冲基金给投资者造成至少 500 亿美元的损失。被判处 150 年监禁，处以 1700 亿美元罚款。《人物周刊》2009 年第 27 期，第 14 页。转引自潘庸鲁：《诈骗罪中的被害人过错问题研究》，载《云南大学学报（法学版）》2010 年第 4 期。

〔3〕张恒山：《法理要论》，北京大学出版社 2009 年版，第 3 页。

〔4〕［波兰］彼得·什托姆普卡：《信任：一种社会学理论》，程胜利译，中华书局 2005 年版，第 93 页。

〔5〕［德］尼克拉斯·卢曼：《信任：一个社会复杂性的简化机制》，瞿铁鹏、李强译，上海人民出版社 2005 年版，第 91 页。

信任是关涉未来之事，是与风险相并存的。那么，人在逐利的同时应承担可能的不利后果，也是理所当然。尤其是对于自己感性行为所导致的轻信，由此而产生的不利后果更没有完全转嫁他人之正当性。这在诈骗犯罪中就表现为被害人责任。这种因被害人贪利而轻信的诈骗犯罪在现实生活中是最常见的。比如，广东佛山市江弯路一个商店的门口围着一大堆人，正在观看"一元变百元"的魔术表演。一位张姓老太太也凑上前去看热闹。当她的一元钱在"魔术师"的手中真的变成了一百元时，她信以为真，心中便动了念头："何不把我的存款也拿来让他变一变，不就发大财了。"于是她急忙赶回家拿了存折，再到银行取了8万元现金，然后交给"魔术师"，让他把自己的钱变一变。"魔术师"在变的过程中换了包，8万元巨款不翼而飞。老太太有十张嘴也说不清了。就这样一笔巨款被骗子骗走。[1]这就是典型的被害人欲不劳而获，在等待天上掉馅饼的逐利心态驱动下的感性行为，从而轻信犯罪行为人使自己受骗的情形。

在诈骗犯罪被害人责任中被害人的轻信除了与贪利有关联的情形之外，也存在与贪利不相关的情形，或者说被害人的轻信主要是为了避免自己利益（人身或财产）的损失。比如，冒充司法机关打电话给被害人称其涉嫌洗钱或其他犯罪，让被害人将钱款打入"司法机关"指定的账户，以证明自己是清白的或者为了协助司法机关查办案件。被害人往往是担惊受怕、盲目服从，在既不了解司法程序也不核实实际的情况下轻信犯罪行为人，按照犯罪行为人的提示操作，从而使诈骗犯罪得以成功。当然，在犯罪学意义上，这种类型的诈骗犯罪被害人责任显然要小于因逐利而轻信的诈骗犯罪被害人责任。

---

[1]　参见赵可等：《一个被轻视的社会群体——犯罪被害人》，群众出版社2002年版，第115页。

犯罪被害人责任的证明

第一节 证明制度概述

证明制度是整个诉讼活动的中心环节，诉讼争议是否得到公平的解决和是否体现正义的结果，主要依赖于证明制度的完善以及在司法中的体现。随着人类认识能力的提升，由"人类的理性未开，诉讼中的证明首先依靠神的力量、依赖神的启示、神的意志来揭示案件事实"[1]，到如今已经形成较为完整的证明体系。不过，其中需要进一步探讨的问题依然颇多。在此仅对证明的含义、证明的阶段、证明的对象和证明的作用进行阐释，至于证明的主体、证明的标准和证明的方法将于后文相关的内容中再作详细叙述。

一、证明的含义

"证明"这个词语不仅广泛运用于日常生活中，而且也普遍适用于专业领域，且无论是自然科学还是社会科学皆有意识或无意识地将其作为叙述或探知的工具。比如，《现代汉语词典》对"证明"的解释是：作为动词时，是"用可靠的材料来表明或断定人或事物的真实性"；作为名词时，是"证明书或证明信"。[2]而《不列颠百科全书（国外中文版）》的解释则是："一种确定命题正确性的逻辑论证，尽管证明也可以基于归纳逻辑，但这个术语一般

---

〔1〕 樊崇义主编：《证据法学》，法律出版社 2017 年版，第 254 页。
〔2〕 参见中国社会科学院语言研究所词典编辑室编：《现代汉语词典》，商务印书馆 2016 年版，第 1673 页。

意味着严格演绎。在逻辑和数学的形式公理系统中，一个证明是否合乎公式（按照公认的规则生成）的一个有线序列，其中：（1）每个公式是一个公理或者是从前面一个或若干个公式通过正确推理推导出的公式；（2）最后一个公式是待证明的公式。"[1]简而言之，"证明"若作为动词使用时，就是运用已知通过一定的方法合乎规律地认识未知。所以，"在科学研究中，任何成果的出现都必须有相应的证明。在日常生活中，人们有时候也会为了确认一些事实的真实性进行证明活动。可以说，证明在某种程度上就是人类认识世界，获取真理的行为和过程。"[2]

在法学领域，尤其是在证据法等司法领域，证明也有其特定的含义。正如有学者所说的："与日常生活中的经验证明和科学研究中的科学证明不同，证据法上的证明是法律人从已知的事实情况（证据事实和案件事实）出发，去追求预期的真实目标（案件事实真相）的规范适用和秩序建构活动，不仅要面向过去，以纯粹客观的态度去发现已经发生的案件事实情况，而且要面向未来的生活安排，进行价值的权衡、利益的平衡和权利义务的公平配置。"[3]也正因为此，人们有时候将司法领域（主要针对证据的获取和运用而言）的证明称为诉讼证明或司法证明。至于对证明含义的理解，中外的看法也是观点纷呈，现举出一些具有代表性的定义，以此来窥探其共同的本质与认识的差异。

国外对证明含义的代表性看法。英国学者麦考密克（Neil MacCormick）认为："在一个案例中，'证明'作为法律程序，它的结果是那些有权威的人（法官或陪审团）在当事方提交或承认的证据基础上进行的一系列'事实发现'活动。法官或陪审团所'发现'的'事实'随即被确认为真实的。这样做是为了实现诉讼的目的。除非在上诉过程中被上级法院法官'推翻'，这些'事实'必须被当作真理接受。'证明'是一个重构事实的过程，其中特定的命题将因为符合法律的目的而被采信，特别是为了实现当下诉讼的目的。"[4]

---

〔1〕　中国大百科全书出版社不列颠百科全书编辑部编译：《不列颠百科全书（国际中文版）》，中国大百科全书出版社 1999 年版，第 111 页。转引自张璐：《定罪证明标准研究》，中国人民公安大学出版社 2016 年版，第 6 页。

〔2〕　樊崇义主编：《证据法学》，法律出版社 2017 年版，第 252 页。

〔3〕　高家伟：《证据法基本范畴研究》，中国人民公安大学出版社、群众出版社 2018 年版，第 253 页。

〔4〕　［英］尼尔·麦考密克：《法律推理与法律理论》，姜峰译，法律出版社 2005 年版，第 25 页。

德国学者罗科信认为："证明是指法官对所指陈之事实产生确信。相对地，释明则使人相信其具有可能性即可，例如法官之回避，回复原状之申请中理由之释明及对拒绝证言时理由之释明。"〔1〕日本有学者认为："证明者，即使审判官对于某种事实之真否具有完全确信之作用也。"〔2〕"一般地说，指明确某种情况和命题是准确无误的。诉讼上，以使审判官确信争执事实之有无的当事人努力（举证），并且据此，审判官得到确信的状态，谓之证明。"〔3〕

国内对证明含义的代表性看法。江伟等学者认为，证明"在近现代的诉讼制度中，指证明主体在证明责任的作用和支配下，运用证据这个证明方法求证或探知证明客体的抽象思维活动和具体诉讼行为，简单地说，证明就是认知案件事实的理念运动和具体过程的统一。"〔4〕何家弘教授认为："证明就是用证据来明确、说明或表明，司法活动中的证明，就是司法人员或司法活动的参与者运用证据说明和表明案件事实存在与否的活动。这包括两层含义：其一是提出事实主张的当事人、律师、检察官等用证据向法官说明或表明案件事实存在与否的活动；其二是司法人员运用证据查明和认定案件事实的认识活动。狭义的证明仅指前一种含义上的证明。"〔5〕卞建林等学者认为："在诉讼领域，证明就是国家公诉机关和诉讼当事人在法庭审理中依照法律规定的程序和要求向审判机关提出证据，运用证据阐明争议事实、论证诉讼主张的活动。"〔6〕樊崇义等学者认为，证明"是指诉讼主体按照法定的程序和标准，运用已知的证据和事实来认定案件事实的活动。"〔7〕

通过观察以上中外学者对证明含义的不同看法，可以发现在"以已知探知未知"这个核心要素上是一致的，而分歧主要体现在证明的主体、阶段、对象、责任、标准等方面，只有将这些方面都予以厘清之后才能给出完整而

〔1〕　［德］克劳思·罗科信：《刑事诉讼法》，吴丽琪译，法律出版社 2003 年版，第 207 页。

〔2〕　［日］松冈义正：《民事证据论》，张知本译，中国政法大学出版社 2004 年版，第 13 页。

〔3〕　［日］我妻荣等编：《新法律学辞典》，董璠舆等译校，中国政法大学出版社 1991 年版，第 501 页。

〔4〕　江伟主编：《证据法学》，法律出版社 1999 年版，第 49 页。

〔5〕　何家弘：《论司法证明的目的和标准——兼论司法证明的基本概念和范畴》，载《法学研究》2001 年第 6 期。

〔6〕　卞建林等：《诉讼证明：一个亟待重塑的概念》，载何家弘主编：《证据学论坛》（第三卷），中国检察出版社 2001 年版，第 24 页。

〔7〕　樊崇义主编：《证据法学》，法律出版社 2017 年版，第 252 页。

确切的定义，这将于下文逐步予以阐述。故在此的定义是建立在以下论述基础上得出的，即司法中的证明，是指诉讼主体在整个诉讼阶段依照各自的责任和相应的标准运用一定的方法对所需认定的事实进行认定的活动。

二、证明的阶段

证明是仅限于审判阶段还是贯穿于立案、侦查、提起公诉、审判等整个刑事诉讼过程，历来都存在着不同的看法。有的学者认为证明仅存在于审判阶段，如卞建林教授认为："诉讼证明只在审判阶段发生，法庭审理前的收集提取证据只是为在法庭上进行司法证明打下基础，创造条件。诉讼证明的目标指向是审判人员，即向裁判者证明或者证明给裁判者看，以便说服作为裁判者的法官确认或接受自己的诉讼主张并达到法律所要求的程度，最终获得于己方有利的判决。"[1]在我国以审判为中心的诉讼模式改革的当下，该观点具有一定的应景性。但也有学者认为证明存在于诉讼过程的各阶段，如陈光中等学者认为："结合我国相关立法和实践，为了更加全面地对刑事证明活动加以规范，我国应当将整个诉讼过程中相应的证据收集、审查和判断活动均纳入证明的范畴，而不是仅仅定在审判阶段。"[2]也即在立案、侦查、起诉、审判过程中均存在证明活动。

笔者赞成证明应当贯穿于整个诉讼过程。证明的本质属性就是"以已知探知未知"，其贯穿于侦查、起诉、审判等各阶段，目的都是为了查明案件事实真相。虽然"侦查、起诉中的证据收集活动属于国家机关的职权行为，是为法庭证明活动进行准备，其所作出的事实认定仅具有相关的程序意义而并无判定被追诉人有罪的法律后果。"[3]但这只是被证明的事实运用的主体和阶段性目的的不同，并不影响证明活动本身的属性。并且，各阶段的事实认定也是相互促进、相互印证的关系，从侦查、起诉到审判的过程来看，事实的认定也是一种手段和目的的递进关系，理应不能将其割裂。否则，既是对人们思维活动的阻断，也是对现实客观联系的无视。另外，若将证明仅局限于审判阶段，将人为地缩小了对证明的研究范围。毕竟不是每个案件都会进入审

---

〔1〕 卞建林：《诉讼证明概念辨析》，载《检察日报》2000 年 8 月 31 日，第 3 版。

〔2〕 陈光中主编：《证据法学》，法律出版社 2011 年版，第 281—282 页。

〔3〕 张璐：《定罪证明标准研究》，中国人民公安大学出版社 2016 年版，第 9—10 页。

判阶段，案件在侦查阶段有可能因被撤销案件而终结，起诉阶段也有可能因各种不起诉而终结。无论是侦查阶段还是起诉阶段，对未知事实认定的思维、方法与审判阶段并无二致，将它们分隔开来不利于对证明活动的整体研究。还有就是，将证明局限于审判阶段导致实质上只是"审判证明"，与"司法证明""诉讼证明"等习惯用语不符。

三、证明的对象

证明对象，也称为证明客体、待证事实、要证事实，其得以明确对于整个诉讼活动都具有极其重要的意义。正因为此，有学者指出："证明对象，是诉讼证明的前提和基础。只有首先明确了证明对象，才能进一步分配证明责任，设置相应证明标准，取证、举证、质证和认证等证明活动才能有的放矢地进行。"[1]而且，一些国家将证明对象规定于诉讼法中。如针对刑事诉讼的证明对象，《意大利刑事诉讼法典》第187条规定的证明对象包括：（1）与控告、可罚性、刑罚或保安处分的适用有关的事实；（2）与适用诉讼规范有关的事实；（3）如设立了民事当事人，与因犯罪而产生的民事责任有关的事实亦为证明对象。[2]《俄罗斯联邦刑事诉讼法典》第73条规定的证明对象有：（1）犯罪事件（实施犯罪的时间、地点、方式和其他情节）；（2）刑事被告人实施犯罪的罪过，罪过的形式和犯罪动机；（3）说明刑事被告人个人身份的情况；（4）犯罪所造成的损害的性质和大小；（5）排除行为有罪性质和应受刑罚性质的情节；（6）减轻和加重刑罚的情节；（7）可能导致免除刑事责任和免除刑罚的情节。此外，还应查明促成犯罪的情况。[3]

我国刑事诉讼的证明对象在相关的刑事法中也有规定，如2021年《最高人民法院关于适用〈中华人民共和国刑事诉讼法〉的解释》第72条第1款："应当运用证据证明的条件事实包括：（一）被告人、被害人的身份；（二）被指控的犯罪是否存在；（三）被指控的犯罪是否为被告人所实施；（四）被告人有无刑事责任能力，有无罪过，实施犯罪的动机、目的；（五）实施犯罪的时

---

〔1〕 宋英辉主编：《刑事诉讼法学研究述评（1978-2008）》，北京师范大学出版社2009年版，第646页。

〔2〕 参见《意大利刑事诉讼法典》，黄风译，中国政法大学出版社1994年版，第67页。

〔3〕 参见《俄罗斯联邦刑事诉讼法典》，黄道秀译，中国政法大学出版社2003年版，第63页。

间、地点、手段、后果以及案件起因等；（六）是否系共同犯罪或者犯罪事实存在关联，以及被告人在犯罪中的地位、作用；（七）被告人有无从重、从轻、减轻、免除处罚情节；（八）有关涉及财物处理的事实；（九）有关附带民事诉讼的事实；（十）有关管理、回避、延期审理的程序事实；（十一）与定罪量刑有关的其他事实。"

不过，在理论界关于证明对象的范围一直存在着争议，学者们根据不同的标准进行不同的划分，从不同的视角出发，产生各种不同的解释。对此问题，理论界可以说呈现出"热闹非凡"的景象。比如，从事实的性质来看，有的学者认为证明对象是案件事实，有的学者认为证明对象是争议事实（或称系争事实），还有的学者认为证明对象若是案件事实过于宽泛，若是争议事实又过于狭窄，故应当是法律要件事实（或称法律事实、要件事实）。从事实的法律属性来看，证明对象除了是实体法事实之外，是否还包括程序法事实与证据法事实、程序法事实是否都属于证明对象，存在争议。对于理论界的研究状况，较早就有学者提出，在今后的证明对象研究工作中，应当"注意各个研究方向的联系，不能孤立地将事实从不同层次、不同角度加以区分，更要关注这些区分内容的内在联系，从而使证明对象的研究形成一个整体。"〔1〕

对于证明对象的范围，笔者认为不应人为地进行限制，只要是需要证据予以认定的事实都属于证明对象。正如有学者所说的："之所以将某一事实称为证明对象，至少意味着在案件的处理过程中，该事实有必要加以认定，而之所以有必要认定，是因为该事实存在与否会对案件处理结果产生影响；换言之，对案件处理结果有影响的事实，原则上就具有在诉讼中运用证据加以证明的必要性，就应当是证明对象。"〔2〕并且，从逻辑上来看，也只有事实经过证明以后才能对其进行筛选，才能确定其在诉讼各阶段发挥的功能。这种对事实证明的过程就是对事实的认识过程，从未知到已知，被认识的事实就是证明对象。

四、证明的作用

证明与我们人类生活的紧密性不言而喻。但是，在诉讼活动中，证明也

〔1〕 闵春雷、刘铭：《证明对象研究走向评析》，载《吉林大学社会科学学报》2009 年第 2 期。

〔2〕 孙远：《证明对象、要件事实与犯罪构成》，载《政治与法律》2011 年第 8 期。

具有一些特定的作用。有学者从诉讼的主体、客体和行为角度，提出证明有三个方面的作用：第一，从诉讼主体上说，证明制度为不同诉讼主体规定了不同的诉讼权利（力）和义务，各诉讼主体必须根据这些权利（力）、义务进行诉讼活动，实现诉讼目的；第二，从诉讼客体上说，证明制度为诉讼设置了重要的诉讼客体，即案件事实；第三，从诉讼行为上说，证明制度中规定的方法、程序等，为各诉讼主体进行诉讼行为规定了重要的依据和标准。[1]当然，这主要是从诉讼活动内部所作的归纳。

　　证明在诉讼活动内部的作用除了上面所说的之外，还有终结诉讼的作用。由于对于纷繁复杂而又无限多样的社会现象与自然现象，我们人类在认识手段和认识能力上都具有天然的不足与局限性，故而也就存在"作为诉讼基础的事件不可能在每个细节上均能得到澄清（aufgeklärt），对于法官的裁决具有重要意义的事实，既不能查明已经发生，也不能查明没有发生。"[2]于是，这样就可能导致诉讼无法终结。为此，人类自古罗马法时代[3]开始即以证明责任制度来填补这种智识上的缺憾，使悬而未决的现实问题得以解决。也正因为此，古法谚有："证明责任乃诉讼的脊梁"。[4]这形象地反映了证明责任在诉讼中的重要意义。对此国外有学者做过精妙的叙述："尽管从表面看审判是一个发现真实的过程，但其实质为一场戏剧，公众通过参与其中而获取应当如何行动的信息；尽管一般情况下增加裁判事实的精确性能够促进裁判的可接受性，但事实并非总是如此，且一些证据规则确立的目的并不是为了获得裁判事实的精确性，而是直接指向裁判事实之可接受性。"[5]所以，通过证明活动中的证明责任的分配来体现程序的公正，从而达到裁判事实的可接受性，使诉讼能够得以终结。

---

　　〔1〕　参见樊崇义主编：《证据法学》，法律出版社 2017 年版，第 256-257 页。

　　〔2〕　[德] 莱奥·罗森贝克：《证明责任论》，庄敬华译，中国法制出版社 2018 年版，第 2 页。

　　〔3〕　古罗马法上关于证明责任制度的规定主要体现为学者们概括的五句话，即："为主张之人负有证明义务，为否定之人则无之""事物之性质上，否定之人无须证明""原告不举证证明，被告即获胜诉""原告对于其诉，以及以其诉请求之权利，须举证证明之""若提出抗辩，则就其抗辩有举证之必要"。参见樊崇义主编：《证据法学》，法律出版社 2017 年版，第 271 页。

　　〔4〕　参见陈卫东主编：《刑事证据问题研究》，中国人民大学出版社 2016 年版，第 135 页。

　　〔5〕　See Charles Nesson, "The Evidence or the Event? On Judicial Proof and the Acceptability of Verdicts", *Harvard Law Review*, 1985, pp. 1357-1392, 转引自张璐：《定罪证明标准研究》，中国人民公安大学出版社 2016 年版，第 74 页。

另外，证明还具有于诉讼活动外保障实体法得以实施的前提性作用。实体法是通过构成要件的设置来运用，而作为前提性条件的构成要件的符合性，必须通过证明。比如，作为刑法中规定的犯罪构成，是认定犯罪的法律标准。"任何符合某种犯罪构成的行为（小前提），就成立犯罪（结论）；凡是不符合犯罪构成的，就不成立犯罪。就认定犯罪的法律标准而言，除了犯罪构成之外没有别的标准，也不能在犯罪构成之外附加其他任何条件，所以，犯罪构成是认定犯罪的唯一法律标准。换言之，行为符合犯罪构成是认定犯罪的唯一根据。"[1]但这都是建基于已知被证明认可的事实与犯罪构成事实相符合的假设之上的。正如有学者所说："翻阅刑法教科书的案例，往往看起来'轻而易举'，亦即，我们好似全知全能的上帝，对于犯罪事实真相（也就是行为人的所作所为）了若指掌；我们只要解决到底哪些'已知'的犯罪事实在刑法上如何评价即可。然而，刑事诉讼法必须处理的根本难题是：何从得知？"[2]也就是说，刑法的适用还需要首先通过刑事诉讼法解决"何从得知"的问题，也即证明活动。"如果无视诉讼证明及事实不明的真实审判困境，不管刑法理论演绎如何精彩，终究只是空中楼阁。"[3]所以，证明是实体法得以实施的前提性条件。

第二节　犯罪被害人责任的证明责任

证明责任是刑事诉讼法、民事诉讼法和行政诉讼法中规定的诉讼制度，也是证据制度中的重要内容。不过，我国三大诉讼法中都采纳的是"举证责任"的表述，而没有采用"证明责任"的表述。可是，"举证责任、证明责任二者究竟是一种什么样的关系，二者的内涵该如何界定，这两种责任对刑事证明的展开究竟有什么样的影响力，对于这些问题的争论历来风起云涌，各种观点千差万别，尚没有形成定论。"[4]因此，对于证明责任的基础性研究还有待加强。于是，对于被害人责任的证明责任研究也是尝试性地对证明责

---

〔1〕　张明楷：《刑法学》（第六版）（上），法律出版社 2021 年版，第 129 页。

〔2〕　林钰雄：《刑事诉讼法》（上册 总论编），中国人民大学出版社 2005 年版，第 5 页。

〔3〕　卢然：《澄清正当防卫证明责任分配误区》，载《中国社会科学报》2021 年 5 月 19 日，第 A4 版。

〔4〕　宁松：《刑事举证责任研究》，中国检察出版社 2013 年版，第 23 页。

任适用进行拓展，为司法实践提供一些智识上的支持。

一、证明责任的划分

作为证明制度的重要组成部分的证明责任，从语义上来看，由"证明"和"责任"组成。其中，"证明通过两种途径实现：一种是证明材料本身就可以表明要证的结论，如计划书就是从事某项活动的目的和动机的证明；另一种是必须根据证明材料进行推论之后，才能得出要证的结论。这两种途径都是人类特有的认识活动。证明这一概念在社会生活中使用极其广泛。"〔1〕至于责任，《现代汉语辞海》和《现代汉语词典》等工具书的解释为：（1）分内应做的事；（2）没有做好分内的事因而应当承担的过失。〔2〕这里的"应当承担的过失"其实就是"应承担的不利后果或强制性义务"。〔3〕于是，对于诉讼中证明责任的含义，虽然学界存在歧见，但是得到普遍认可的解释，如龙宗智教授所说的："证明责任，是一个可以作出多种解释的词语。避开概念性纷争，按国内教科书与研究性文著的一般解释，它是指提出证据证明案件事实的证明负担，其实质是不利后果的承受，即承担证明责任的主体未能有效履行其证明责任则承担其诉讼主张不能成立的不利诉讼后果。"〔4〕另外，虽然关于证明责任与举证责任二者之间的关系存在同一说、并列说、大小说、包容说与前后说等多种不同看法，但是，笔者还是赞成同一说的观点，也即认为证明责任和举证责任是同一个概念。〔5〕不过，对证明责任内部结构的划分

---

〔1〕 樊崇义主编：《证据法学》，法律出版社 2017 年版，第 252 页。

〔2〕 参见倪文杰等主编：《现代汉语辞海》，人民中国出版社 1994 年版，第 1485 页；参见中国社会科学院语言研究所词典编辑室编：《现代汉语词典》（2002 年增补本），商务印书馆 2002 年版，第 1574 页。

〔3〕 参见张文显：《法哲学范畴研究》（修订版），中国政法大学出版社 2001 年版，第 118 页。

〔4〕 龙宗智：《刑事证明责任制度若干问题新探》，载《现代法学》2008 年第 4 期。

〔5〕 同一说的理由：第一，并列说和大小说将证明责任和举证责任仅从证明或者举证的主体来区别，意义并不大。虽然国家司法机关在承担证明责任方面可能具有比普通公民强大得多的能力和优势，但是，加强公民或者诉讼当事人的证明责任，弱化司法机关尤其是法院的证明责任，是包括我国在内世界各国诉讼制度发展的潮流；第二，并列说、包容说和前后说将提出证据的责任作为举证责任，而不与其承担的诉讼风险联系在一起，则会使举证责任这一概念显得没有任何意义，因为如果举证责任与诉讼风险没有关系，当事人根本就不会理会举证一事。这样一来，收集和提供证据的责任只能落在裁判者身上，这与诉讼原理是相矛盾的。参见樊崇义主编：《证据法学》，法律出版社 2017 年版，第 270 页。

在两大法系中及我国理论界也都存在着一些差异。

证明责任制度作为舶来品，在采取当事人主义诉讼体制的英美法系中，普遍认为证明责任包括提供证据责任和说服责任两大类。提供证据责任又称为推进诉讼的责任，是指当事人向法官提供足以使案件交予陪审团评议的证据的行为责任，未履行提供证据责任的案件不得交予陪审团评议，由法官通过指示评议进行判决。说服责任是指当事人对交予陪审团进行事实认定的案件，在审判程序的最后阶段，因事实真伪不明而承担的诉讼不利益。[1]也即说服责任包括了结果责任，就当事人"未证明"，即"未说服"而言，结果责任将事实真伪不明和不存在简化为了"未说服"，这种简化无疑是在当事人主义的诉讼制度语境中所产生的"直面当事人的证明"裁判视角。[2]提供证据责任双方当事人都可以承担，且可以在双方当事人之间转移，从而推进诉讼的进程。说服责任在诉讼开始时就始终由一方当事人承担，且不因诉讼的推进而发生转移。

在采取职权主义诉讼体制的大陆法系中，一般将证明责任分为主观的证明责任和客观的证明责任两个层次。主观的证明责任，又称为形式的证明责任、行为责任，强调当事人要提供证据进行诉讼活动，而不是仅主张事实而不提出证据加以证明。简言之，强调当事人的举证行为，而不涉及诉讼后果问题。客观的证明责任，又称为实质的证明责任、结果责任，强调证明责任与诉讼结果的密切关系，在诉讼程序结束时，如果案件事实仍然处于真伪不明的状态，法官既不能拒绝裁判，也不得任意裁判，而必须根据结果责任判定不利益的归属。[3]

关于两大法系中对证明责任的划分，正如陈光中等学者所认为的，虽然在表述上有所不同，其实在本质上并无差别，都是从动态和静态两个层次进行的。"就动态层次而言，无论是大陆法系的主观证明责任，还是英美法系的提供证据的责任或者推进诉讼的责任，都是从诉讼过程的角度提出的，强调的是当事人负有使自己的主张成为争点的责任，从而推动诉讼程序持续深入进行下去。就静态层次而言，无论是大陆法系的客观证明责任，还是英美法系的说服责任，都是指法庭调查结束时由何方承担事实真伪不明的责任。"[4]

〔1〕　参见张云鹏：《刑事推定论》，法律出版社2011年版，第172页。
〔2〕　参见周洪波：《客观—主观证明责任体系解构》，载《法学家》2021年第1期。
〔3〕　参见张云鹏：《刑事推定论》，法律出版社2011年版，第172页。
〔4〕　陈光中、陈学权：《中国语境下的刑事证明责任理论》，载《法制与社会发展》2010年第2期。

不过，在英美法系国家，证明责任是当事人的事情，法官不负任何证明责任。在大陆法系国家，刑事案件多由检察机关代表国家起诉，故检察官应当证明自己的控诉，但也必须顾及被告人无罪及罪轻的情况。法院应当根据职权积极主动地收集、调查证据，不受检察官或被告人提出的证据的限制。被告不负证明责任。[1]

"新中国成立后，无论是理论界还是司法实务界也都一直是把证明责任理解为当事人对自己提出的主张，有责任提供证据。对真伪不明以及证明责任是用来解决此种困难情形下法院如何裁判这一客观证明责任概念并不认同。后来，随着社会生活、经济体制、诉讼模式的变化，客观证明责任这一概念才逐步得到理论界承认和采用。"[2]于是，我国学者受两大法系中证明责任划分的影响，也产生了多种观点。其中，具有代表性的观点是二层次说和四层次说。二层次说主要是借鉴两大法系的划分。四层次说是将证明责任划分为主张责任、推进责任（或称提供证据责任）、说服责任和结果责任（或称不利后果负担责任）四个层面。并且，这四种责任紧密相连不可分割，而且呈现出一种层层递进的关系，后者以前者为基础和条件。[3]不过，笔者并不赞成这种看似精细而人为分割证明责任的四层次说。因为当事人对裁判者无论是提出主张还是提供证据，目的都是为了使其相信自己而获得对己有利的评判，从本质上来看，整个证明过程都是如此，且当事人在证明过程中的各种行为与目的都是有机的整体，不应违背实际情况对此人为地进行分割。同样，任何一方在提出自己的主张时也应提供相应的证据，只是对证据的要求不同而已。另外，从"责任"的本意来看，就包含着不利后果的承担，故证明责任始终是内含不利后果承担的意蕴，只不过这种不利后果是否是终局意义上的，

---

[1] 参见樊崇义主编：《证据法学》，法律出版社2017年版，第272页。

[2] 李浩：《证明责任的概念——实务与理论的背离》，载《当代法学》2017年第5期。

[3] 主张责任就是指当事人在诉讼中有提出诉讼主张的责任，其是证明责任的基础。也就是说，当事人首先必须明白自己到底该需要什么、能需要什么以及应该以何种方式表达和实现自己的需要；推进责任是指在案件受理或者登记的过程中，当事人依据有关法律的规定，按照提示或指示的范围、内容、标准、方式和格式，提供证据材料、表达事实意见、申明事实主张的义务；说服责任是指当事人所承担的运用证据对案件事实进行说明、论证，使法官形成对案件事实的内心确信的责任；结果责任是指法官根据当事人举证、质证的整体情况进行综合认定，各方当事人根据自己履行举证义务的整体情况而承担相应的事实认定后果。不过，只有在案件事实经过一系列证明过程后仍处于真伪不明状态时，才会实际发生。参见李汉昌、刘田玉：《统一的诉讼举证责任》，载《法学研究》2005年第2期；参见卞建林主编：《证据法学》，中国政法大学出版社2005年版，第325-327页。

存在着差异。学者们所说的结果责任中不利后果就属于终局意义上的不利后果，而在此之前虽然没有提供证据的义务，但不提供证据会减少对自己有利评价的因素，这也是一种不利后果，只是这不是终局意义上的而已。所以，笔者赞成使用提供证据责任和说服责任的二分法，其中说服责任含有终局意义上的不利后果，也即在争议双方所提供的证据仍不能判明真伪时，由有提供证据义务的一方承担不利后果。

二、辩护方有无证明责任之辨析

证明责任的主体范围一般以是否具有诉讼主张来予以划分，由于法院要保持中立的立场而没有自己的诉讼主张，所以，法院不是证明责任的主体。这种将法院排除在证明责任的主体范围之外的结论，一般没有异议。正所谓："法官不是用证据去向他人说明或者表明案件事实的人，而是查明案件事实的人，是接受或认定证据所说明或表明之案件事实的人。换言之，他们不是证明活动中的说服者，而是被说服者。诚然，法官在必要的情况下也可以自己去收集证据，但这是为了查明案件事实，为了让自己明白，不是为了让他人明白。"[1]但是，对于犯罪嫌疑人、被告人（辩护方）是否属于证明责任的主体存在一定的争议。

肯定论者认为，犯罪嫌疑人、被告人一般不承担证明责任，也即没有提出证明自己无罪的义务，但也存在例外。例外情形主要有三类：一是涉及"非法所得罪"的案件，如我国《刑法》第 395 条第 1 款规定的巨额财产来源不明罪，对于国家工作人员的财产或者支出明显超过合法收入且差额巨大的，犯罪嫌疑人、被告人要证明其合法来源；二是在自诉案件中，被告人提出反诉的，对反诉要承担证明责任；三是对于一些程序法事实，犯罪嫌疑人、被告人要承担证明责任。[2]并且，特定情形下由辩护方承担证明责任，并没有破坏或者背离无罪推定原则以及不被强迫自证其罪规则，而是体现了证明责任转移、倒置和刑事推定的正当要求，是对控诉方承担证明责任的有效补充。[3]因

---

〔1〕 何家弘：《论司法证明的目的和标准——兼论司法证明的基本概念和范畴》，载《法学研究》2001 年第 6 期。

〔2〕 参见樊崇义主编：《证据法学》，法律出版社 2017 年版，第 275 页。

〔3〕 参见房保国：《论辩护方的证明责任》，载《政法论坛》2012 年第 6 期。

为"无罪推定原则在证明责任分配上仅仅是就被告人有罪的证明责任承担问题进行了分配，并未就被告人无罪及其他情形下的证明责任进行分配。因此，法律完全可以规定，在有些特殊情形下，应要求被告人承担无罪主张的证明责任。这就好比在规定法律面前人人平等原则的同时，法律还可以规定保障人大代表履职的特别权利条款。"[1]

否定论者认为，刑事诉讼中的举证责任不是提出任何证据的责任，而是提出关于被告人有罪的证据的责任。因为刑事诉讼并不是因为或者是为了证明被告人无罪而发生的，相反是因为控方认为被告人有罪而发动的。被告人不承担证明自己无罪的举证责任，更不承担证明自己有罪的举证责任。所以，辩护方针对特定事项提出相关证据的具体行为，都不能认为是履行举证责任。[2]另外，从犯罪构成来看，我国刑法并无所谓"积极抗辩事由"的明确规定，也使得被告人承担英美法意义上的"积极抗辩事由"的说服责任于法无据。并且，被告人承担说服责任可能导致疑罪从无规则在实践中更难以贯彻，进一步恶化被告人的处境，使本来必须予以矫正的疑罪从有或者从轻的做法合法化。除此之外，对于提供证据责任，即使是相对轻微的责任，也不宜由被告人承担，否则，难免让人产生被告人必须要"自证清白"的印象。[3]

笔者认为，应当承认辩护方具有证明责任中的提供证据责任，而说服责任一般不具有，只有在特定事项中具有。对于提供证据责任，辩护方始终具有，这也是为了维护其自身利益的需要。因为"在某些情况下，为了当事人的利益，需要对罪行加以'否定证明'，而用以进行这种否定证明的事实（如果存在的话）又只有当事人自己知道，这时候，困难就产生了。因为在这种特殊的情况下，一旦控诉人提出的证据在一个有理智的人看来已足以对罪行作出肯定性的判定，那么，提出肯定性的反证对罪行作出否定证明的责任就落到了被告人身上。因此，如果他不能提出这种证据，就会被认为不具有这种证据，相应地，就可以认为控告人的指控是能够成立的。"[4]当然，辩护方

〔1〕 陈卫东主编：《刑事证据问题研究》，中国人民大学出版社 2016 年版，第 139 页。
〔2〕 参见顾永忠：《论我国刑事公诉案件举证责任的突破、误区及理论根基》，载《甘肃社会科学》2015 年第 2 期。
〔3〕 参见李昌盛：《积极抗辩事由的证明责任：误解与澄清》，载《法学研究》2016 年第 2 期。
〔4〕 [英] J·W·塞西尔·特纳：《肯尼刑法原理》，王国庆等译，华夏出版社 1989 年版，第 508 页。

具有提供证据责任的最终目的是影响法官心证。因为法官心证出现不利于被告人的情形时，辩护方不主动提供证据予以干预，必然会产生不利于自己的后果。于是，有时不能完全依赖相关机关都能收集到有利于自己的证据，这不仅是因为相关机关有时是客观不能，有时是主观不愿，毕竟相关机关都有各自的利益取向。所以，否定辩护方提供证据责任的被动思维，虽然会减轻辩护方的负担，但可能最终受到损害的还是被告人。另外，有些案件事实可能只有被告最清楚，或者其最易于获得证据，让其承担提供证据责任也有利于查清案件事实，提高诉讼效率。至于说服责任，一般情况下辩护方不应当承担，否则就与保护被告人的无罪推定原则相冲突。因为从无罪推定可以得出的两个推论来看，一是辩护方具有"不自证其罪"的权利，也就是说控诉方才有证明犯罪嫌疑人有罪的责任，辩护方没有这种责任；二是控诉方的有罪证明应当是完全的证明，也就是说控诉方有罪证明存在瑕疵应当承担证明不能的后果，法官按照无罪推定原则作出无罪判决，即"疑案从无"。然而，当被告人不能证明赖以定罪的部分案件事实不存在，或者其提供的证据与控诉方不相上下，此时要么辩护方证明这部分事实存在，要么作出有利于控诉方的裁判。这两种情况下辩护方都承担了证明自己无罪的证明责任，与上述第一个无罪推定原则的推论相矛盾。[1]不过，虽然辩护方不承担说服责任但并没有剥夺辩护方提供证据的权利。我国《刑事诉讼法》第 50 条中将"犯罪嫌疑人、被告人供述和辩解"作为证据的种类之一，可以说是对此而言的法律依据。需要辩护方承担说服责任的例外情况除上面提到的之外，还有如《刑法》第 282 条第 2 款规定的非法持有国家绝密、机密文件、资料、物品罪，犯罪嫌疑人、被告人对持有物的来源和用途承担说服责任。

三、被害人责任的证明责任之分配

证明责任的分配原则肇始于罗马私法，其一般原则如"提出肯定主张的人有证明责任，提出否定主张的人无证明责任""被告由于提出抗辩而成为原告"等法谚的表述。[2]证明责任的分配不仅是一个追求实体正义的需要，如学者所说的："刑事诉讼中，对于案件事实之追究、澄清或者建构，有赖于包

---

〔1〕　参见张斌：《论被告人承担客观证明责任》，载《中国刑事法杂志》2007 年第 5 期。
〔2〕　参见李昌盛：《积极抗辩事由的证明责任：误解与澄清》，载《法学研究》2016 年第 2 期。

括被告方在内的诉讼主体之证明责任分配及其履行。"〔1〕也是一个追求程序公正的需要，正所谓"刑事举证责任的分配是对案件事实真伪不明的风险责任的分配，基于法的安定性的要求，刑事举证责任的分配必须具备可预见性，否则就会使得诉讼程序丧失透明性。"〔2〕同样，证明责任的分配既是一个体现诉讼中公平正义的理论问题也是一个解决人类认识无法企及时的实践问题。

我国《刑事诉讼法》第51条规定："公诉案件中被告人有罪的举证责任由人民检察院承担，自诉案件中被告人有罪的举证责任由自诉人承担。"第52条规定："审判人员、检察人员、侦查人员必须依照法定程序，收集能够证实犯罪嫌疑人、被告人有罪或者无罪、犯罪情节轻重的各种证据……"据此，我国采纳的是职权主义刑事诉讼模式，确立了"审判人员、检察人员、侦查人员依法客观、充分、全面取证，被告人有罪的证明责任由检察院承担"的制度。〔3〕然而，被害人责任属于证明被告人无罪或罪轻的事由，对此的证明责任我国法律并没有直接的明确规定。但根据现有的规定可以认为，证明被害人责任的证据也属于审判人员、检察人员、侦查人员依法收集的范畴。不过，对于属于被害人责任的典型性的正当防卫，相关规范性文件有所涉及，如2020年8月28日印发的《最高人民法院　最高人民检察院　公安部关于依法适用正当防卫制度的指导意见》中规定："要全面审查事实证据，认真听取各方意见，高度重视犯罪嫌疑人、被告人及其辩护人提出的正当防卫或者防卫过当的辩解、辩护意见，并及时核查，以准确认定事实、正确适用法律。"显然，这里并没有将正当防卫或者防卫过当的证明责任分配给辩护方，而是隐含了辩护方对正当防卫或者防卫过当有提出的权利。

对于被害人责任的证明，虽然侦查、检察机关在各阶段都有证明责任，但现实中他们主要以与被害人责任这种有利于犯罪嫌疑人、被告人相反的方向为目标。所以从一个理性人的角度来看，对被害人责任的证明最为关心的还是犯罪嫌疑人、被告人，因这直接关系到他的无罪或罪轻。于是，对于被害人责任证明的分配，笔者认为，应当由侦查、检察机关承担，包括提供证

〔1〕　欧卫安：《论刑事被告人的证明责任及其履行——以积极辩护为中心》，载《法学评论》2018年第5期。

〔2〕　宁松：《刑事举证责任研究》，中国检察出版社2013年版，第112页。

〔3〕　参见姜保忠、来宇：《论正当防卫的证明责任：比较法视角》，载《河南科技大学学报（社会科学版）》2021年第4期。

据责任和说服责任，这也是他们的职责，辩护方对于被害人责任承担提供证据责任，但除应当由辩护方承担说服责任的特殊情况之外，辩护方一般不承担说服责任。对于辩护方提供的被害人责任存在的事实，控诉方具有证明该事实不存在的说服责任，也即此时发生证明责任的转移。这样分配被害人责任的证明责任，具有以下几个方面的理由：

第一，从我国现有的法律规定来看，除巨额财产来源不明罪和非法持有国家绝密、机密文件、资料、物品罪等少数几个罪由被告人承担说服责任之外，一般都是由侦查、检察机关承担犯罪嫌疑人、被告人罪与非罪、罪重罪轻的证明责任，尤其是要承担说服责任，而犯罪嫌疑人、被告人的证明责任没有规定。因此，对于影响到行为人定罪量刑的被害人责任也应当由侦查、检察机关承担证明责任，既包括提供证据责任，也包括说服责任。

第二，从追求实体真实的角度来看，"刑事诉讼争议的问题只有一个：承担刑事责任的各项事实是否充足，这个问题本身完全是实体性的。"[1]虽然我们达不到被证据证明的事实与客观事实完全一致，但尽量缩小它们之间的差距也是证明制度的价值所在。若不让犯罪嫌疑人、被告人承担提供证据的责任，在有些证据可能只有他们自己最清楚或者只有他们自己能够取得的情况下，就会导致裁判者对事实判定所依据的证据有所欠缺，从而使得所得出的结论与客观事实之间的差异偏大。

第三，从追求程序正义的角度来看，辩护方由于自身的地位和客观环境的限制，要证明被害人责任的事实存在达到裁判者内心确信的程度，也即承担说服责任，可能强人所难。让其承担因证明不能而导致的不利后果，也有失公允。因此，此时应当将说服责任转移至控诉方，这就是证据法理论中的证明责任转移。"所谓证明责任的转移，就是说，证明责任在诉讼过程中并非一成不变，即使在刑事诉讼中也并非一直都由公诉方承担，而是可以按照'谁主张，谁举证'的原则在诉讼双方之间转移。"[2]这样的程序设置既是因为控诉方更利于查明被害人责任的事实，也是为了平衡控诉方与辩护方的地位，从而体现程序正义。

---

〔1〕　张薇薇：《排除犯罪性事由的证明责任研究》，载《政治与法律》2014年第8期。

〔2〕　何家弘、梁颖：《论正当防卫案的证明责任》，载《中国高校社会科学》2021年第2期。

第三节 犯罪被害人责任的证明标准

证明标准问题是证据法的一个核心问题，当然，其并不是一个孤立的问题，而是证据法中一个与相关理论相联系的基础性问题，其与证明责任关系密切。正如有学者所说的："证明责任存在的意义是以证明标准的确定为基础的，证明责任如果脱离了证明标准，事实的裁判者将难以判断证明责任的承担主体是否有效地履行了他的证明责任。"[1]也即证明责任的落实最终还是依赖于证明标准。同样，被害人责任的证明标准也对被害人责任的证明责任的落实具有基础性的作用。

一、证明标准的本质

刑事诉讼的目的往往被归结为惩罚犯罪与保障人权的统一。而要达到此目的，必须使已经发生的事实得到最客观全面的再现，正如有学者所说的："实现刑罚公正和诉讼效率都离不开对案件真相的正确认识，要达到刑事诉讼的最佳效益，必然以实体事实的发现为前提。"[2]但是，已经发生的案件，一切皆成为客观存在的历史，即客观事实，而对于这些客观事实的认识，必须借助于其他相关的事实，也即以证据的形式通过证明的过程才能展现于当下，从而尽量还原历史。这就是诉讼中费尽心思、孜孜以求的证明活动。故而，"对于我们每个人来说，如果在诉讼过程中能够发现案件的真实情况，是最好不过的事情，或者是，再没有任何一种主张比这种主张更完美了。正因为如此，人们对于如何发现客观真实，不知道倾注了多少热情和精力。"[3]由此，才有学者说"审判的艺术实际上只不过是利用证据的艺术罢了，而不是别的什么东西。"[4]所以，刑事诉讼的本质就是一个利用证据进行证明的过程。

既然要用证据证明客观事实，那就要设定一定的标准，也即证明到何种

---

〔1〕 张云鹏：《刑事推定论》，法律出版社 2011 年版，第 195 页。

〔2〕 李文健：《刑事诉讼效率论》，中国政法大学出版社 1999 年版，第 12 页。

〔3〕 樊崇义等：《刑事证据前沿问题研究》，载何家弘主编：《证据学论坛》（第一卷），中国检察出版社 2000 年版，第 202 页。

〔4〕 ［苏］安·扬·维辛斯基：《苏维埃法律上的诉讼证据理论》，王之相译，人民出版社 1954 年版，第 78 页。

程度才算与客观事实相符。这就是证明标准问题。为此，理论界展开了激烈的争论，出现了客观真实说、主观真实说和法律真实说等代表性的观点。客观真实说认为，诉讼中对事实的证明，应当达到客观真实的程度。查明案件的客观真实，不但是必要的，而且是完全可能的，这是因为：第一，马克思主义认识论认为，存在是第一性的，意识是第二性的，存在决定意识；人类具有认识客观世界的能力，能够通过调查研究认识案件的客观事实。查明客观真实具有科学的理论根据。第二，客观上已经发生的案件事实，必然在外界留下这样或那样的物品、痕迹，或者为某些人所感知，为查明案件客观事实提供了事实根据。第三，我国司法机关有党的坚强、统一领导，有广大具有觉悟的群众的支持，有一支忠实于人民利益、忠实于法律、忠实于事实真相，具有比较丰富的经验，掌握一定科学技术的司法干部队伍，这是查明案件客观真实的有力的组织保证。第四，随着社会主义法制的加强，总结司法工作正反经验、反映现实需要的《刑事诉讼法》、《中华人民共和国民事诉讼法》和《中华人民共和国行政诉讼法》已先后颁布，提供了查明案件客观真实的法律依据。总之，司法人员只要依法正确收集和审查判断证据，完全有可能对案件事实做出符合客观实际的认定。主观真实说认为，在诉讼中证明的案件事实，实际上是一种主观事实。所谓主观事实，是指法官或者事实认定者发现的事实，并不是诉讼之前在特定时间、地点发生的"客观事实"。这是因为：第一，从事实存在的状态看，只有进入司法人员主观领域的事实，才具有法律意义。第二，从认定事实的过程看，事实认定者首先是从对事实预先得出的模糊结论出发，然后才寻找有关的证据支持的，如果有关的证据不支持原来的结论，它会放弃这一结论而寻找其他的结论。事实认定的过程，实际上是印证主观判断的过程。第三，事实认定者在运用证据对案件事实进行推理时，直觉或者预感占有非常重要的位置。第四，每个法官由于学识、经验、信仰等不同，也就是个性不同，他们的思维方式也就不同，因此，对于同一个案件事实，即使有相同的证据，不同的法官也会得出不同的结论。法律真实说认为，在法律世界中，案件发生后所形成的事实的确是客观存在的，但是这种事实必须由办案人员通过认识去发现。所以，有的只是有关机关的办案人员在法律程序中所确定的事实。这是因为，事实只有首先通过法律程序加以确定后，才能被赋予法律上的效果。也就是说，确定事实的机关，是在"法律上"寻找事实。[1]目前，由于人的认识具有至上性，以及外在因素的局限性，支持以上纯客观真实说的人已经很少，代之以修正的客观真实说具有一定的影响力。如陈光中教授认为："承认可知论，就应当承认案件的客观事实从总体上来说是可以被办案人员所认识的，犯罪实施者是谁必须确证无误，而不可能是其他的人，从这个意义上来说，有罪认定必须是绝对真实的。但是，人们对事物的认识能力是无限与有限的统一，是绝对与相对的统一。因此，在刑事诉讼中我们应当追求也可能实现客观真实，在一定条件下有必要辅之以法律真实，如果在刑事诉讼中普遍适用法律真实而否定客观真实，不仅不符合认识论的规律，而且容易导致出现错案、冤案。"[2]

通过以上各种观点的展现，可以发现，无论是哪种学说其实质都是一样的，即都反映了证明标准的本质，就是从法律规范的角度设立一个客观事实与主观事实之间一致性程度的标尺。那么，这种标尺是否可以设置，也即证明标准设置的可能性问题。反对者认为，设置证明标准毫无意义，建构抽象且同时具有可操作的证明标准是不可能的。因为证明标准要成为能够判断具体个案之证明度的衡量标准，必须是一种具体的、外在的尺度。而对证明度的测量却是无法具体化与客观化的，即便可以将裁判者的心证程度细化为若干层次，在具体个案中也无法排除裁判者的主观判断。因此对具体个案无法适用统一的衡量规范。对于证明度，只能在某些理念或原则指导下，依靠法官的良心与知识，根据案件的具体情况进行判断。[3]当然，这种观点在现在并非主流观点。目前绝大多数学者都认为证明标准的设置是可能的，关键在于如何更好地予以规范化和增强其可操作性。至于证明标准设置的可能性，从其设置的目的来看，"立法者通过设置证明标准条款试图影响证明主体对证据的评价和对案件事实的判断。"[4]也即对待证事实的认知。而历史发生的事实只能通过这种认知活动才能予以判断，并且所判断的事实与客观事实相符的程度也需要这种认知活动予以判断。所以，证明活动本身就是一个借助于客观的主观判断活动，不可能像数学等自然科学那样的纯客观判断。于是，

---

〔1〕 参见樊崇义主编：《证据法学》，法律出版社 2017 年版，第 289 页。

〔2〕 陈光中：《诉讼中的客观真实与法律真实》，载《检察日报》2000 年 7 月 13 日，第 4 版。

〔3〕 参见张卫平：《证明标准建构的乌托邦》，载《法学研究》2003 年第 4 期。

〔4〕 徐阳：《我国刑事诉讼证明标准适用观念之思考——从增强可操作性到增强操作过程的规范性》，载《法商研究》2017 年第 2 期。

通过这种认知活动所作的判断具有不确定性是绝对的，只是这种认知活动的意义是告诉我们最终的判断可以容忍多少这样的不确定性。[1]故而"确定证据达到何种程度时对被告人作出有罪判决属于对诉讼规律及人类认识规律的把握与运用，是可以通过长期的诉讼实践进行总结的，故从该角度而言，证明标准设置是具备可能性的。"[2]

二、证明标准的现实考察

（一）大陆法系的证明标准

大陆法系的证明标准在学理上称为内心确信的证明标准。对于该证明标准的理解，一般认为："内心确信证明标准是指证据的取舍和证明力的大小，以及案件事实的认定，均由法官根据自己的良心、理性自由判断，形成确信的一种证明要求。其核心内容是对于各种证据的真伪、证明力的大小以及案件事实如何认定，法律并不作规定，完全听凭法官根据理性和良心的指示，自由地判断，以至判断所达到确信程度或案件事实判断的确定性。"[3]也有大陆法系国家学者力图从概率的角度阐释这一标准，如德国有学者认为："至少当被告有96%的可能性显示其有罪时……被告才可被判有罪，否则即应无罪判决。"[4]因此，该证明标准又被称为高度盖然性标准。虽然大陆法系证明标准在刑事诉讼、民事诉讼中是否存在差异在理论界有不同的观点，如有的认为刑事诉讼证明标准是内心确信，民事诉讼证明标准是高度盖然性；有的认为刑事、民事诉讼的证明标准是相同的，都是高度盖然性标准，只是持此观点的人中有的认为它们还有本质的区别，但是，在刑事立法上一般使用内心确信的表述。如《法国刑事诉讼法典》第353条规定："在重罪法庭休庭前，审判长应责令宣读下列训示，并将内容大字书写成布告，张贴在评议室最显眼处：法律并不考虑法官通过何种途径达成内心确信；法律并不要求他们必须追求充分和足够的证据；法律只要求他们心平气和、精神集中，凭自己的

---

〔1〕　参见张斌：《论英美刑事证明标准的神学渊源及启示——以"怀疑"的道德蕴涵为中心》，载《清华法学》2009 年第 5 期。

〔2〕　张璐：《定罪证明标准研究》，中国人民公安大学出版社 2016 年版，第 19 页。

〔3〕　刘金友主编：《证明标准研究》，中国政法大学出版社 2009 年版，第 89 页。

〔4〕　［德］克劳思·罗科信：《刑事诉讼法》，吴丽琪译，法律出版社 2003 年版，第 119 页。

诚实和良心，依靠自己的理智，依据有罪证据和辩护理由，形成印象，作出判断。法律只向他们提出一个问题：你是否已形成内心确信？这是他们的全部职责所在。"[1]显然，内心确信将证据的真伪交给裁判者自由判断，也使该证明标准具有了主观性，当然也就会产生其运用自己的自由裁量权予以任意判断而滋生恣意的可能。于是，必须对内心确信的形成予以一定的制约。为此有学者提出，在强调根据经验法则与逻辑法则进行合理的心证时，应当通过建立回避制度、采取合议制、实行证据排除规则以及判决书说理制度等加以保障。[2]从而使内心确信是在一定的约束机制下所形成的确信，并非随心所欲的活动。

(二) 英美法系的证明标准

英美法系的证明标准采用的是刑事诉讼标准和民事诉讼标准予以区分的二元制做法。刑事诉讼中采用排除合理怀疑的证明标准，民事诉讼中采用优势证据的证明标准（或称为盖然性平衡、盖然性占优势、实际相信、清楚而确信等）。根据《布莱克法律词典》的解释，所谓排除合理怀疑，"是指全面的证实、完全的确信或者一种道德上的确定性；这一词汇与清楚、准确、无可置疑这些词相当。在刑事案件中，被告人的罪行必须被证明到排除合理怀疑的程度方能成立，意思是，被证明的事实必须通过它们的证明力使罪行成立"。"'排除合理怀疑'的证明，并不排除轻微可能的或者想象的怀疑，而是排除每一个合理的假设，除非这种假设已经有了根据；它是'达到道德上确信'的证明，是符合陪审团的判断和确信的证明，作为理性的人的陪审团成员在根据有关指控犯罪是有被告人的证据进行推理时，是如此确信，以至于不可能作出其他合理的推论。"[3]而民事诉讼的优势证据的证明标准，其含义是："如果证明责任的承担者所提供的证据在总体上的分量上高出对方当事人或者更为可信，用百分比来表达的话，就是双方当事人证据的分量或者可信度形成了51%和49%的对比关系，那么，证明责任承担者便完成了他的证明责任；相反，如果双方当事人提供的证据分量相等或者反证者的证据分量更重，

---

〔1〕《法国刑事诉讼法典》，余叔通、谢朝华译，中国政法大学出版社1997年版，第131-132页。

〔2〕参见 [日] 松尾浩也：《日本刑事诉讼法》（下卷），张凌译，中国人民大学出版社2005年版，第6-7页。

〔3〕樊崇义主编：《证据法学》，法律出版社2017年版，第290-291页。

那么，证明责任承担者便要承担败诉的结果。"[1]对此，正如英国著名法官丹宁勋爵所说的："在刑事案件中，法官经常告诉陪审团说，原告有责任提出'无可置疑'证据。在民事案件中，它将是在'可能性的天平上'。"[2]可见，刑事诉讼的证明标准要求要高于民事诉讼的证明标准。当然，刑事诉讼中适用排除合理怀疑的证明标准也是无罪推定原则的具体表现。联合国人权事务委员会在1966年通过的《公民权利和政治权利国际公约》第14条的一般性意见中指出：在对指控的证明达到超出合理怀疑的程度之前，不能推定任何人有罪。[3]甚至可以说，排除合理怀疑的证明标准就是无罪推定原则的组成部分。

另外，具有实用主义的英美法系为了便于司法实践操作，在不同的诉讼阶段和对象上适用不同的证明标准。比如，美国将证明标准分成了九等：第一等是绝对确定，由于认识论的限制，认为这一标准无法达到，因此无论出于任何法律目的均无这样的要求；第二等即排除合理怀疑，为刑事案件作出定罪裁决所要求，也是诉讼证明方面的最高标准；第三等是清楚和有说服力的证据，某些司法区在死刑案件中拒绝保释、以及作出某些民事判决时有这样的要求；第四等是优势证据，作出民事判决以及肯定刑事辩护时的要求；第五等是合理根据，适用于签发令状、无证逮捕、搜查和扣押，提起大陪审团起诉书和检察官起诉书，撤销缓刑和假释，以及公民扭送等情况；第六等是有理由的相信，适用于拦截和搜身；第七等是有理由的怀疑，足以将被告人宣布无罪；第八等是怀疑，可以开始侦查；第九等是无线索，不足以采取任何法律行为。[4]相对于民事诉讼中的证明标准，刑事诉讼中的证明标准显得更为复杂。

"内心确信"和"排除合理怀疑"是当今世界上具有代表性的两种证明标准的表述，但对于二者的关系，正如有学者所说的："'内心确信'是对证明标准的正向表述；'排除合理怀疑'是对证明标准的反向表述。不过，二者

---

〔1〕　樊崇义主编：《证据法学》，法律出版社2017年版，第291-292页。

〔2〕　[英]丹宁勋爵：《法律的界碑》，刘庸安、张弘译，法律出版社1999年版，第222页。

〔3〕　参见杨宇冠：《人权法——〈公民权利和政治权利国际公约〉研究》，中国人民公安大学出版社2003年版，第257页。

〔4〕　参见《美国联邦刑事诉讼规则和证据规则》，卞建林译，中国政法大学出版社1996年版，第22页。

的实质内容是相同的，是一个标准的两个方面。在诉讼证明中，只有'排除合理怀疑'，才能达成'内心确信'；而要达成'内心确信'，又必须'排除合理怀疑'。由此可见，'排除合理怀疑'和'内心确信'是互相渗透、互相贯通的，是同一证明标准的两种不同表述。"[1]

(三) 我国的刑事证明标准

根据我国《刑事诉讼法》第55条规定："对一切案件的判处都要重证据，重调查研究，不轻信口供。只有被告人供述，没有其他证据的，不能认定被告人有罪和处以刑罚；没有被告人供述，证据确实、充分的，可以认定被告人有罪和处以刑罚。证据确实、充分，应当符合以下条件：（一）定罪量刑的事实都有证据证明；（二）据以定案的证据均经法定程序查证属实；（三）综合全案证据，对所认定事实已排除合理怀疑。"第200条规定："在被告人最后陈述后，审判长宣布休庭，合议庭进行评议，根据已经查明的事实、证据和有关的法律规定，分别作出以下判决：（一）案件事实清楚，证据确实、充分，依据法律认定被告人有罪的，应当作出有罪判决；（二）依据法律认定被告人无罪的，应当作出无罪判决；（三）证据不足，不能认定被告人有罪的，应当作出证据不足、指控的犯罪不能成立的无罪判决。"可以看出，我国刑事诉讼中的证明标准采用的是"案件事实清楚，证据确实、充分"，同时兼有"排除合理怀疑"的证明标准。至于二者的关系，如有学者所说的："案件事实清楚、证据确实充分的证明标准是从正面角度针对定罪而言的，而排除合理怀疑的证明标准则是从反面推翻犯罪成立而言"[2]。

我国现有法律中对证明标准的设置增加了排除合理怀疑的因素，其实就是学界在反复探讨之后，对优势结论进行整合后的规范化结果。比如，较早就有学者在吸取"排除合理怀疑"证明标准的合理因素的基础上，提出了排他性证明标准，具体表述为：（1）作为定案根据的每一个证据必须具备客观性、关联性和合法性；（2）全案的证据经过排列、组合、分析之后，必须是排除了一切矛盾，达到每一个证据前后一致，证据与证据之间一致，全案证据同案件的发生、发展的过程和结果一致，形成一个完整的证明体系；

---

〔1〕 何家弘、姚永吉：《两大法系证据制度比较论》，载《比较法研究》2003 年第 4 期。

〔2〕 李蓉、宋家骏：《论正当防卫证明标准的确立——以阶层犯罪论为视角》，载《湘潭大学学报（哲学社会科学版）》2020 年第 6 期。

（3）作为证明对象的案件事实、情节均有一定数量的证据加以证明；（4）全案证据得出的结论是本案唯一的结论，具备排他性。[1]当然，也有学者指出，在中国目前的刑事诉讼特定的语境之下，将"排除合理怀疑"作为中国刑事诉讼中的证明标准有不妥之处。[2]不过，对于类似于排除合理怀疑的自由心证制度，绝大多数学者认为司法活动是脱离不了人的主观认识活动的，也即自由心证是不可避免的。正如有学者所说的："对于自由心证制度，我们没有必要谈论是否在司法实践中采用的问题，而是要讨论是否应当在法律上予以确认的问题。因为在实践中，不管我们是否承认，司法人员总是通过自己的内心活动来对证据和事实进行判断的，根本不存在脱离司法人员内心活动的诉讼认识。"[3]只是针对不同的对象、不同的阶段，运用自由心证的证明标准的设置存在差异而已。

三、被害人责任的证明标准之确立

被害人责任能够影响行为人的定罪和量刑，现在已没有异议，且有些情形也已经规定于相关的法律和规范性文件中，但对被害人责任的证明标准，至今还没有专门的研究，只是针对属于被害人责任内容的正当防卫的证明标准有个别的研究。根据上述的讨论可知，被害人责任的证明标准就是从法律规范的角度设立一个客观事实与主观事实之间一致性程度的标尺。这里的客观事实，是已经在一定时空发生的被害人责任的事实。这里的主观事实，是判断者根据相关的证据所形成的被害人责任的事实。同样，由于存在时空的回溯性和认知上的局限性，我们寻找的这个标尺应当尽量或最大限度地使主观事实与客观事实相符合。同时，还要努力使这个标尺具有可操作性。因此，笔者认为，对于被害人责任的证明标准也应当区分不同的诉讼阶段。

首先，侦查阶段被害人责任的证明标准。根据我国《刑事诉讼法》第16条规定："有下列情形之一的，不追究刑事责任，已经追究的，应当撤销案件，或者不起诉，或者终止审理，或者宣告无罪：（一）情节显著轻微、危害不大，

---

[1] 参见樊崇义：《客观真实管见——兼论刑事诉讼证明标准》，载《中国法学》2000年第1期。

[2] 参见龙宗智：《确定无疑——我国刑事诉讼的证明标准》，载《法学》2001年第11期。

[3] 锁正杰：《刑事程序的法哲学原理》，中国人民公安大学出版社2002年版，第162页。

不认为是犯罪的；（二）犯罪已过追诉时效期限的；（三）经特赦令免除刑罚的；（四）依照刑法告诉才处理的犯罪，没有告诉或者撤回告诉的；（五）犯罪嫌疑人、被告人死亡的；（六）其他法律规定免予追究刑事责任的。"据此可见，侦查机关认为行为人"情节显著轻微、危害不大，不认为是犯罪的"，应当作出撤销案件的结论。这里就涉及到侦查机关对"情节显著轻微、危害不大，不认为是犯罪的"的判断，也即需要证据对其予以证明，达到主观上其"不认为"行为人构成犯罪即可。而被害人责任对"情节显著轻微、危害不大，不认为是犯罪的"具有一定的影响：一是体现在《刑法》对正当防卫的规定上；二是体现在《刑法》第13条"但书"的规定上。当然，在被害人责任的事实不足以使侦查人员撤销案件的情况下，此情节事实也可能会影响以后对被告人的量刑。并且，由于侦查阶段的判断并非终局意义上的判断，即使对被害人责任的事实判断具有较大的出入，还有后续阶段的补救措施。所以，侦查阶段证明标准的设置能够使侦查机关"不认为（或认为）"行为人构成（或不构成）犯罪即可，也即无需达到"案件事实清楚，证据确实、充分"的标准。那么，该阶段的证明标准设置为"优势证据"的证明标准也即达到高度盖然性就较为合理。根据《刑事诉讼法》第115条规定："公安机关对已经立案的刑事案件，应当进行侦查，收集、调取犯罪嫌疑人有罪或者无罪、罪轻或者罪重的证据材料。对现行犯或者重大嫌疑分子可以依法先行拘留，对符合逮捕条件的犯罪嫌疑人，应当依法逮捕。"也就是说，侦查机关在收集证据的过程中，既要收集犯罪嫌疑人有罪、罪重的证据材料，也要收集犯罪嫌疑人无罪、罪轻的证据材料，被害人责任的证据材料即属于犯罪嫌疑人无罪、罪轻的证据材料。于是，当证明被害人责任的证据（为了简化问题在此不考虑紧急避险、职务行为等其他阻却违法事由，下同）优于行为人构成犯罪的证据时，侦查机关就可以作出撤销案件的处理。反之，就应将案件向检察院移送。如"昆山反杀案"中，最终侦查机关认为被害人刘某某的行为属于"行凶"，于某某的行为属于正当防卫，不负刑事责任，依法撤销案件。

至于证明标准的可操作性问题，可以通过印证和矛盾排除两种基本的证明途径予以解决。不过，对于单独的证据进行有效印证后，还要对全案证据进行综合判断。当出现矛盾证据时要排除一方面的证据有两种基本方法：第一，运用其他证据印证一方、排除另一方证据。第二，用常理排除一方证据。[1]这样结合印证与矛盾排除的交互运用，来判断犯罪嫌疑人行为的证据和被害人责任存在的证据，并对双方的证据优势进行衡量。

其次，审查起诉阶段被害人责任的证明标准。由于审查起诉阶段与侦查阶段同样不属于终局性的阶段，检察机关对于被害人责任的事实证明的意义也与侦查机关相同。所以，该阶段的证明标准也可以与侦查阶段的证明标准相同，适用"优势证据"的证明标准。根据我国《刑事诉讼法》第177条第1款规定："犯罪嫌疑人没有犯罪事实，或者有本法第十六条规定的情形之一的，人民检察院应当作出不起诉决定。"第2款规定："对于犯罪情节轻微，依照刑法规定不需要判处刑罚或者免除刑罚的，人民检察院可以作出不起诉决定。"也就说，检察机关认为证明被害人责任的证据处于优势地位时，可以作出不起诉的决定。否则，就需要向法院提起公诉。至于该阶段证明标准的可操作性方法，也同侦查阶段一样。

最后，审判阶段被害人责任的证明标准。根据我国《刑事诉讼法》第55条和第200条以及相关司法解释的规定，法官对于被告人定罪的证明标准为"案件事实清楚，证据确实、充分"，同时兼有"排除合理怀疑"的证明标准。当然，自2012年《刑事诉讼法》修正时增加规定"排除合理怀疑"的证明标准以来，一直追求客观真实的"案件事实清楚，证据确实、充分"的证明标准增强了可操作性。不过，这些标准是针对被告人定罪（或者说是针对控诉方）而言的，并非针对有利于被告人的被害人责任（或者说是针对辩护方）的证明标准。而辩护方主张的被害人责任恰是产生"合理怀疑"的因素。所以，辩护方只要初步举出证据证明被害人责任之事实，也即实施提供证据责任，从而使得法官产生合理的怀疑，这样就将证明被害人责任的证明责任转移到控诉方。如此一来，对于辩护方主张的被害人责任的证明标准就非常低，犹如美国证据标准等级中的第八等，即可以开始侦查的怀疑标准。当然，这里对辩护方提出的被害人责任的排除合理怀疑并不是指排除被害人责任的事实存在，而是指排除被害人责任对被告人罪与非罪的合理怀疑。当被害人责任对罪与非罪并无影响时，被告人构成犯罪，此时的被害人责任可能会影

〔1〕 参见徐阳：《我国刑事诉讼证明标准适用观念之思考——从增强可操作性到增强操作过程的规范性》，载《法商研究》2017年第2期。

响量刑。

第四节　犯罪被害人责任的证明方法

一、证明方法的种类

常言道："条条大道通罗马"。这里表达的就是在目的相同的情况下，达到目的的路径可以有多种，也就是方法有多种。这不仅体现在社会生活中，也体现在科学研究中。但是，何谓方法？虽然有学者给出的定义是："在给定的前提下，为达到一个目的而采用的行动、手段或方式。"[1]可是，从生活常识来看，这似乎并没有对我们进一步的理解提供一个有效的解释。对于"方法"的看法，有学者提出："其实，'方法'一词本身就是很难用准确语言解释的。我们都知道'方法'是什么，但是你真要让我解释'方法'是什么，我还真说不清楚。或许因此，具有权威性的汉语工具书《辞海》（语词分册）就没有收录这个语词。"[2]但是，"方法总是与目的相对而言的。由于目的本身具有层次性、递进性，是一个系统，这就决定了与之相对的方法也是一个系统，也具有层次性、递进性。这意味着任何一种活动相对于更下位的活动而言，它是下位活动欲实现的目的；反之，若相对于其更上位的活动目标而言，则属于手段。"[3]同样，诉讼领域的证明方法也具有相对性、层次性和目的性，且也难以给出一个理解其内核的定义，而往往都是根据其不同的种类来具体分析运用。

那么，证明方法有哪些种类？不同学者的看法也存在着差异。有学者认为常用的证明方法是逻辑、经验、推定和认知。[4]但有学者认为："推定和司法认知不是证明方法，而是认证方法，在当事人举证、质证的基础上，法官在进行认证或审查判断的时候可以采用推定和司法认知，这在一定程度上就

---

〔1〕　［德］阿·迈纳：《方法论导论》，王路译，生活·读书·新知三联书店1991年版，第5页。

〔2〕　何家弘、吕宏庆：《间接证据的证明方法初探》，载《证据科学》2021年第3期。

〔3〕　陈航：《刑法论证方法研究》，中国人民公安大学出版社2008年版，第47-48页。

〔4〕　参见高家伟：《证据法基本范畴研究》，中国人民公安大学出版社、群众出版社2018年版，第355页。

转移或免除了当事人的证明责任。"〔1〕不过，笔者认为，推定和认知也应当是证明方法。因为证明的本质就是以已知探知未知，只要能实现该本质要求的一切方法或路径都属于证明方法的范畴，而不应因其中有法律确定效果的因素而否定其证明方法的属性，也不应将证明责任附加于其内涵之中。其实，推定与经验法则本质是相同的，只是已知与未知之间因果关系的认可方式不同而已，推定是由法律认可，经验法则是由经验认可，它们都没有偏离证明方法的本质要求。同样，认知虽然是由官方宣告事实的效力，但也是将未知确定为已知，并没有脱离证明方法的本质要求。因此，笔者认同将逻辑方法、经验方法、推定方法以及认知方法作为常用的证明方法。同样，这几种证明方法在对被害人责任的证明中也有用武之地。

二、证明方法在被害人责任证明中的运用

（一）被害人责任证明中经验方法的运用

经验的基本含义是"由实践得来的知识或技能"〔2〕。经验方法，又称为经验法则、经验规则，一般系指人类以经验归纳所获得有关事物因果关系或性质状态之法则或知识，其范围既包括属于日常生活上一般人之常识，也包括属于科学、技术、艺术等专门学问方面之知识。〔3〕因此，经验方法也是人类认识外部世界的一种思维模式。

同样，经验方法在诉讼活动中也是一种重要的证明方法，〔4〕尤其是针对一些疑难案件。美国学者波斯纳（Richard A. Posner）曾说，在疑难案件中由于无法将决定基于逻辑，也不能基于科学，法官被迫撤退而依赖于"实践理

---

〔1〕　樊崇义主编：《证据法学》，法律出版社 2017 年版，第 324 页。

〔2〕　中国社会科学院语言研究所词典编辑室编：《现代汉语词典》，商务印书馆 2016 年版，第 686 页。

〔3〕　参见刘春梅：《浅论经验法则在事实认定中的作用及局限性之克服》，载《现代法学》2003 年第 3 期。

〔4〕　源自圣经中的所罗门王判明真假母亲身份的故事，就是经验方法中生活常识的典型运用：两个妇女争夺一个小孩，都称自己是孩子的母亲，在无法证明她们之中谁是真正的母亲情况下，所罗门王假意判决将孩子劈成两半，然后让她们各自分一半。其中一位母亲在歌颂所罗门王伟大、英明的同时，另一位母亲急忙放弃索要孩子的请求，以成全孩子的性命。于是，所罗门王认定放弃索要孩子的母亲为该孩子的真正母亲。因为生活常识告诉我们，母亲对自己的孩子具有天然的保护本能。

性"的非正式的推理方法的百宝箱。于是，面对一个疑难案件，法官的最高而且可行的追求就是作出一个"合乎情理的"决定。[1]显然，经验方法的运用打破了"法官是法律的嘴巴""法官是执行法律的工具"等法条主义机械论的观点。当然，经验方法也具有主体的经验差异导致的较强主观性，以及以往的经验毕竟只是无限发展的人类经验的一部分，由此而获得的结果具有或然性等局限性。也正因为此，经验方法的运用要以得到公认的一般知识为前提，而不能仅凭个人的经验。另外，经验方法只是具有补充作用，所以，有证据证明的事实的效力优越于经验方法形成的事实。

司法实践中常用的经验证明方法有：（1）常识判断法。这通常有两个层次，一是众所周知的日常生活常识，二是职业共同体的专业常识。日常生活的常识是经过长期的历史积淀而遗留在地方居民中的集体记忆，具体表现为地方的风俗习惯、传说故事、文物古迹、古训箴言等。职业共同体的常识是具有专业知识的业内人士所共同分享的知识，表现为公认的科学定律、职业操作规程、职业习惯或者惯例等。（2）直觉判断法。就是凭借作为一般理性的人所具有的本能的正义感冲动和多年积淀下来的职业潜意识来判断案件事实的方法。直觉的敏锐性和正确性受到人生阅历的丰富、专业知识的积累、执业经验的提炼、法律思维方法的训练等各种因素的影响。（3）情景判断法。就是设身处地地进入案件事实的场景之中，在其中扮演一个角色，通过这样的场景预设和角色扮演来洞察案件事实的真相。[2]

被害人责任对行为人刑事责任影响的前提是被害人责任之事实得以证明，而经验方法就是证明方法之一。当然，这是某些事实在通常情况下无法用证据予以证明时所采用的证明方法。在司法实践中，经常需要运用经验方法予以证明的典型案件如正当防卫案，具有一定的代表性。比如，"昆山反杀案"中，被害人刘某某的行为是否属于行凶，也即是否属于犯罪嫌疑人于某某成立正当防卫所需的被害人责任，成为关键之事实。最终，昆山市公安局认定于某某的行为属于正当防卫，不负刑事责任，依法撤销案件。并且，在其中的理由中说到："司法实践中，考量是否属于'行凶'，不能苛求防卫人在应

---

〔1〕 参见［美］波斯纳：《法理学问题》，苏力译，中国政法大学出版社1994年版，第572-573页。

〔2〕 参见高家伟：《证据法基本范畴研究》，中国人民公安大学出版社、群众出版社2018年版，第357-358页。

急反应情况下做出理性判断，更不能以防卫人遭受实际伤害为前提，而要根据现场具体情景及社会一般人的认知水平进行判断。"[1]这里所表达的就是运用经验方法对"行凶"之事实的证明。

（二）被害人责任证明中逻辑方法的运用

逻辑就是以推理作为主要研究对象的科学，而推理是从一个或几个已知的判断得出未知判断的一种思维过程。作为逻辑方法的推理都是以形式逻辑推理为起点进行的推理活动，主要包括演绎推理、归纳推理和类比推理三种。演绎推理指由一般到特殊的推理，即根据一般性的知识推出关于特殊性的知识，逻辑三段论是最典型的演绎推理，即大前提—小前提—结论的结构模式。归纳推理是由特殊观察事例导出一般原理或规则的推理方法。类比推理是人与生俱有的认识能力，一般是指由一个规律性已在一个或数个事例中被证实的事实，做出它也将在另一个事例中被证实的结论。类比推理长期不受学者所关注的一个重要原因，是类比推理既有演绎推理的若干品性，又同归纳推理密切相关，而常常被看作是两者的某种表现形式。[2]除此之外，常用的逻辑方法有分析和综合。所谓分析，是指把对象的整体分解为各个部分、要素、环节、阶段，分别加以考察的思维方法。所谓综合，是指在思维中把对象的各个方面、要素、环节和阶段有机地结合成整体的思维方法。常用的逻辑方法还有反证和排除。所谓反证，是指用通过否定反证事实来肯定与之相反的待证事实的证明方法。所谓排除，是指把待证事实同其他可能的事实放在一起，通过证明其他可能事实的错误来确认待证事实成立的方法。[3]

当然，也有学者提出非形式逻辑推理在司法证明中的作用，如栗峥所著的《司法证明的逻辑》就系统阐述了似真推理和模糊理论作为司法证明的非形式逻辑推理。还有学者在借鉴国际上已经成熟的溯因推理理论和似真推理理论，提出推导作为一种可废止和情境化的第三种类型的非形式逻辑推理。并且认为，司法中事实判断所使用的方法其实就是我们日常语言即心理学术

---

〔1〕《正义的自卫》编写组编：《正义的自卫——以正当防卫典型案例释法》，人民出版社 2019年版，第 34 页。

〔2〕参见刘治斌：《法律方法论》，山东人民出版社 2007 年版，第 263—265 页。

〔3〕参见高家伟：《证据法基本范畴研究》，中国人民公安大学出版社、群众出版社 2018 年版，第 362-363 页。

语中所谓的推测。这种实践推理是我们日常生活中无时不在运用的，我们甚至没有意识到它是一种特殊的思考形式，以至于我们很难找到一个恰当的概念来表达这种推理形式。[1]不过，虽然学界对于逻辑推理的证明方法有多种观点，但是，在现实的司法证明实践中，最常用的逻辑推理还是形式逻辑推理中的演绎推理和归纳推理。其中又以演绎推理中的三段论，即阐明大前提、认定小前提、判断小前提是否与大前提相符合从而得出结论，这三点为法律人的主要工作。[2]

运用逻辑方法对被害人责任的证明，交通肇事罪中被害人责任的证明具有典型性。根据《最高人民法院关于审理交通肇事刑事案件具体应用法律若干问题的解释》的规定，对于交通肇事罪的成立，不仅要看交通肇事所造成的人身伤亡及财产损失大小等情况，还要看被害人责任与行为人责任的分担情况。比如，在非机动车违规而导致交通事故且非机动车驾驶人死亡的案件中，运用三段论的推理为：大前提，即《中华人民共和国道路交通安全法》第 57 条的规定"驾驶非机动车在道路上行驶应当遵守有关交通安全的规定。非机动车应当在非机动车道内行驶；在没有非机动车道的道路上，应当靠车行道的右侧行驶。"小前提，即非机动车在机动车道上行驶。结论，即非机动车（被害人）具有责任。

（三）被害人责任证明中推定方法的运用

所谓推定，简单来说，就是基于推算、推测、推断等得出确定性结论的活动。而作为诉讼中证明方法的推定，有学者认为："所谓推定，乃指由法律规定或者由法院按照经验法则，从已知的前提事实推断未知的结果事实存在，并允许当事人举证推翻的一种证据法则。"[3]也有学者认为："推定是法律预先设定两种事实之间常态因果关系的证明规则。"[4]笔者较为赞成后一种观点。因为将经验法则也作为已知与未知之间关系的认可条件，实质上就等同于前面所说的经验方法，导致推定方法包含经验方法，使经验方法失去独立

---

〔1〕 参见胡学军：《推导作为诉讼证明的逻辑》，载《法学研究》2011 年第 6 期。

〔2〕 参见孙远：《证明对象、要件事实与犯罪构成》，载《政治与法律》2011 年第 8 期。

〔3〕 江伟主编：《证据法学》，法律出版社 1999 年版，第 124 页。

〔4〕 高家伟：《证据法基本范畴研究》，中国人民公安大学出版社、群众出版社 2018 年版，第 364 页。

存在的意义。但它们在已知与未知之间关系的认定效力上还是存在强弱之分，法律的认可是强制性的，其认定效力相对较强，经验的认可是非强制性的，其认定效力相对较弱。正因为此，推定方法和经验方法在适用时的必要性、可行性以及效果也存在着差异。故将二者分别予以探讨更具有理论意义和实践价值。另外，由于推定是为了提高诉讼效率的一种证明方法，也就是说不用对基础事实予以证明，而直接认定推定事实。正如有学者所说的："法律推定仅免除了推定有利方对推定事实的举证责任，而没有免除其对基础事实的举证责任。法院在无法确定基础事实的情况下，也不能确定推定事实。"〔1〕故而应当允许当事人提出证据进行反驳，以此来弥补或纠正推定可能带来的偏差。这也应当属于证明方法之一的推定中应有的内涵。所以，笔者将推定理解为，是法律预先设定两种事实之间常态因果关系且允许当事人举证推翻的证明规则。

我国刑法中一些推定的规定主要是针对行为人而言的，比如，巨额财产来源不明罪中不能说明合法来源的差额部分以非法所得论。再比如，对于分则中一些罪名中行为人"明知"的推定规定〔2〕，等等。只是目前还没有关于被害人责任的推定规定。不过，我国刑法中虽然还没有被害人责任的推定的相关规定，但笔者认为，今后在某些罪名中可以通过司法解释对被害人责任的推定进行规定。比如，对于诈骗罪中被害人"认识错误"的判断问题，就可以通过司法解释进行类似于行为人"明知"推定的规定。也就是说，可以对被害人"不属于认识错误"的情形进行规定，以解决实践中对这种主观方面难以认定的问题。

（四）被害人责任证明中认知方法的运用

认知方法，"是指执法机关在调查过程中以宣告的形式直接认定某一个事

---

〔1〕 樊崇义主编：《证据法学》，法律出版社 2017 年版，第 330 页。

〔2〕 对于此类规定，现举一例。2004 年 12 月 22 日施行的《最高人民法院、最高人民检察院关于办理侵犯知识产权刑事案件具体应用法律若干问题的解释》第 9 条第 2 款规定：具有下列情形之一的，应当认定为属于刑法第二百一十四条规定的"明知"：（一）知道自己销售的商品上的注册商标被涂改、调换或者覆盖的；（二）因销售假冒注册商标的商品受到过行政处罚或者承担过民事责任、又销售同一种假冒注册商标的商品的；（三）伪造、涂改商标注册人授权文件或者知道该文件被伪造、涂改的；（四）其他知道或者应当知道是假冒注册商标的商品的情形。

实，以提高效率的一种证明方法。"〔1〕认知由于是执法机关直接认定了事实的真实性，故当事人就无需举证证明，执法机关也无需进一步调查和审查，审判中法院可以直接根据认知的事实作出定案结论。因为"在诉讼过程中，有的事实需要法院调查和审查判断，需要当事人举证和质辩；而有的事实是明显的，当事人不能提出合理的争议，法院不需要做进一步的调查。如果允许当事人对明显的事实提出没有根据的反驳，就会拖延诉讼。"〔2〕所以，认知方法可以说主要是为了提高诉讼效率的一种特殊的证明方法。当然，与推定方法确定事实一样，认知所确定的事实也应当允许当事人进行反驳，从而提高其可信度。

我国相关的法律或司法解释对认知也作了规定。比如，2019 年修正的《最高人民法院关于民事诉讼证据的若干规定》第 10 条规定"下列事实，当事人无须举证证明：（一）自然规律以及定理、定律；（二）众所周知的事实；（三）根据法律规定推定的事实；（四）根据已知的事实和日常生活经验法则推定出的另一事实；（五）已为仲裁机构的生效裁决所确认的事实；（六）已为人民法院发生法律效力的裁判所确认的基本事实；（七）已为有效公证文书所证明的事实。前款第二项至第五项事实，当事人有相反证据足以反驳的除外；第六项、第七项事实，当事人有相反证据足以推翻的除外。"另外，2002 年《最高人民法院关于行政诉讼证据若干问题的规定》第 68 条规定了法庭可以直接认定的事实为："（一）众所周知的事实；（二）自然规律及定理；（三）按照法律规定推定的事实；（四）已经依法证明的事实；（五）根据日常生活经验法则推定的事实。前款（一）、（三）、（四）、（五）项，当事人有相反证据足以推翻的除外。"

至于运用认知方法证明被害人责任在现有的刑事法中没有直观的规定，但有些规定中还是有所体现，如《刑事诉讼法》第 54 条第 2 款规定："行政机关在行政执法和查办案件过程中收集的物证、书证、视听资料、电子数据等证据材料，在刑事诉讼中可以作为证据使用。"该规定就具有认知的性质。言下之意，若这些证据运用于证明被害人责任时也同样适用。

---

〔1〕 高家伟：《证据法基本范畴研究》，中国人民公安大学出版社、群众出版社 2018 年版，第 368-369 页。

〔2〕 樊崇义主编：《证据法学》，法律出版社 2017 年版，第 336 页。

参考文献

一、中文著作

1. 白建军：《关系犯罪学》，中国人民大学出版社 2005 年版。

2. 蔡雅奇：《杀人犯罪被害人研究》，中国政法大学出版社 2014 年版。

3. 陈金钊、谢晖主编：《法律方法》（第 29 卷），研究出版社 2020 年版。

4. 陈兴良：《刑法的人性基础》，中国方正出版社 1996 年版。

5. 陈兴良：《走向哲学的刑法学》，法律出版社 1999 年版。

6. 陈兴良：《本体刑法学》，商务印书馆 2001 年版。

7. 陈兴良主编：《刑事法评论》（第 19 卷），北京大学出版社 2007 年版。

8. 陈兴良主编：《案例刑法研究（总论）》（上册），中国人民大学出版社 2020 年版。

9. 陈光中主编：《证据法学》，法律出版社 2011 年版。

10. 陈卫东主编：《刑事证据问题研究》，中国人民大学出版社 2016 年版。

11. 陈航：《刑法论证方法研究》，中国人民公安大学出版社 2008 年版。

12. 范愉：《纠纷解决的理论与实践》，清华大学出版社 2007 年版。

13. 冯军主编：《比较刑法研究》，中国人民大学出版社 2007 年版。

14. 冯军：《刑事责任论》（修订版），社会科学文献出版社 2017 年版。

15. 冯亚东：《理性主义与刑法模式：犯罪概念研究》，中国政法大学出版社 1998 年版。

16. 付立庆：《犯罪构成理论：比较研究与路径选择》，法律出版社 2010 年版。

17. 付立庆：《刑法总论》，法律出版社 2020 年版。

18. 高格：《定罪与量刑》（上卷），中国方正出版社 1999 年版。

19. 高铭暄主编：《刑法学》，法律出版社 1982 年版。

20. 高铭暄主编：《新编中国刑法学》（上册），中国人民大学出版社 1998 年版。

21. 高铭暄、马克昌主编：《刑法学》（上编），中国法制出版社 1999 年版。

22. 高铭暄主编：《刑法学原理》（第三卷），中国人民大学出版社 1994 年版。

23. 高铭暄、马克昌主编:《刑法学》,北京大学出版社、高等教育出版社 2016 年版。

24. 高家伟:《证据法基本范畴研究》,中国人民公安大学出版社、群众出版社 2018 年版。

25. 高维俭:《刑事三元结构论——刑事哲学方法论初探》,北京大学出版社 2006 年版。

26. 戈含锋:《法律责任的立法研究——基于中国立法文本的分析》,经济日报出版社 2015 年版。

27. 郭建安主编:《犯罪被害人学》,北京大学出版社 1997 年版。

28. 郭金鸿:《道德责任论》,人民出版社 2008 年版。

29. 樊崇义主编:《证据法学》,法律出版社 2017 年版。

30. 何秉松:《犯罪构成系统论》,中国法制出版社 1995 年版。

31. 何家弘主编:《证据学论坛》(第一卷),中国检察出版社 2000 年版。

32. 何家弘主编:《证据学论坛》(第三卷),中国检察出版社 2001 年版。

33. 胡东平:《人格导入定罪研究》,法律出版社 2019 年版。

34. 胡平仁等:《法律社会学》,湖南人民出版社 2006 年版。

35. 胡雪梅:《"过错"的死亡——中英侵权法宏观比较研究及思考》,中国政法大学出版社 2009 年版。

36. 黄瑛琦:《被害人行为导入定罪机制研究》,法律出版社 2011 年版。

37. 洪星:《裁量性定罪研究》,中国检察出版社 2018 年版。

38. 《刑法学》编写组:《刑法学》(上册·总论),高等教育出版社 2019 年版。

39. 蒋明:《量刑情节研究》,中国方正出版社 2004 年版。

40. 江伟主编:《证据法学》,法律出版社 1999 年版。

41. 康树华主编:《犯罪学通论》,北京大学出版社 1996 年版。

42. 李海东:《刑法原理入门(犯罪论基础)》,法律出版社 1998 年版。

43. 李珂、叶竹梅编著:《法经济学基础理论研究》,中国政法大学出版社 2013 年版。

44. 李文健:《刑事诉讼效率论》,中国政法大学出版社 1999 年版。

45. 李伟主编:《犯罪被害人学教程》,北京大学出版社 2014 年版。

46. 李翔:《情节犯研究》,上海交通大学出版社 2006 年版。

47. 黎宏:《刑法总论问题思考》,中国人民大学出版社 2007 年版。

48. 黎宏:《刑法学总论》,法律出版社 2016 年版。

49. 刘军:《刑法学中的被害人研究》,山东人民出版社 2010 年版。

50. 刘金友主编:《证明标准研究》,中国政法大学出版社 2009 年版。

51. 刘守芬等:《罪刑均衡论》,北京大学出版社 2004 年版。

52. 刘艳红主编:《财产犯研究》,东南大学出版社 2017 年版。

53. 刘治斌:《法律方法论》,山东人民出版社 2007 年版。

54. 林钰雄:《刑事诉讼法》(上册 总论编),中国人民大学出版社 2005 年版。

55. 林钰雄：《刑事法理论与实践》，中国人民大学出版社 2008 年版。

56. 梁根林、张立宇主编：《刑事一体化的本体展开》，法律出版社 2003 年版。

57. 马克昌主编：《刑罚通论》，武汉大学出版社 1999 年版。

58. 马卫军：《被害人自我答责研究》，中国社会科学出版社 2018 年版。

59. 梅锦：《人格在定罪量刑中的运用探究》，法律出版社 2016 年版。

60. 苗生明：《定罪机制导论》，中国方正出版社 2000 年版。

61. 宁松：《刑事举证责任研究》，中国检察出版社 2013 年版。

62. 欧阳涛主编：《性犯罪》，河南人民出版社 1990 年版。

63. 钱叶六主编：《因果关系的理论与实践》，法律出版社 2020 年版。

64. 曲新久：《刑法的精神与范畴》，中国政法大学出版社 2003 年版。

65. 仇晓敏：《量刑公正之程序路径》，中国人民公安大学出版社 2010 年版。

66. 青锋：《罪与罚的思考》，法律出版社 2003 年版。

67. 桑本谦：《私人之间的监控与惩罚——一个经济学的进路》，山东人民出版社 2005 年版。

68. 申柳华：《德国刑法被害人信条学研究》，中国人民公安大学出版社 2011 年版。

69. 任克勤主编：《被害人心理学》，警官教育出版社 1997 年版。

70. 任克勤：《被害人学新论》，广东人民出版社 2012 年版。

71. 苏力：《也许正在发生：转型中国的法学》，法律出版社 2004 年版。

72. 苏力：《道路通向城市：转型中国的法治》，法律出版社 2004 年版。

73. 苏力：《送法下乡：中国基层司法制度研究》，中国政法大学出版社 2000 年版。

74. 锁正杰：《刑事程序的法哲学原理》，中国人民公安大学出版社 2002 年版。

75. 宋英辉主编：《刑事诉讼法学研究述评（1978-2008）》，北京师范大学出版社 2009 年版。

76. 宋浩波：《犯罪学原理》，中国人民公安大学出版社 2001 年版。

77. 宋伟卫：《刑事一体化视野下的人身危险性研究》，法律出版社 2019 年版。

78. 汤啸天等编著：《犯罪被害人学》，甘肃人民出版社 1998 年版。

79. 汤自军：《法经济学基础理论研究》，西南交通大学出版社 2017 年版。

80. 田秀云、白臣：《当代社会责任伦理》，人民出版社 2008 年版。

81. 佟柔主编：《中国民法》，法律出版社 1990 年版。

82. 王晨：《刑事责任的一般理论》，武汉大学出版社 1998 年版。

83. 王家福主编：《中国民法学·民法债权》，法律出版社 1991 年版。

84. 王佳明：《互动之中的犯罪与被害——刑法领域中的被害人责任研究》，北京大学出版社 2007 年版。

85. 王利明、杨立新编著：《侵权行为法》，法律出版社 1996 年版。

86. 王卫国：《过错责任原则：第三次勃兴》，中国法制出版社 2000 年版。

87. 王勇：《定罪导论》，中国人民大学出版社 1990 年版。

88. 王竹：《侵权责任分担论——侵权损害赔偿责任数人分担的一般理论》，中国人民大学出版社 2009 年版。

89. 汪明亮：《审判中的智慧：多维视野中的定罪量刑问题》，法律出版社 2006 年版。

90. 维之：《因果关系研究》，长征出版社 2002 年版。

91. 魏宏：《法律的社会学分析》，山东人民出版社 2003 年版。

92. 肖剑鸣、皮艺军主编：《罪之鉴：世纪之交中国犯罪学基础理论研究》（下），群众出版社 2000 年版。

93. 许章润主编：《犯罪学》，法律出版社 2007 年版。

94. 杨杰辉、袁锦凡：《刑事诉讼视野中性犯罪被害人的特别保护研究——以强奸案被害人为主要视角的分析》，法律出版社 2013 年版。

95. 杨立新：《侵权法论》，人民法院出版社 2011 年版。

96. 杨靖：《犯罪治理——犯罪学经典理论与中国犯罪问题研究》，厦门大学出版社 2013 年版。

97. 杨宇冠：《人权法——〈公民权利和政治权利国际公约〉研究》，中国人民公安大学出版社 2003 年版。

98. 游涛：《普通诈骗罪研究》，中国人民公安大学出版社 2012 年版。

99. 于改之：《刑民分界论》，中国人民公安大学出版社 2007 年版。

100. 喻伟主编：《刑法学专题研究》，武汉大学出版社 1992 年版。

101. 翟中东：《犯罪控制——动态平衡论的见解》，中国政法大学出版社 2004 年版。

102. 张璐：《定罪证明标准研究》，中国人民公安大学出版社 2016 年版。

103. 张恒山：《法理要论》，北京大学出版社 2009 年版。

104. 张明楷：《诈骗罪与金融诈骗罪研究》，清华大学出版社 2006 年版。

105. 张明楷：《刑法的基本立场》（修订版），商务印书馆 2019 年版。

106. 张明楷：《外国刑法纲要》，法律出版社 2020 年版。

107. 张明楷：《刑法学》（上/下），法律出版社 2021 年版。

108. 张民安：《过错侵权责任制度研究》，中国政法大学出版社 2002 年版。

109. 张少林：《被害人行为刑法意义之研究——以司法实例为研究样本》，法律出版社 2015 年版。

110. 张素莲：《论法官的自由裁量权——侧重从刑事审判的角度》，中国人民公安大学出版社 2004 年版。

111. 张文显：《法哲学范畴研究》（修订版），中国政法大学出版社 2001 年版。

112. 张文显：《二十世纪西方法哲学思潮研究》，法律出版社 1996 年版。

113. 张文等：《刑事责任要义》，北京大学出版社 1997 年版。

114. 张新宝：《中国侵权行为法》，中国社会科学出版社 1998 年版。

115. 张旭主编：《英美刑法论要》，清华大学出版社 2006 年版。

116. 张云鹏：《刑事推定论》，法律出版社 2011 年版。

117. 张远煌：《犯罪学原理》，法律出版社 2008 年版。

118. 张梓太：《环境法律责任研究》，商务印书馆 2004 年版。

119. 张智勇、初红漫：《被害人过错与罪刑关系研究》，中国政法大学出版社 2013 年版。

120. 张智辉：《刑事责任通论》，警官教育出版社 1995 年版。

121. 张智辉、徐名涓编译：《犯罪被害者学》，群众出版社 1989 年版。

122. 赵秉志主编：《英美刑法学》中国人民大学出版社 2004 年版。

123. 赵秉志主编：《外国刑法各论》（大陆法系），中国人民大学出版社 2006 年版。

124. 赵秉志主编：《犯罪总论问题探索》，法律出版社 2002 年版。

125. 赵炳寿主编：《刑法若干理论问题研究》，四川大学出版社 1992 年版。

126. 赵可等：《一个被轻视的社会群体——犯罪被害人》，群众出版社 2002 年版。

127. 周光权：《刑法各论》，中国人民大学出版社 2016 年版。

128. 周建军：《刑事司法政策原理》，清华大学出版社 2011 年版。

129. 周振想：《刑罚适用论》，法律出版社 1990 年版。

130. 周振杰：《刑事法治视野中的民意分析》，知识产权出版社 2008 年版。

131. 朱景文：《比较法社会学的框架和方法——法制化、本土化和全球化》，中国人民大学
出版社 2000 年版。

二、外文译著

1. ［美］安德鲁·卡曼：《犯罪被害人学导论》，李伟等译，北京大学出版社 2010 年版。

2. ［德］阿·迈纳：《方法论导论》，王路译，生活·读书·新知三联书店 1991 年版。

3. ［苏］А·Н·特拉伊宁：《犯罪构成的一般学说》，薛秉忠等译，中国人民大学出版社
1958 年版。

4. ［苏］安·扬·维辛斯基：《苏维埃法律上的诉讼证据理论》，王之相译，人民出版社
1954 年版。

5. ［波兰］彼得·什托姆普卡：《信任：一种社会学理论》，程胜利译，中华书局 2005
年版。

6. ［美］波斯纳：《法理学问题》，苏力译，中国政法大学出版社 1994 年版。

7. ［苏］В·Н·库德里亚夫采夫：《定罪通论》，李益前译，中国展望出版社 1989 年版。

8. ［美］保罗·罗宾逊：《正义的直觉》，谢杰等译，上海人民出版社 2018 年版。

9. ［日］川端博：《刑法总论二十五讲》，余振华译，中国政法大学出版社 2003 年版。

10. ［日］城下裕二：《量刑理论的现代课题》（增补版），黎其武、赵姗姗译，法律出版社

2016 年版。

11. ［日］大谷实：《刑法讲义总论》，黎宏译，中国人民大学出版社 2008 年版。

12. ［美］戴维·G. 欧文主编：《侵权法的哲学基础》，张金海等译，北京大学出版社 2016 年版。

13. ［英］丹宁勋爵：《法律的界碑》，刘庸安、张弘译，法律出版社 1999 年版。

14. ［美］E·博登海默：《法理学：法律哲学与法律方法》，邓正来译，中国政法大学出版社 1998 年版。

15. ［苏］Л·В·巴格里–沙赫马托夫：《刑事责任与刑罚》，韦政强等译，法律出版社 1984 年版。

16. ［美］弗洛姆：《为自己的人》，孙依依译，生活·读书·新知三联书店 1988 年版。

17. ［德］冈特·施特拉腾韦特、落塔尔·库伦：《刑法总论 I——犯罪论》，杨萌译，法律出版社 2006 年版。

18. ［苏］H. A. 别利亚耶夫、М. И. 科瓦廖夫主编：《苏维埃刑法总论》，马改秀、张广贤译，群众出版社 1987 年版。

19. ［英］H. L. A. 哈特、托尼·奥诺尔：《法律中的因果关系》，张绍谦、孙战国译，中国政法大学出版社 2005 年版。

20. ［美］H·C·A·哈特：《惩罚与责任》，王勇等译，华夏出版社 1989 年版。

21. ［美］H. W. 埃尔曼：《比较法律文化》，高鸿钧等译，清华大学出版社 2002 年版。

22. ［德］郝尔曼·海因里希·戈森：《人类交换规律与人类行为准则的发展》，陈秀山译，商务印书馆 1997 年版。

23. ［德］汉斯·约阿希姆·施奈德主编：《国际范围内的被害人》，许章润等译，中国人民公安大学出版社 1992 年版。

24. ［德］黑格尔：《法哲学原理》，范扬、张企泰译，商务印书馆 1961 年版。

25. ［美］加里·S. 贝克尔：《人类行为的经济分析》，王业宇、陈琪译，格致出版社、上海三联书店、上海人民出版社 2008 年版。

26. ［德］卡尔·拉伦茨：《德国民法通论》（上册），王晓晔等译，法律出版社 2003 年版。

27. ［法］卡斯东·斯特法尼等：《法国刑法总论精义》，罗结珍译，中国政法大学出版社 1998 年版。

28. ［奥］凯尔森：《法与国家的一般理论》，沈宗灵译，中国大百科全书出版社 1995 年版。

29. ［德］克劳思·罗科信：《刑事诉讼法》，吴丽琪译，法律出版社 2003 年版。

30. ［德］克劳斯·罗克辛：《德国刑法学总论（第 1 卷）：犯罪原理的基础构造》，王世洲译，法律出版社 2005 年版。

31. ［英］J·C·史密斯、B·霍根：《英国刑法》，马清升等译，法律出版社 2000 年版。

32. ［英］J・W・塞西尔・特纳：《肯尼刑法原理》，王国庆等译，华夏出版社 1989 年版。

33. ［德］莱奥・罗森贝克：《证明责任论》，庄敬华译，中国法制出版社 2018 年版。

34. ［英］鲁珀特・克罗斯、菲利普・A・琼斯：《英国刑法导论》，赵秉志等译，中国人民大学出版社 1991 年版。

35. ［美］理查德・A・波斯纳：《法律的经济分析》（下），蒋兆康译，中国大百科全书出版社 1997 年版。

36. ［美］罗伯特・考特、托马斯・尤伦：《法和经济学》，史晋川等译，格致出版社、上海三联书店、上海人民出版社 2010 年版。

37. ［美］罗斯科・庞德：《通过法律的社会控制》，沈宗灵，商务印书馆 1984 年版。

38. ［美］迈克尔・D・贝勒斯：《法律的原则——一个规范的分析》，张文显等译，中国大百科全书出版社 1995 年版。

39. ［法］孟德斯鸠：《论法的精神》（上册），张雁深译，商务印书馆 1961 年版。

40. ［日］木村龟二主编：《刑法学词典》，顾肖荣等译，上海翻译出版公司 1991 年版。

41. ［英］尼尔・麦考密克：《法律推理与法律理论》，姜峰译，法律出版社 2005 年版。

42. ［德］尼克拉斯・卢曼：《信任：一个社会复杂性的简化机制》，瞿铁鹏、李强译，上海人民出版社 2005 年版。

43. ［美］乔治・B・沃尔德等：《理论犯罪学》，方鹏译，中国政法大学出版社 2005 年版。

44. ［美］P. 诺内特、P. 塞尔兹尼克：《转变中的法律与社会：迈向回应型法》，张志铭译，中国政法大学出版社 2002 年版。

45. ［美］R. M. 昂格尔：《现代社会中的法律》，吴玉章、周汉华译，译林出版社 2001 年版。

46. ［日］上田宽：《犯罪学》，戴波、李世阳译，商务印书馆 2016 年版。

47. ［美］斯蒂芬・E. 巴坎：《犯罪学：社会学的理解》，秦晨等译，上海人民出版社 2010 年版。

48. ［美］斯蒂芬诺斯・毕贝斯：《刑事司法机器》，姜敏译，北京大学出版社 2015 年版。

49. ［日］松冈义正：《民事证据论》，张知本译，中国政法大学出版社 2004 年版。

50. ［日］松尾浩也：《日本刑事诉讼法》（下卷），张凌译，中国人民大学出版社 2005 年版。

51. ［美］特里萨・S・弗利、玛里琳・A・戴维斯：《救救受害者》，高琛、黎琳译，警官教育出版社 1990 年版。

52. ［法］托克维尔：《论美国的民主》（下卷），董果良译，商务印书馆 1997 年版。

53. ［英］维克托・塔德洛斯：《刑事责任论》，谭淦译，中国人民大学出版社 2009 年版。

54. ［日］我妻荣等编：《新法律学辞典》，董璠舆等译，中国政法大学出版社 1991 年版。

55. ［苏］Л・C・雅维茨：《法的一般理论——哲学和社会问题》，朱景文译，辽宁人民出版社 1986 年版。

56. ［日］西原春夫：《刑法的根基与哲学》，顾肖荣等译，法律出版社 2004 年版。

57. ［美］约翰·罗尔斯：《正义论》，何怀宏等译，中国社会科学出版社 1988 年版。

58. ［英］约翰·穆勒：《功利主义》，徐大建译，商务印书馆 2014 年版。

59. ［英］约瑟夫·拉兹：《法律的权威：法律与道德论文集》，朱峰译，法律出版社 2005 年版。

60. ［美］约书亚·德雷斯勒：《美国刑法精解》，王秀梅等译，北京大学出版社 2009 年版。

61. ［日］佐藤彰等：《民意调查》，周金城、张蓓菡译，中国对外经济贸易出版社 1989 年版。

三、期刊论文

1. 陈光中、陈学权：《中国语境下的刑事证明责任理论》，载《法制与社会发展》2010 年第 2 期。

2. 陈金钊：《忘却体系的悲剧及其矫正》，载《上海政法学院学报（法治论丛）》2019 年第 5 期。

3. 陈旭文：《西方国家被害人过错的刑法意义》，载《江南大学学报（人文社会科学版）》2004 年第 1 期。

4. 陈兴良：《定罪之研究》，载《河南省政法管理干部学院学报》2000 年第 1 期。

5. 陈兴良：《被害人有过错的故意杀人罪的死刑裁量研究——从被害与加害的关系切入》，载《当代法学》2004 年第 2 期。

6. 陈航：《应当重视量刑情节的研究》，载《甘肃政法学院学报》1996 年第 1 期。

7. 车浩：《从华南虎照案看诈骗罪中的受害者责任》，载《法学》2008 年第 9 期。

8. 车浩：《自我决定权与刑法家长主义》，载《中国法学》2012 年第 1 期。

9. 初红漫：《论被害人过错影响刑事责任之正当依据》，载《犯罪研究》2011 年第 3 期。

10. 崔建华：《论犯罪被害人过错制度的构建》，载《法律适用》2007 年第 9 期。

11. 高铭暄、张杰：《刑法学视野中被害人问题探讨》，载《中国刑事法杂志》2006 年第 1 期。

12. 房保国：《论辩护方的证明责任》，载《政法论坛》2012 年第 6 期。

13. 冯军：《刑法中的自我答责》，载《中国法学》2006 年第 3 期。

14. 高维俭、查国防：《故意杀人案件中加害人与被害人关系的实证分析》，载《中国人民公安大学学报（社会科学版）》2006 年第 2 期。

15. 飯泽昆：《诈骗罪中被害人的怀疑与错误——基于被害人解释学的研究》，载《清华法学》2009 年第 5 期。

16. 郭义贵：《法律经济学对当代中国法学研究的影响———一种个案的分析与评价》，载《华东政法大学学报》2008 年第 3 期。

17. 龚义年：《论被害人过错与刑法宽容》，载《法学杂志》2012 年第 2 期。

18. 顾永忠：《论我国刑事公诉案件举证责任的突破、误区及理论根基》，载《甘肃社会科学》2015 年第 2 期。

19. 何秉松：《建立具有中国特色的犯罪构成理论新体系》，载《法学研究》1986 年第 1 期。

20. 何家弘：《论司法证明的目的和标准———兼论司法证明的基本概念和范畴》，载《法学研究》2001 年第 6 期。

21. 何庆仁：《犯罪人、被害人与守法者———兼论刑法归属原理中的人类形象》，载《当代法学》2010 年第 6 期。

22. 何家弘、姚永吉：《两大法系证据制度比较论》，载《比较法研究》2003 年第 4 期。

23. 何家弘、梁颖：《论正当防卫案的证明责任》，载《中国高校社会科学》2021 年第 2 期。

24. 何家弘、吕宏庆：《间接证据的证明方法初探》，载《证据科学》2021 年第 3 期。

25. 江溯：《日本刑法上的被害人危险接受理论及其借鉴》，载《甘肃政法学院学报》2012 年第 6 期。

26. 蒋鹏飞：《作为辩护理由的被害人过错：概念界定、理论基础与认定标准》，载《中国刑事法杂志》2009 年第 8 期。

27. 姜伟：《被害人过错行为在量刑中的定量分析》，载《犯罪研究》2009 年第 6 期。

28. 姜保忠、来宇：《论正当防卫的证明责任：比较法视角》，载《河南科技大学学报（社会科学版）》2021 年第 4 期。

29. 康杰：《性犯罪被害人的心理问题及其治疗》，载《青少年犯罪问题》1999 年第 2 期。

30. 康均心、胡春莉：《恢复性司法的价值取向探析》，载《山东大学学报（哲学社会科学版）》2007 年第 4 期。

31. 兰荣杰：《正当防卫证明问题的法律经济学分析》，载《法制与社会发展》2018 年第 1 期。

32. 劳东燕：《危害性原则的当代命运》，载《中外法学》2008 年第 3 期。

33. 李浩：《证明责任的概念———实务与理论的背离》，载《当代法学》2017 年第 5 期。

34. 李昌盛：《积极抗辩事由的证明责任：误解与澄清》，载《法学研究》2016 年第 2 期。

35. 李蓉、宋家骏：《论正当防卫证明标准的确立———以阶层犯罪论为视角》，载《湘潭大学学报（哲学社会科学版）》2020 年第 6 期。

36. 骆群：《被害人视域中的传播性病罪》，载《河北法学》2017 年第 2 期。

37. 刘宪权、李舒俊：《"偷租"行为之性质认定》，载《华东政法大学学报》2016 年第

5 期。

38. 龙宗智：《刑事证明责任制度若干问题新探》，载《现代法学》2008 年第 4 期。

39. 刘春梅：《浅论经验法则在事实认定中的作用及局限性之克服》，载《现代法学》2003 年第 3 期。

40. 刘文杰：《过错概念的内涵》，载《中外法学》2009 年第 5 期。

41. 罗灿：《刑法三元结构模式下被害人过错的认定与适用——以侵犯人身权利命案为视角》，载《中国刑事法杂志》2011 年第 2 期。

42. 马卫军：《被害人自我答责与过失犯》，载《法学家》2013 年第 4 期。

43. 潘庸鲁：《故意杀人罪中的被害人过错问题研究——兼论死刑限制的实然路径选择》，载《贵州大学学报（社会科学版）》2010 年第 5 期。

44. 潘庸鲁：《诈骗罪中的被害人过错问题研究》，载《云南大学学报（法学版）》2010 年第 4 期。

45. 潘庸鲁：《被害人过错认定问题研究》，载《法学论坛》2011 年第 5 期。

46. 闵春雷、刘铭：《证明对象研究走向评析》，载《吉林大学社会科学学报》2009 年第 2 期。

47. 欧卫安：《论刑事被告人的证明责任及其履行——以积极辩护为中心》，载《法学评论》2018 年第 5 期。

48. 史克：《试论酌定量刑情节》，载《法律适用》1995 年第 4 期。

49. 孙万怀：《伪造华南虎照片获取奖金是否构成诈骗罪》，载《法学》2008 年第 8 期。

50. 孙启福、李维睿：《论传统司法对量刑规范化的启示——以刑事被告与被害人的关系为视角》，载《现代法学》2010 年第 6 期。

51. 孙远：《证明对象、要件事实与犯罪构成》，载《政治与法律》2011 年第 8 期。

52. 徐振华、王星光：《被害人过错的司法认定与适用》，载《法律适用》2012 年第 12 期。

53. 王晨：《定罪情节探析》，载《中国法学》1992 年第 3 期。

54. 王瑞君：《论被害人责任的刑法意义》，载《东岳论丛》2009 年第 12 期。

55. 王新清、袁小刚：《论刑事案件中的被害人过错》，载《中国刑事法杂志》2008 年第 2 期。

56. 汪明亮：《媒体对定罪量刑活动可能带来负面影响的作用机制》，载《现代法学》2006 年第 6 期。

57. 汪明亮：《论定罪量刑中的法官情感》，载《甘肃政法学院学报》2004 年第 6 期。

58. 肖晚祥：《论期待可能性弱失的判断》，载《法学》2012 年第 9 期。

59. 徐岱：《期待可能性的机能：扩张或紧缩》，载《吉林大学社会科学学报》2002 年第 6 期。

60. 徐阳：《我国刑事诉讼证明标准适用观念之思考——从增强可操作性到增强操作过程的

规范性》，载《法商研究》2017 年第 2 期。

61. 徐振华、王星光：《被害人过错的司法认定与适用》，载《法律适用》2012 年第 12 期。

62. 杨蓉：《法学研究的新视野：对法律的经济学分析》，载《国家检察官学院学报》2001 年第 4 期。

63. 雍自元：《犯罪被害人过错立法与司法规制》，载《安徽师范大学学报（人文社会科学版）》2012 年第 2 期。

64. 游伟、陆建红：《人身危险性在我国刑法中的功能定位》，载《法学研究》2004 年第 4 期。

65. 查国防：《故意杀人案件中加害人与被害人关系的实证分析》，载《犯罪与改造研究》2006 年第 9 期。

66. 赵天水：《我国无差别杀人犯罪的研究现状、社会原因及预防——以菲利三要素说为视角》，载《犯罪研究》2018 年第 6 期。

67. 赵学军、陈佩诗：《故意杀人犯罪的特征分析及趋势预测》，载《中国刑警学院学报》2021 年第 3 期。

68. 赵永红：《论人身危险性在刑法中的定位》，载《法学评论》2002 年第 2 期。

69. 赵国玲、王佳明：《凶杀犯罪被害状况区域（深圳—内蒙古）比较研究》，载《华东政法学院学报》2004 年第 3 期。

70. 张斌：《论被告人承担客观证明责任》，载《中国刑事法杂志》2007 年第 5 期。

71. 张斌：《论英美刑事证明标准的神学渊源及启示——以"怀疑"的道德蕴涵为中心》，载《清华法学》2009 年第 5 期。

72. 张宝义：《暴力犯罪中犯罪人与被害人的关系特征及过错责任分析》，载《河南公安高等专科学校学报》1999 年第 2 期。

73. 张明楷：《"客观的超过要素"概念之提倡》，载《法学研究》1999 年第 3 期。

74. 张明楷：《刑法学中危险接受的法理》，载《法学研究》2012 年第 5 期。

75. 张明楷：《三角诈骗的类型》，载《法学评论》2017 年第 1 期。

76. 张薇薇：《排除犯罪性事由的证明责任研究》，载《政治与法律》2014 年第 8 期。

77. 张小虎：《犯罪概念形式与实质的理论建构》，载《现代法学》2005 年第 3 期。

78. 张文显、李光宇：《司法：法律效果与社会效果的衡平分析》，载《社会科学战线》2011 年第 7 期。

79. 曾榕：《定罪的依据是什么》，载《法学研究》1986 年第 3 期。

80. 郑军男：《论定罪中的"主客观相统一原则"——解读刑法理论中的主观主义与客观主义》，载《法制与社会发展》2005 年第 4 期。

81. 智逸飞：《论义愤杀人的法律认定与法定化构建》，载《湖南警察学院学报》2020 年第 6 期。

82. 周静、张宝华:《酌定量刑情节范围探讨》,载《法学评论》1993年第6期。

83. 周洪波:《论定罪的原则》,载《首都师范大学学报(社会科学版)》2002年第2期。

84. 周洪波:《客观—主观证明责任体系解构》,载《法学家》2021年第1期。

85. 周晓杨、陈洁:《刑事被害人过错责任问题研究》,载《法学杂志》2003年第6期。

86. 周晓杨:《刑事被害人过错责任之实证考查》,载《国家检察官学院学报》2006年第6期。

87. 朱宗雄:《论情节对定罪的意义》,载《法学评论》1994年第5期。